以核心素养为指归的教学设计

——《中外历史纲要》（上）

陈家华 主编

浙江工商大學出版社
ZHEJIANG GONGSHANG UNIVERSITY PRESS
杭州

图书在版编目(CIP)数据

以核心素养为指归的教学设计．中外历史纲要．上 / 陈家华主编．— 杭州 ：浙江工商大学出版社，2019.8（2020.9重印）
ISBN 978-7-5178-3393-2

Ⅰ．①以… Ⅱ．①陈… Ⅲ．①中学历史课－教学设计－高中 Ⅳ．①G633

中国版本图书馆CIP数据核字(2019)第173793号

以核心素养为指归的教学设计——《中外历史纲要》（上）
YI HEXIN SUYANG WEI ZHIGUI DE JIAOXUE SHEJI
——ZHONGWAI LISHI GANGYAO (SHANG)
陈家华 主编

责任编辑 张 玲
封面设计 林朦朦
责任校对 张晶晶
出版发行 浙江工商大学出版社
（杭州市教工路198号 邮政编码310012）
（E-mail：zjgsupress@163.com）
（网址：http://www.zjgsupress.com）
电话：0571-88904980，88831806（传真）
排　　版 杭州彩地电脑图文有限公司
印　　刷 杭州宏雅印刷有限公司
开　　本 889mm×1194mm 1/16
印　　张 16.25
字　　数 382千
版 印 次 2019年8月第1版 2020年9月第3次印刷
书　　号 ISBN 978-7-5178-3393-2
定　　价 48.00元

浙江工商大学出版社营销部邮购电话 0571-88904970

编 委 会

主　　编：陈家华

编委成员（按姓氏笔画排序）**：**

王永中　王坚强　王璐珩

方　曦　厉　益　朱海鹏

陈雪敏　郎翕钰　彭婵蓉

主编简介

陈家华

浙江温岭市人，中共党员。杭州大学历史学学士，西南大学教育硕士。台州市教育局教学研究室副主任、高中历史教研员。浙江省陈家华名师网络工作室、台州市陈家华名师工作室领衔人。浙江师范大学历史教育硕士实践导师、台州学院兼职教授、长三角基础教育学科专家、台州市督学；浙江省历史教学研究会副秘书长、浙江省综合实践活动教学研究会副秘书长，台州市历史教学研究会秘书长。曾荣获浙江省特级教师、台州市拔尖人才、台州市名教师、台州市直机关优秀共产党员等荣誉称号。

近年来出版个人学术专著1部，主编、副主编选修课程教材、教学用书12部。主持完成有影响的省、市研究课题11项，获浙江省教研学术成果一等奖1项。在《历史教学》等正式刊物发表论文50多篇。

前 言

历史是什么？历史是浩荡的时空长河。历史在哪里？历史在人的心中，我们祖先做过的事都将成为我们心中闪烁的星辰。我们仰望星空，听它述说人类的过往，引领我们前进的方向。历史让我们的心有根，使我们漫步时空长河而不迷失，征服星辰大海而无所畏惧。

教育部制定的《普通高中历史课程标准（2017 年版）》已正式颁发，新教材《中外历史纲要》也即将在部分省（市）新一届高一年级投入使用。《普通高中历史课程标准（2017 年版）》指出：历史课程的设计要符合普通高中课程方案的规定，充分体现高中历史课程的育人价值以及学科核心素养培养的需要，注意吸收历史学科发展的最新成果、课程改革的成功经验以及国际历史教育的优秀成果。这样既可以为全体学生的终身发展打好基础，又有助于学生的个性发展和全面发展。

而必修课程《中外历史纲要》试图通过对中外重大历史事件、历史任务和历史现象的叙述，展现人类发展进程中丰富的历史文化遗产，以及人类社会从古至今、从分散到整体、从低级到高级的发展历程。学生通过必修课程的学习，应了解和掌握唯物史观的基本观点，体会唯物史观的科学性，理解不同时空条件下历史的延续、变迁与发展，学习史料实证的基本方法，能够在此基础上对历史做出正确的解释；深化对中华民族多元一体发展趋势的认识，认同社会主义核心价值观和中华优秀传统文化，了解世界历史发展的多样性，理解和尊重世界各国各地的文化传统，拓宽国际视野，形成开放的世界意识。

那么，如何在教学中落实好新课标的要求，使新课标、新教材所要求的抽象的理论概念转化为渗透于学生思维习惯中的必备品格与关键能力，如何使学生理解“历史是什么”“历史在哪里”，是广大历史教师急需探索的崭新课题。基于此，陈家华名师工作室编写了《以核心素养为指归的教学设计——〈中外历史纲要〉（上）》。本书具有以下特点：

1. 紧扣课程标准。本书依据《普通高中历史课程标准（2017 年版）》进行编写，有较强的针对性、实用性、指导性。本工作室成员在认真研读课程标准基础上，多次研究、讨论，使每个专题的教学目标具体化、精细化，使之具有可操作性、可评价性。本书所有课例以学业质量为目标，以素养水平划分为依据，结合教学目标和教学过程，帮助学生获得历史知识和提高学科核心素养。

2. 落实学科核心素养。本书以唯物史观为指导，尽可能通过详尽的史料，将每一个问题放在具体的时空条件下进行深入、具体、生动的展示与讲解；通过学生的积极参与，引导学生从不同角度、多种因素思考历史现象与历史问题，深化对历史的理解，提高历史解释能力；感悟人类文明的发展历程，涵养家国情怀，增强人类命运共同体意识。课例设计着力发展学生的核心素养，培养学生成为有理想、有本领、有担当的时代新人。

3. 指导课堂教学实践。德国哲学家雅斯贝尔斯曾说过：“教育要培养一代人的精神，必先使历史进驻个人，使个人在历史中汲取养分。”本书以新课标为总纲，结合学情，对教材内容进行整合与拓展；确定教学主题、教学目标、教学重点难点，并通过创设情境，提高学生运用所学的知识去分析和解决问题的能力。本书倡导自主学习、合作学习、探究学习，充分发挥学生的主体作用，激发学生学习历史的兴趣，提高学生的能力与素养。

本书经浙江省特级教师、省市名师工作室领衔人、台州市高中历史教研员陈家华老师策划、审定，工作室第二期团队成员共同努力完成，以期为广大中学历史教师提供教学参考，并促进教师的专业素养提高。

编　者

2019 年 6 月 9 日

目 录

第一单元
从中华文明起源到秦汉大一统封建国家的建立与巩固

第 1 课　中华文明的起源与早期国家

设计思路

《普通高中历史课程标准（2017 年版）》对本课提出了如下要求：通过了解石器时代中国境内有代表性的文化遗存，认识它们与中华文明起源的关系；通过甲骨文、青铜铭文及文献记载，了解早期国家的特征；知道考古材料与传世文献在历史研究中的不同作用。

通过对教材文本的分析可以发现，本课时间跨度大、知识点多，涉及的历史概念也比较多，是一节理论性比较强的课。因此教师的主要任务是给学生一个清晰的、可理解的知识结构，同时对涉及的重要历史概念做出适切的、简洁的解释，否则很难完成本课的教学任务。

本课是高一历史的第一课，也是高一学生第一次直接接触高中历史课，老师上课是否精彩会直接影响学生对历史课的看法，因此老师在教学中应当重视历史情境的创设，努力使学生能够在一个相对轻松的课堂环境下学习。

教学目标

1. 通过阅读早期人类遗址分布图，能够从时间和空间两个角度概括其特点，认识中华文明起源“满天星斗，八方雄起”的特点。

2. 通过对图片、文字、考古实物等多种史料的解读分析，能够正确认识神话、传说、遗址、岩画、遗物等的史料价值。通过对夏王朝相关史料的汇总和分析，提高运用史料进行历史实证的水平。通过对内外服到宗法制和分封制的学习，认识到政治文明是不断演进的，由此提高历史解释的能力。

3. 通过认识我国是世界上最早的文明起源地之一，培养学生对民族文化的认同感和自豪感。通过神话传说，使学生认识到炎黄子孙是我们共同的文化认同，进而涵养其家国情怀。

4. 通过对国家产生经过的学习，使学生认识到国家的产生是生产力进步的必然结果。

重点难点

1. **重点**：我国有代表性的古人类遗址、商周的政治制度。

2. **难点**：早期国家的特征、如何运用不同性质的史料进行历史解释。

教学活动过程

导入

播放大禹陵短视频后讲述：“大禹出生在北方，一生活跃于大江南北，最后死于浙江会稽山并葬在此地，关于他的事迹大家都知道些什么？”

学生活动：思考并回答教师的问题。

教师总结：大禹一生的主要贡献可以概括为成功治水和创建夏朝，他的时代是一个充满神话和传说的时代，也是中华文明起源的时代，现在让我们回溯以往，去了解中华文明的起源与早期国家的产生与演变。

【设计意图】用浙江本土历史遗址大禹陵导入，创设有代入感的历史情境，调动学生学习积极性。

1. 导入学习任务一：石器时代的古人类和文化遗存

（1）旧石器时代

教师活动：要求学生阅读课本中“中国旧石器时代重要人类遗址分布图”，让学生概括古人类分布的地理空间特征。

学生活动：主要沿大河分布。

教师活动：这反映了当时人类的活动受到自然条件的极大约束，说明生产力水平比较低，这种情况还反映在许多方面。

教师展示材料：

材料 1　上古之世，人民少而禽兽众，人民不胜禽兽虫蛇。

——《韩非子》

材料 2　在北京人生活的遗址中，发现了大量的木炭和几处比较大的灰烬堆，还有在火中烧过的兽骨和树子。

——《中国历史》七年级上册教材（人教版）

材料 3　上古之世，……民多疾病。有圣人作，钻燧取火，以化腥臊。而民说之，使王天下，号之曰燧人氏。

——《韩非子》

教师活动：在材料 1 所述的险恶环境下，北京人怎样才能够生活下去？

学生活动：共同劳动，共同分享劳动果实，过群居生活。

教师活动：材料 2 证明了什么？有什么意义？

学生活动：北京人已会使用天然火，还会保存火种。火的使用改变了人类的生活，推动了人类的进步。

教师活动：结合课本知识，概括旧石器时代人们的生活。

学生活动：生产力水平低下，主要使用打制石器，从事渔猎和采集，过着群居生活，已经会用火。

（2）新石器时代

教师活动：要求学生完成以下表格，在这个过程中教师和学生充分互动。

新旧石器时代比较表

<table>
<tr><td></td><td colspan="2">旧石器时代</td><td colspan="3">新石器时代</td></tr>
<tr><td>时间</td><td colspan="2">距今170万—1万年</td><td colspan="3">距今1万年</td></tr>
<tr><td>石器制作方法</td><td colspan="2">打制</td><td colspan="3">打磨</td></tr>
<tr><td>陶器制作</td><td colspan="2"></td><td colspan="3">大量使用陶器</td></tr>
<tr><td>生产方式</td><td colspan="2">渔猎采集，群居生活</td><td colspan="3">原始农业、饲养家畜、修建村落，生活稳定</td></tr>
<tr><td rowspan="6">代表性遗址</td><td rowspan="4">黄河流域</td><td rowspan="4">北京人</td><td rowspan="2">距今7000—5000年</td><td>仰韶文化</td><td>彩绘陶器、粟</td></tr>
<tr><td>大汶口文化</td><td></td></tr>
<tr><td rowspan="2">距今5000年</td><td>龙山文化</td><td>蛋壳黑陶</td></tr>
<tr><td>红山文化</td><td>玉器、祭坛、神庙</td></tr>
<tr><td rowspan="2">长江流域</td><td rowspan="2">元谋人</td><td>距今7000—5000年</td><td>河姆渡文化</td><td>水稻、养蚕缫丝</td></tr>
<tr><td>距今5000年</td><td>良渚文化</td><td>玉器、祭坛、神庙</td></tr>
<tr><td>社会组织</td><td colspan="2">原始人群时期</td><td colspan="2">母系氏族社会时期，实行母权制，成员共同劳动，成果共享</td><td>父系氏族社会时期，实行父权制，出现私有制和阶级分化</td></tr>
</table>

【设计意图】使用文字材料培养学生解读文字史料的能力，培养学生利用表格梳理复杂历史知识点的能力。

2. 导入学习任务二：从部落到国家

教师活动：“王”和都城的出现是国家出现的重要标志，要求学生梳理出课本上传说时代都有哪些王。

学生活动：梳理三皇五帝、禹和启。

教师活动：要求学生根据课本理解为何很多历史学家评价启继禹为夏王是“私天下”代替“公天下”的开始。

学生活动：认真思考得出结论。

原来夏王由禅让的方式推选产生所以被称为“公天下”，而启是禹的儿子，父死子继，王位在一家之中产生，所以被称为“私天下”。

教师活动：要求学生画出夏朝政权结构图。

学生活动：根据教师要求并结合所学知识，画出思维导图。

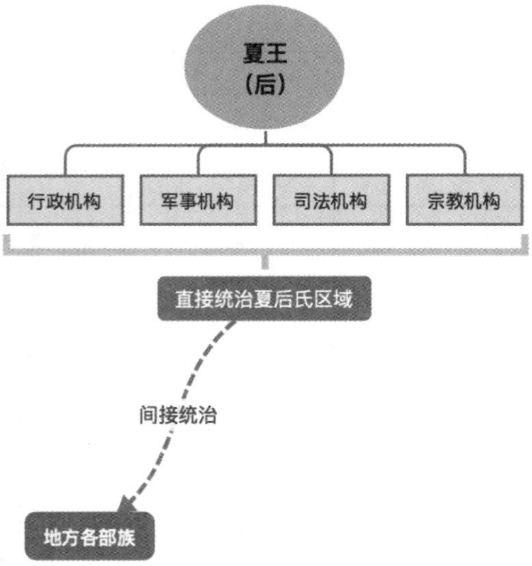

夏朝政权结构图

教师活动：请同学注意课本在讲述三皇五帝时用了“相传”的表述，请结合课本谈谈自己的理解。

学生活动：思考并相互讨论老师的问题，形成这样的认识：当前我们对于夏朝历史的认识基本来源于千年之后的文字记载，没有有力的考古史料来确证其是否存在。

教师活动：将文字史料与考古史料进行相互印证称为二重证据法，是由国学大师王国维先生正式提出来的，已经成为历史研究的一个基本原则。夏朝及其之前的研究的最大问题就是考古史料的缺乏。是完全没有吗？

学生活动：在教师的帮助下了解二里头文化，认识到二里头文化遗址对研究夏朝的重要意义，同时也要明确夏朝历史的确证还需要考古的重大突破。

【设计意图】思维导图是学习历史的重要工具，在高中历史第一课中就应当逐渐培养学生在日常历史学习中运用思维导图来将自己对知识的理解进行图形化，这是锻炼学生历史思维的一种非常好的方法。

3. 导入学习任务三：商和西周

（1）商朝

教师活动：约公元前 1600 年，商的首领成汤联合一些部落，发动推翻夏朝统治的战争。双方大战于鸣条（今河南封丘），夏桀战败，夏朝灭亡。成汤建立起新的王朝——商朝。

商朝前期，曾经数次迁都。约公元前 1400 年，商王盘庚把都城迁到殷（今河南安阳西北）。从此，商的都城稳定下来了，国力也日益强盛，经济、文化有了很大发展。

展示商朝的重要成就：甲骨文、青铜器，展示一段甲骨文的文字材料。

甲骨文（一）

甲骨文（二）

青铜器四羊方尊

注：癸巳卜，殻贞，旬无尤？王占曰："乃兹亦有咎。"若。称。[对甲骨文（二）的翻译]

要求学生根据这段文字推测甲骨文的作用是什么？提醒学生，并非让他们翻译成现代汉语。

学生活动：认识到甲骨文的主要作用是用来占卜天意，反映了在商代王权和神权密切地联系在一起。

教师活动：要求学生画出商朝政权结构图。

学生活动：认真阅读课本，相互合作，画出商朝政权结构图。

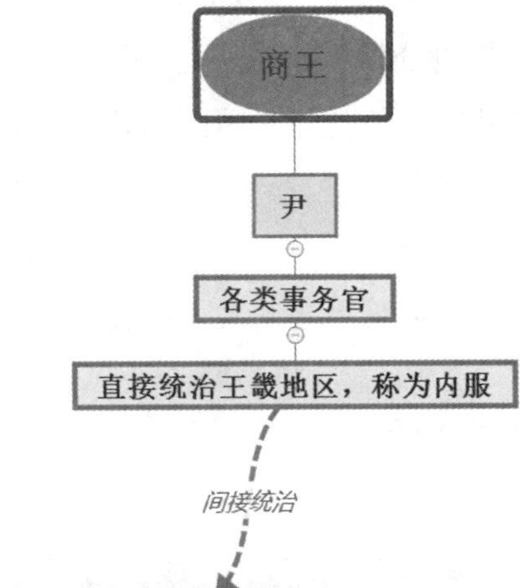

商朝政权结构图

（2）商周更替

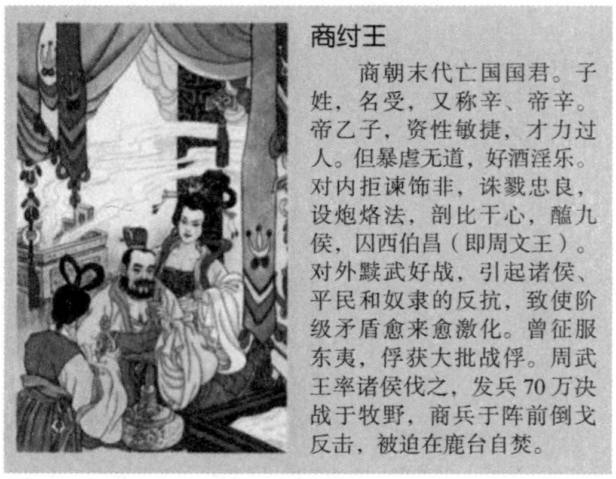

商纣王

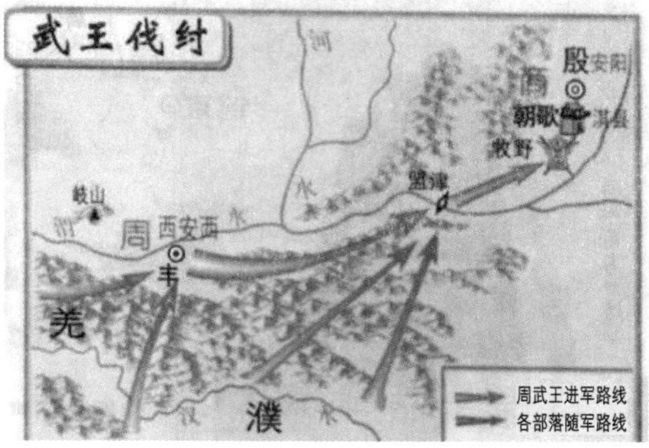

武王伐纣路线图

教师活动： 展示材料，要求学生结合课本概括出牧野之战发生的时间、结果和原因分别是什么？从中可以得出什么样的历史认识？

学生活动： 公元前1046年，商朝灭亡。商后期的统治腐朽，导致王朝灭亡；这给了我们一个启示：昏君误国。统治者要勤于政事，任用贤者，爱惜民力。

（3）西周分封制

教师活动： 教师出示西周等级示意图，用讲述法帮助学生理解分封制。

目的：为了巩固统治。

对象：亲属、功臣、先代贵族。

内容：周天子把土地和人口分封给诸侯，诸侯必须服从周天子的命令，并交纳贡品。诸侯们平时镇守疆土，战时带兵随周天子打仗。受封者可在自己的领地再分封。

作用：开发边远地区，巩固统治，维护了西周严格的等级制度。

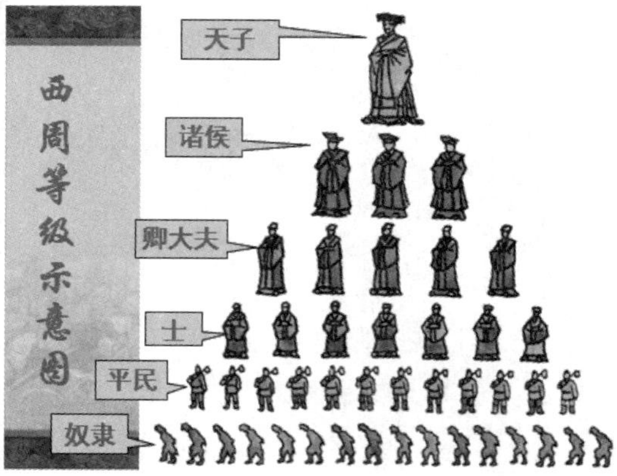

西周等级示意图

【设计意图】 对于高一的学生，老师还是应该较多地采用图形化的方式来进行教学，以加强直观性，帮助学生从初中的历史学习顺利过渡到高中的历史学习。

课堂小结

老师起头，全体齐读展示早期国家产生和发展的三字经：禹传子，家天下。四百载，终于桀。汤伐桀，国号商。六百载，至纣亡。周武王，始诛纣。八百载，最长久。

师生齐读“三字经”后，教师讲述：“在中国这片美丽富饶的土地上，诞生了世界上最早的古人类之一，勤劳奋发的品质是我们的祖先千万年前刻在我们灵魂深处的。150 万年前的元谋人、5000 年前薄如蛋壳的黑陶、世界上绝无仅有的养蚕缫丝技术、成熟而又富有图案美的甲骨文、闪烁着政治智慧的内外服制度和分封制，汇聚在今天，都让我们为自己是中国人而骄傲和自豪。”

作业拓展

参观古人类遗址，如果条件不具备则参观当地的博物馆，了解当地的古人类情况。

学生通过对古人类遗址或者博物馆的参观，绘出当地早期文明的发展历程，并按照手工业、农业、军事、工具、丧葬等类别将主要成就记录下来。想一想，和当时中国主流的发展阶段相比，自己的家乡处于什么样的发展水平，和中国其他地方的早期文明相比，有什么相同和不同的地方。

设计反思与讨论

在教材处理上，根据课标和教材，按照教学内容完整和突出重点、突破难点的要求来处理教材，将主要的精力放在新旧石器时代比较和夏商周政治制度上。

在教学方法上，本课内容学生比较感兴趣，但时间久远，学生对其认识存在诸多不准确的地方，在教学中可采取多种教学方法，如讲述法、问答法、讨论法、任务驱动法，依据教学任务的不同灵活选择。可大量使用表格、图片、思维导图，争取让高一新生在最短的时间里喜欢上高中历史，习惯高中历史。

在学科核心素养上，注重在具体的历史情境中落实核心素养，特别注重学生史料实证、历史解释和家国情怀等学科素养的培养。

本课的内容相当多，教师在处理时切忌纠缠于一城一地的得失，应当胸怀全局，保证教学任务的完成，否则这一课很可能要用三个课时才能完成。

第 2 课　诸侯纷争与变法运动

设计思路

《普通高中历史课程标准（2017 年版）》对本课提出了如下要求：通过了解春秋战国时期的经济发展和政治变动，理解战国时期变法运动的必然性。通过孟子、荀子、庄子等了解“百家争鸣”的局面及其意义。

本课介绍了春秋战国时期列国的纷争、华夏族的形成与发展、经济发展和变法运动、诸子百家，涵盖了社会生活的各个方面，知识量大、系统性强、理解要求高。这一课须用唯物史观进行统合，否则就会由于历史知识的庞杂而导致离散，但是因为本课是高中历史的第二课，学生对于唯物史观的了解基本还处于初步阶段，所以老师不要刻意追求深度，同时注重历史情境的创设，降低学生的理解难度，活跃课堂学习气氛，以保证完成教学任务。

教学目标

1. 春秋战国时期随着铁器和牛耕的出现和推广，经济快速发展，推动了社会阶级结构发生深刻变化，许多诸侯国强大起来，春秋五霸和战国七雄的混乱局面摧毁了传统的分封制，迫于形势，各国纷纷变法，中国由奴隶社会向封建社会转型，这种社会剧变反映到思想文化上来就形成了百家争鸣的活跃局面，体现了唯物史观。

2. 春秋战国时期，铁农具和牛耕技术的使用，大型水利工程的兴建，反映出社会生产力的进步和统治者对发展农业的重视，促进了农业经济的发展；改革家代表新兴地主阶级利益，锐意变法，与没落的奴隶主贵族特权进行了数百年的斗争，从而推动社会的进步；认识先辈不为个人安危，促进社会前进的积极贡献，进而提升认识，涵养家国情怀。

3. 能够将春秋五霸、战国七雄、重要水利工程、周边少数民族分布和历史地图相结合，做到左图右史，利用地图帮助学生理解春秋战国时期相关的历史现象，培养学生的时空观念素养。

重点难点

1. **重点**：列国纷争和各国变法运动；孔子、老子和法家的主要观点。

2. **难点**：理解变法运动、百家争鸣局面的形成和社会剧变之间的内在联系。

教学活动过程

导入

很多同学喜欢历史名人，在我国历史上，春秋战国时期被大家公认是一个辉煌灿烂、群星闪烁的时代，大家都知道这一时期的哪些著名的历史人物？

学生活动：思考并回答教师的问题。

教师总结：我们一起把这些历史人物进行分类，有政治家、思想家、教育家、军事家、大商人，今天我们就走进这个名人辈出，在经济、政治、思想文化等各个方面全面辉煌的历史时期。

【设计意图】用历史名人导入，调动学生的学习积极性，同时也自然引出春秋战国时期中国社会各个方面发生的巨变，从而和接下来的教学任务进行很好的对接。

1. 导入学习任务一：列强纷争与华夏认同

（1）列强纷争

教师活动：展示重要的兵家代表人物——春秋时的孙武、司马穰苴，战国时的孙膑、吴起、尉缭、赵奢、白起。设问“这说明春秋战国时期什么样的重要时代特征？”由此，引出彼时战争的连绵不绝。

教师要求学生在地图上将春秋五霸和战国七雄找出来，然后设置这样的问题：春秋五霸按时间顺序是齐、晋、楚、吴、越，战国七雄是齐、楚、燕、韩、赵、魏、秦，结合地图进行思考，和春秋时期相比，战国时期诸侯国的形势有什么重大的变化？

学生活动：思考、讨论，认识到和春秋时期相比，战国时期很多中小诸侯国消失了，同时春秋时期晋国所在地已经分裂成为韩、赵、魏三个国家。

教师活动：要求学生解释晋国分裂和田氏代齐的原因，再进一步追问从春秋五霸不敬周天子到战国时期卿大夫建立诸侯国，课本上所说的“周朝传统的政治秩序完全被破坏”的含义是什么？

学生活动：联系上一课分封制和宗法制的相关内容，认识到春秋战国时期的纷争导致了分封制的崩溃。

教师活动：“失之东隅，收之桑榆”，这一时期华夏族因注入了大量周边民族的新鲜血液，获得了进一步的发展。

从公元前 770 年平王东迁开始，至公元前 221 年秦统一六国，春秋战国时期的混乱局面竟然持续了 500 多年之久，它的背后究竟有什么样的看不见的手在推动呢？

【设计意图】使用历史地图进行教学，提高学生左图右史、图史结合的解读能力，培养时空观念。同时将春秋和战国形势图进行比较，通过对不同历史时期同类历史现象的比较，提高学生的历史解释能力。

2. 导入学习任务二：经济发展与变法运动

（1）春秋战国时期的经济发展

教师展示图片：

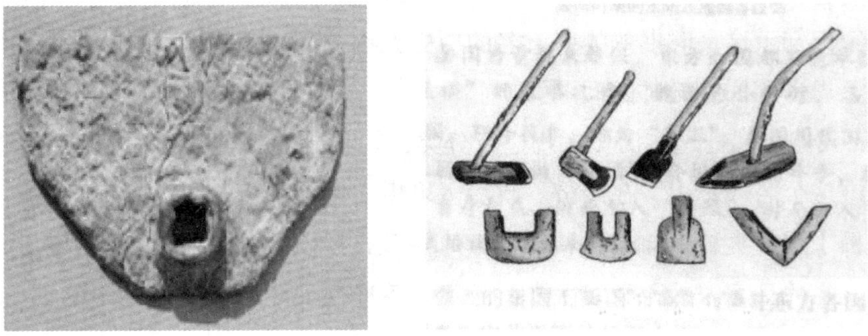

战国时代的铁制农具

讲解两幅插图，介绍铁器以及铁农具的使用情况，提出问题：历史学家将春秋战国时期称为中国铁器时代的开始，用铁器作为一个时代开始的标志，可见铁器的重要性，那么它究竟起到了怎样的作用呢？

学生活动：结合课本思考，在老师帮助下认识到，铁器的使用说明人类征服自然的能力提高。铁器时代的到来，标志着我国社会生产力的显著提高。

教师活动：指导学生注意根据考古发现证明我国古代西周晚期已使用人工冶铁制品。指导学生分析铁器使用范围的扩大标志着我国由青铜时代进步到铁器时代；铁制工具的使用，使社会生产力显著提高，以牛耕技术为突出标志。

教师展示图片和材料：

春秋时期穿有鼻环的牛尊

宗庙之牺，为畎亩（田地）之勤。

——《国语》

教师活动：以上材料说明了什么？牛耕于何时在我国运用和推广？有何意义？

学生活动：春秋战国，开始用牛犁提高耕作效率，并逐渐推广。这是农用动力的一次革命，有助于农业劳动力的解放。

教师活动：介绍春秋至战国时期牛耕的逐渐推广，特别强调牛耕是农业技术史上农用动力的革命。

学生活动：认识到这一时期犁是一种先进农具，用牛代替人来拉犁是一项先进技术。认识到将牛用在农业生产上是一个创举，是农业动力的革命，有助于农业劳动力的解放。

教师活动：农业的进步还体现在水利工程的兴修上。

教师指导学生回忆初中所学知识，结合地图记忆空间位置，认识到黄河、淮河、长江流域都出现了重要的水利工程。这些大型水利工程的兴建是与较为丰富的水利知识、经验、技术，与较强的经济实力以及开明的统治政策分不开的。农田水利是农业的命脉，推动了农业生产的发展，增强了各国的经济实力。

造福千秋的都江堰

郑国渠遗址

教师活动：农业的进步为工商业的发展奠定了坚实的基础。

展示春秋战国时期著名商人白圭、子贡、吕不韦、管仲、弦高、范蠡的图片，介绍他们之中有些人在政治舞台上也非常活跃，说明春秋战国时期工商业获得了长足的进步。

学生活动：画出春秋战国时期经济发展的思维导图。

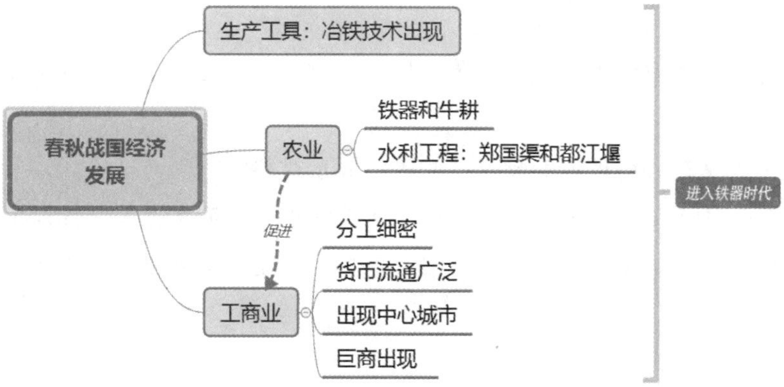

春秋战国时期经济发展的思维导图

（2）变法运动

教师活动：展示春秋战国时期的著名改革家管仲、子产、商鞅、李斯、申不害、吴起等的图片。这说明了什么历史现象？为什么会出现这种历史现象？

学生活动：阅读课本思考，认识到春秋战国时期列国出现了变法革新运动，原因是经济的迅猛发展和兼并战争日益剧烈，迫使各诸侯国为了生存纷纷进行变法，其中最成功的就是秦国的商鞅变法。

教师展示材料：

材料1　鞅以……秦地广人寡，故草不尽垦，地利不尽出……故废井田，制阡陌，任其所耕，不限多少。

——《通典·食货志》

材料2（商鞅）集小（都）乡邑聚为县，置令、丞，凡三十一县。平斗桶权衡丈尺。……居五年，秦人富强。

——司马迁《史记·商君列传》

材料3　有军功者，各以率受上爵。为私斗者，各以轻重被刑大小。僇力本业，耕织致粟帛多者复其身。事末利及怠而贫者，举以为收孥。宗室非有军功论，不得为属籍。

——司马迁《史记·商君列传》

材料4　事实上商鞅上台的一号法令，就是在基层组织推行保甲制和连坐法。商鞅规定，庶民按户编组：五家为保，十户相连，一人作奸犯科，通体连带责任，不告发者腰斩。

——易中天《中华史》

学生活动：概括材料内容。

①经济：重农抑商；统一度量衡；废井田。提高生产积极性，便利各地经济的交流和发展，增强国家实力。

②政治：连坐法；建立县制。保证兵源，强化对地方的统治，加强了中央集权。

③军事：奖励军功。提高军队战斗力，打击了贵族，建立起地主阶级的政治优势。

教师活动：追问商鞅变法的这些措施对当时秦国什么身份的人打击最为严重？又保障了什么身份的人的利益？

学生活动：打击了旧奴隶主贵族的世袭特权，保障了新兴地主阶级的经济政治利益，同时大大强化了王权。

教师活动：古人又是如何评价商鞅变法的呢？展示材料。

材料5　秦孝公用商君，坏井田，开阡陌，急耕战之赏。虽非古道，犹以务本之故，倾邻国而雄诸侯。然王制遂灭，僭差亡度；庶人之富者累巨万，而贫者食糟糠；有国强者兼州城，而弱者丧社稷。

——班固《汉书·食货志》

材料6　商君，其天资刻薄人也。迹其欲干孝公以帝王术，挟持浮说，非其质矣。且所因由嬖臣，及得用，刑公子虔……卒受恶名于秦，有以也夫。

——司马迁《史记·商君列传》

学生活动：认识商鞅变法的历史作用。

①积极为主：商鞅变法促进农业发展，使秦国逐步强盛，为后来秦统一六国奠定了基础。

②消极为辅：严刑峻法带来了很多消极后果。

【设计意图】对文字和实物史料的解读是进行历史解释的主要内容，所以这一环节使用了大量的文字和图片。思维导图是用来梳理复杂历史事件的重要方法，用思维导图来梳理春秋战国时期的经济情况是很有必要的。

3. 导入学习任务三：春秋战国的思想

教师活动：展示春秋战国时期的著名思想家孔子、孟子、荀子、老子、庄子、墨子、韩非子、公孙龙、邓析、惠施、邹衍、许行、吕不韦等的图片，指出思想界更是群星灿烂，提出为什么会出现如此活跃的局面。

（1）春秋时期的老子和孔子

教师活动：要求学生阅读课本，完成老子和孔子思想主张的思维导图。

学生活动：认真阅读课本，相互合作，完成思维导图。

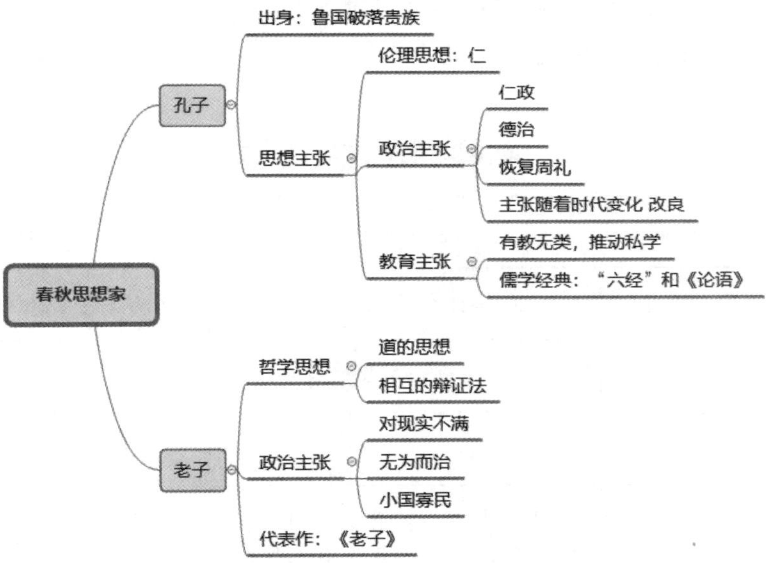

老子、孔子思想主张的思维导图

（2）战国时期百家争鸣

教师活动：解读"百家争鸣"的含义。

何谓"百家争鸣"？提示"百家"与"争鸣"的各自含义。

所谓"百家"，是泛指数量多。《汉书·艺文志》上主要分为儒家、墨家、道家、法家、阴阳家、杂家、名家、纵横家、兵家、小说家等十家。所谓"争鸣"，是指争论和辩难。"百家争鸣"是指春秋战国时期知识分子中不同学派按照本阶级（层）的利益和要求，对宇宙、社会、万事万物做出解释。于是，他们著书立说，广收门徒，高谈阔论，互相辩难，争相发表自己的见解，于是形成各流派争芳斗艳的局面。

教师展示材料：

材料1　西周时的学术、教育由负责宗庙祭祀、记事和文书管理的祝、宗、卜、史掌管，而民间没有私学。东周时，王室衰败，诸侯国动荡，这类职官流落民间，于是就把知识带到了民间。

——张岂之《中国历史·先秦卷》

材料2　由孔子发其端，自由讲学如雨后春笋，蓬勃兴起。不仅儒墨显学“有爱子弟者，随而学焉”，不可胜数，就连惠施这样的辩者，外出时追随他的门徒也常常“多者数百乘，步者数百人；少者数十乘，步者数十人”。

——赵世超、卫崇文《论战国时期的百家争鸣运动》

教师活动：要求学生依据材料结合课本知识概括百家争鸣出现的原因。

学生活动：根据老师要求概括出百家争鸣出现的原因。

①由于战国时期兼并战争日益剧烈，统治者礼贤下士，积极招揽人才。

②春秋战国的社会剧变和私人讲学之风的兴起推动了文化的普及。

③士人周游列国，努力劝说各国诸侯能够接受自己的主张。

教师活动：要求学生完成战国时期百家争鸣情况表。

学生活动：根据教师要求完成表格。

战国时期百家思想主张

流　派	代表人物	基本主张	评　价
儒　家	孟子、荀子	发挥补充了孔子主张	为新兴地主阶级提供了理论基础
道　家	庄子	比老子更加消极、保守	
墨　家			代表下层平民利益
法　家		反映了中央集权君主专制的政治思想，以法治国、君主独裁	适应了专制集权的社会趋势
名　家		研究逻辑学	
兵　家		探讨军事理论	
阴阳家		说明事物运动变化规律	

【设计意图】这一部分的知识点非常密集，所以借助表格形式进行梳理，帮助学生理解和建立起知识体系。同时用典型的文字史料创设历史情境，帮助学生更好地理解百家争鸣的历史背景。

课堂小结

春秋战国时期是中国社会发生剧烈变化的历史时期，经济上，铁器时代的到来标志着生产力出现质的飞跃，从而推动了农业和工商业的迅速发展，社会阶层迅速分化，新兴地主阶级、农民阶级和平民阶层不断发展壮大，地方和诸侯国实力也不断增强，诸侯国之间为争夺霸权和地盘进行了猛烈的战争。这种经济政治的剧变反映到思想文化中来，就出现了百家争鸣的思想活跃局面，体现了生产力对生产关系，经济基础对上层建筑的决定作用。

作业拓展

阅读诸子百家的代表作，探寻其与当时社会剧变之间的关系。

诸子百家的著作是我国优秀的传统文化，选择某位思想家的著作进行阅读，概括其核心观点，并思考这种观点是如何反映当时社会剧变的。

设计反思与讨论

在教材处理上，根据课标和教材，本课将主要精力放在列国纷争、变法运动和百家争鸣上，运用唯物史观将三者联系起来，力求提高学生的唯物史观素养和通过解读各种史料进行历史解释的能力。

在教学方法上，本课内容非常丰富，涉及的知识点很多，在教学中可大量运用图片史料和教师讲述的教学方法，力求能够同学生已有的知识储备和认知结构相结合。在进行历史解读时，大量使用思维导图和表格，以达到培养学生梳理复杂知识点、提高历史学习能力的目的。

本课的内容相当多，在进行课堂教学时应当力求简洁准确，尽量不要补充新的历史知识，否则课堂容量过大，很难在规定的课时中完成教学任务。

第 3 课　统一多民族封建国家的初步建立

设计思路

《普通高中历史课程标准（2017 年版）》对本课和下一课提出了如下共同要求：通过秦朝的统一业绩和汉朝削藩、开疆拓土、尊崇儒术等举措，认识大一统国家的建立及巩固在中国历史上的意义；通过了解秦汉时期的社会矛盾，认识秦朝崩溃和两汉衰亡的原因。

本课介绍了秦统一的原因和经过、秦王朝建立后采取的加强统一的措施及其历史意义、秦的暴政、秦末农民战争和秦的速亡。从容量上看，本课内容适中，学生通过过去的学习和影视文学作品等渠道对此已经有了比较多的了解，已有的知识储备较好，而且这一历史时期的考古、文字史料、史学研究都非常充分，教师在备课时史料的选择余地大，所以本课在进行教学设计时可以通过适当的历史情境的创设，体现一定的思维深度，更好地涵养学生的历史学科核心素养。

教学目标

1. 通过对兵马俑色彩的历史追问，创设能够复原历史现象的历史情境，实现学生对秦朝统一后国力强盛的共情，涵养学生对古代中国的热爱和自豪之情。

2. 从经济、政治、思想文化三个方面提炼秦统一的历史原因，并简要分析三者之间的关系，使学生认识到秦的统一是历史发展的必然趋势，帮助学生树立唯物史观。

3. 借助地图分析秦统一的历史进程、重大工程和疆域四至，落实学生时空观念素养。

4. 引用对秦始皇不同评价的相关史料，引导学生认识并评价这些不同的历史观点，努力使学生像历史学家一样去思考、去评价历史人物；解读秦砖上的文字、观察兵马俑，培养学生运用原始实物史料来进行实证和历史解释的能力；运用连连看的形式引导学生梳理秦始皇加强国家统一的措施，帮助学生掌握梳理复杂历史问题的能力。

重点难点

1. **重点：**秦统一六国的原因和巩固统一的措施。

2. **难点：**如何准确全面地评价秦始皇。

教学活动过程

导入

分别展示出土后的兵马俑和兵马俑的复原图，出土后兵马俑单调的灰色和复原图鲜艳的彩色形成了强烈的对比。

出土后的兵马俑

兵马俑复原图

然后教师提供以下信息：秦兵马俑表面均涂有生漆用于彩绘，一斤生漆可以涂两平方米左右，一个兵马俑的表面积也大约是两平方米。一棵成年中国漆树年产量约半斤，往往割一年生漆，漆树便要休息一年，也就是说每年只有一半漆树可用来产漆。

教师活动：现在共发现 11400 个兵马俑，请问需要多少棵漆树 1 年的产量？

学生活动：通过计算得出需要 45600 棵漆树 1 年的产量。

教师活动：展示秦始皇陵的平面图，教师进行适当的引导，使学生认识到涂生漆是兵马俑生产诸多环节中的一个，兵马俑是庞大陪葬坑的一小部分，而庞大的陪葬坑只是秦始皇陵宏大主墓区的附属部分，从而让学生自然而然生出对大一统秦王朝的敬畏和对古代劳动人民勤劳和智慧的敬佩之情。

教师活动：秦的统一中国史书上形象地将其称为“六王毕，四海一”，现在我们就来学习秦是如何将其实现的。

【设计意图】创设还原已经消失的历史现场的课堂情境，借以实现学生的对历史事件和人物“了解之同情”，使学生不知不觉进入学习状态，为接下来的教学做好准备。

1. 导入学习任务一：六王毕，四海一

（1）统一的原因

教师活动：秦原来是战国七雄之一，为何最终是它完成了国家统一呢？要求学生阅读课本的第一、二两段，概括出秦统一的原因。

学生活动：认真阅读课本，相互合作，完成老师的任务。

教师活动：要求学生将找出的秦统一原因进行分类。

学生活动：将统一原因分为经济、政治、思想文化、地理条件、个人努力这几个方面。

教师活动：展示历史学习的“铁三角”——经济、政治和思想文化，并指出经济决定政治，经济的发展推动了政治改革的成功和局部统一的完成，而经济和政治的巨变决定了思想文化的变迁，人民渴望统一的愿望越来越强烈，统一的条件逐渐成熟了。

教师活动：展示秦统一六国动态图，要求学生结合课本分析其过程特点。

学生活动：认真思考老师问题，认识到秦统一过程具有“由西向东、远交近攻”的特点。

教师活动：提出问题“已经六王毕，是否四海一”？展示秦从秦国至秦帝国疆域图的变化，并指出随着疆域的变化，其政权名称和统治者的称号也在不断变化发展着。随后要求学生在课本中找出秦统一六国后又采取了哪些措施使其疆域“四海归一”，成为庞大的秦帝国。

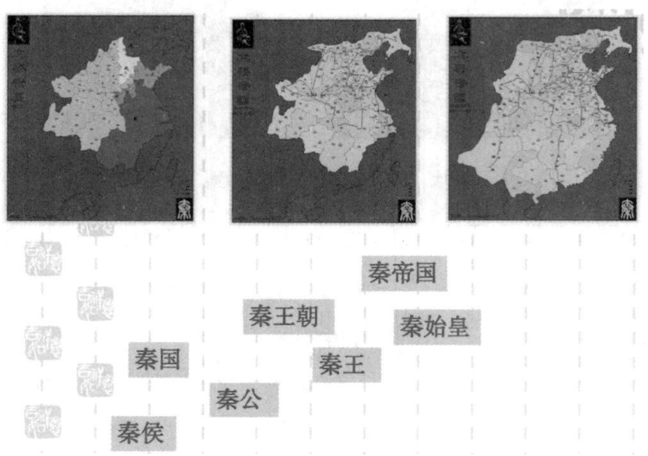

秦政权疆域及相关名称的变化

学生活动：梳理出秦对越族、西南夷、匈奴的措施。

教师活动：要求学生阅读课本第 17 页秦朝形势图，将课本上的相关知识点和地图联系起来。随后教师过渡到“已经六王毕、四海归一，秦始皇采取了一系列的措施来有效地统治这疆域空前辽阔的国家，古书上将这些措施称为法令出一”。

【设计意图】用“六王毕，四海一”来统领这个教学环节是出于设置有代入感的历史情境的考虑，讲历史经济、政治、思想文化的“铁三角”是出于提升学生唯物史观的考虑，将秦疆域、名称、统治者名称联动起来是希望增强学生左图右史及历史宏观思维的能力。

2. 导入学习任务二：法令出一

教师活动：用“秦以前的政治能称为法令出一吗”这个问题带领学生回顾分封制下周天子同各国诸侯之间的关系，然后要求画出秦始皇时期国家权力运作的关系图。

学生活动：认真思考，相互合作，完成老师布置的任务。并在老师的帮助下认识到分封制和秦始皇时期建立起的皇帝制、三公九卿制和郡县制相比，最高统治者和官员之间的关系已发生重大变化，由分封制下官位世代继承的贵族政治走向了官位由皇帝任免调动的官僚政治。

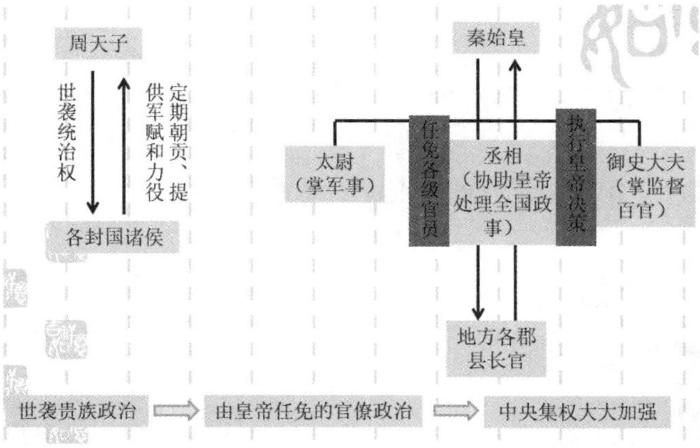

秦朝和周朝政治制度对比图

教师活动：用连连看的方式要求学生阅读课本，将秦加强统一的其他措施按照政治、经济、文化等类别进行归类。

学生活动：完成老师布置的任务。

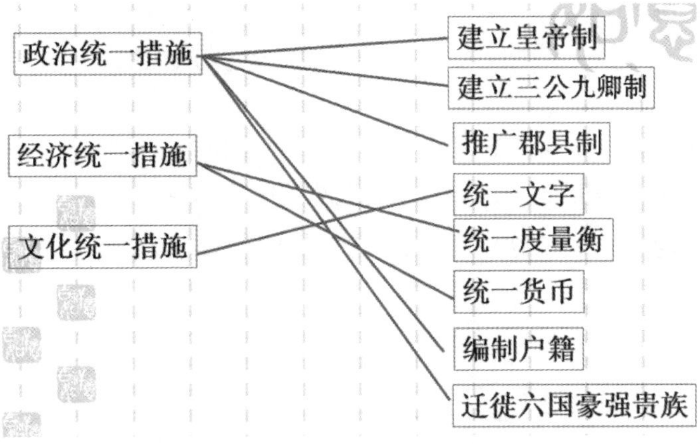

秦加强统一的措施

秦砖

教师活动：展示秦砖，要求学生阅读上面的字，并判断作为一手史料，其文字表述是否符合历史事实，并说明理由。

学生活动：通过思考和讨论，认识到“海内皆臣”符合历史事实，而“道毋饥人”则很可能违背历史事实，由于暴政秦末社会混乱，生产凋敝。

教师活动：秦砖是一手史料，相对来说是比较可信的，但是依然需要对其进行小心地考证。历史学讲究孤证不立，只有被其他史实旁证后的史料我们才能认为是可靠。

古人在谈到秦之失时称之为“失之于政，不在于制”，即秦始皇建立的中央集权制度是进步的，秦“二世而亡”是“政”即具体政策的结果。这究竟是怎么回事呢？

【设计意图】如果某个知识点内容非常多，关系也比较复杂，老师就应当用思维导图、知识结构图、表格等进行梳理，否则很容易导致学生理解和记忆上的困难。史料实证是重要的历史学科素养，通过对秦砖的分析初步向学生传授孤证不立的史料实证原则。

3. 导入学习任务三：失之于政，不在于制

教师活动：展示秦朝大型工程兴修图，让学生感受秦朝滥用民力、人民不堪重负的社会状况。

秦朝大型工程兴修图

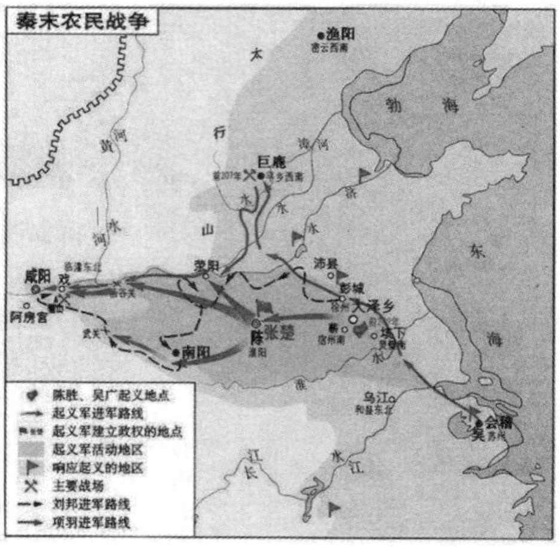

秦末农民战争示意图

教师活动：展示秦末农民战争示意图，要求学生将相关知识点落实在地图上。

【设计意图】时空观念是历史学科核心素养之一，其落实的最常见的方法是时间观念用年代尺或大事年表表示，空间观念则用历史地图表示，做到左图右史、图史结合。

4. 导入学习任务四：盖棺未能定论

教师活动：重新展示秦兵马俑的照片并进行设问：“这11400个兵马俑伫立在那里已经2000多年，我们通过绚丽的生漆知道他们是秦王朝统一和强大的缩影，但此时此刻的你还认为它折射出的仅仅是秦王朝耀眼的辉煌吗？”引出应当如何评价秦始皇。

（1）布置任务一：认识别人的观点

教师展示材料：

材料1　秦王怀贪鄙之心，行自奋之智，不信功臣，不亲士民，废王道立私权，禁文书而酷刑法，先诈力而后仁义，以暴虐为天下始。

——贾谊《过秦论》

材料2　秦之所以革之者，其为制，公之大者也……公天下之端自秦始。……非圣人意也，

势也。

——柳宗元《封建论》

材料 3 秦始皇宁为中国之雄，求诸世界，见亦罕矣。其武功烜耀众所共知不必论，其政治所设施，多有皋牢百代之概。

——梁启超《战国载记》

教师活动：要求学生分别概括三个评价，并指出对秦始皇评价的侧重点有何不同。

学生活动：概括后回答三种评价的侧重点——贾谊从不遵王道、不施仁义的角度否定秦始皇，柳宗元从“公天下”的角度肯定秦始皇，梁启超则从秦始皇在政治上有开创之功，使中国成为世界强国的角度肯定秦始皇。

教师活动：西方有一句名言，一千个人心中有一千个哈姆雷特。三个历史人物对秦始皇的看法各不相同，我们如何才能拨开历史的迷雾，认识真正的秦始皇呢？

（2）布置任务二：评价别人的观点

教师活动：用课件展示三位评价者的身份。

①贾谊，汉初儒生，官至太中大夫。

②柳宗元，生活于唐中后期，官至礼部员外郎，积极参与永贞革新，反对唐藩镇割据和宦官专权。

③梁启超，清末民初著名思想家、政治家，维新派代表人物，主张变法图强。

教师要求学生分小组讨论以下问题：贾谊、柳宗元和梁启超对于同一个对象——秦始皇的评价很不相同，结合他们三位的个人经历和时代特点，思考他们评价不同的原因。

学生活动：认真思考，合作讨论，得出如下认识。

①贾谊身份是汉初官员，仇视秦朝，同时作为儒生主张仁政，反对秦朝法治。

②柳宗元生活在藩镇割据、君主专制衰弱的时代，作为中央政府官员的柳宗元从加强中央集权的角度肯定秦始皇。

③梁启超是近代中国维新派的代表人物，从变法图强的角度肯定秦始皇。

在老师的帮助下进一步提炼历史认识，能够理解历史评价受评价者的立场、身份、学识等因素的影响。

教师活动：“横看成岭侧成峰，远近高低各不同。”苏轼的这两句诗道出了我们的困惑：诸多历史理解都各不相同又各有道理，那么我们究竟怎样评价秦始皇才算是走向历史的本真呢？

（3）布置任务三：亮出你的观点

教师活动：用课件展示评价历史人物的基本原则。

①整体的观点：他的活动在当时总体上是否推动了历史的进步。

②一分为二的观点：既要看到历史人物积极的一面，也要看到历史人物消极的一面。

要求学生按照这两个原则，结合所学知识自由回答心目中的秦始皇形象。

学生活动：根据本课所学和老师的指导自由发表观点。

教师活动：秦始皇在经济、政治、思想文化等方面进行创新，建立起了中国历史上第一个大一统的封建王朝，所开创的制度被后世所沿用，这是积极的。但同时他厉行暴政，导致社会矛盾激化，最终秦二世而亡，这是消极的。但是他的活动顺应了当时中国走向封建社会的历史趋势，推动了祖国大一统的发展，总的来说是值得肯定的。

【设计意图】历史理解属于比较高级的历史思维活动，能够很好地体现一个人的综合历史学科素养，是高中历史教育的重点和难点。历史解释中评述别人的观点更是由于其主观多变使得它在教学中的开展难度很大，所以用学生都比较感兴趣的“如何评价秦始皇”设计了环环相扣的三个问题，层层深入，逐步引导，力图能够提升学生的历史解释能力。

课堂小结

秦始皇用他惊人的气魄和旺盛的精力在经济、政治、思想文化、社会习俗、交通运输、民族关系等几乎社会生活的各个方面都进行了重大的创新，可以说他重新定义了中国，他所开创的诸多制度被后世沿用千年，他的丰功伟绩彪炳史册，他的暴政也警醒着后人。他被人称为千古一帝，至今依然被人传颂和争论，秦的后来者汉王朝对秦朝就有着这样矛盾的心情。

作业拓展

问题：秦二世而亡是史学界经久不息的一个热点话题，搜集这方面的观点，想一想秦二世而亡的原因是什么。

设计反思与讨论

在教材处理上，根据课标和教材，本课将主要精力放在秦统一的原因、巩固统一的措施和如何评价秦始皇上；为便于学生理解，在教学中使用了较多的地图和思维结构图来梳理知识点。

在教学方法上，本课注重教学情境的创设，主要体现在两个方面，一是计算秦俑使用的生漆量让学生体会秦王朝的强盛和人民群众的负担，二是用古人对本课相关知识点的评价来划分教学环节，力求搭建起有历史感的现场情境；在本课教学中除了常见的讲述法、问答法，还采取了分组合作法和讨论法，力求实现教学方法的多样化。

第 4 课　西汉与东汉——大一统国家的巩固

设计思路

《普通高中历史课程标准（2017 年版）》要求：了解两汉政权更迭的历史脉络，了解汉朝削藩、开疆拓土、尊崇儒术等举措，认识统一多民族封建国家的巩固在中国历史上的意义；通过了解两汉后期社会矛盾和农民起义，认识两汉衰亡的原因；认识两汉时期思想文化及对外交往领域的新成就。

本课内容包括从公元前 202 年到 220 年的中国历史，历经西汉、新朝、东汉三个时期，这是中国大一统国家的巩固时期，简要叙述了两汉王朝由弱变强、盛极而衰的发展历程，展现了两汉的政治、经济、文化、民族关系、对外关系发展的各项成就，探究了王朝兴衰的经验教训。

本课内容，学生通过初中阶段的学习已经积累了一定的基础，但还缺乏全面系统的理解。高中阶段，学生的求知欲更为强烈，理性思维逐渐形成，在教学过程中应以学生自主探究为主，教师适当引导，通过各种史料并借助现代化教学手段，展现两汉历史的演进发展，探讨历史经验和教训，在这过程中培养学生的历史核心素养。

教学目标

1. 运用唯物史观分析两汉初期统治政策变化的背景、内容和意义，使学生对两汉建立和社会发展历程形成全面、客观的认识，提高学生运用唯物史观解释历史的能力。

2. 通过史料研读、合作交流，学习两汉国力不断提升、经济社会文化不断发展、以及对外影响力不断加强的史实，加深学生对两汉历史地位的理性认识，激起学生对中国历史文化的高度认同感、归属感、自豪感，升华家国情怀。

3. 通过分析两汉强盛和衰弱的原因，认识社会发展中政治、经济、文化、民族关系、对外关系等因素之间的关系。

重点难点

1. 重点：文景之治，汉武帝的措施，光武中兴，两汉人民创造的灿烂文化成就。

2. 难点：西汉政治制度演变及产生的影响。

教学活动过程

导入

教师展示材料：投影刘邦的《大风歌》，由学生齐声朗读，体会诗歌所反映的情感。

大风起兮云飞扬，威加海内兮归故乡，安得猛士兮守四方！

——刘邦《大风歌》

教师活动：引导学生欣赏《大风歌》，并思考作者在诗中抒发的情感。

这首诗语言朴实，气势豪迈，抒发了作者远大的政治抱负，也表达了他对国事忧虑的复杂心情。他忧的是什么？为此采取了哪些措施？他一手缔造的汉朝又是怎样发展演变的？以此导入两汉历史的学习，回顾这段对中华文明影响深远的历史。

【设计意图】导入刘邦的《大风歌》，既契合本课教学内容，又与家国情怀相结合；以问题探究的方式，激发学生学习兴趣。

1. 导入学习任务一：西汉建立和文景之治

（1）西汉的建立

公元前 202 年，刘邦建立汉朝，定都长安，史称西汉。刘邦就是汉高祖。

（2）西汉初年的统治措施

材料 1

秦末汉初大事年表

时　间	大　事
公元前 210 年	始皇巡游，七月，死于沙丘
公元前 209 年	七月，陈胜、吴广起义于蕲县大泽乡，旋入陈，陈胜称王，号张楚。九月，刘邦起兵于沛，称沛公。项梁与兄子羽起兵于吴
公元前 207 年	巨鹿之战
公元前 206 年	楚汉战争爆发
公元前 202 年	刘邦率兵围项羽于垓下，羽突围走乌江，自刎死。二月，刘邦称帝，是为汉高祖刘邦，建立汉朝，都长安
公元前 200 年	十月，汉高帝自将击匈奴于平城，被围于白登
公元前 198 年	高帝取“家人子”为公主，以妻单于，与匈奴和亲，并开关市

材料 2　汉兴，接秦之弊，诸侯并起，民失作业，而大饥馑。凡米石五千，人相食，死者过半。……自天子不能具醇驷，而将相或乘牛车。

——班固《汉书·食货志》

教师活动：指导学生根据材料分析西汉初年社会背景及统治措施。

学生活动：提取材料中的有效信息，结合课本知识回答。

经过秦暴政和秦末农民大起义，社会残破，经济凋敝，人口减少，国力衰弱。汉初统治者政治上承秦制，郡国并行；思想上，尊奉黄老无为思想；经济上，实行“与民休息”政策。

教师活动：指导学生思考西汉政治经济思想等方面政策与秦朝不同的原因，探究历史经验教训的吸取对新王朝的影响。

学生活动：讨论得出汉初统治集团吸取秦朝速亡的教训，采取了一些新的举措，而这些举措有利有弊：休养生息使生产恢复，社会稳定；郡国并行导致王国问题的出现，危害中央集权。

【设计意图】在教学过程中采用史料研读的方式，有利于加深对知识的理解，也可以培养史料实证、历史解释的能力。通过比较西汉初年统治措施与秦朝的制度，辩证分析对秦朝制度反思产生的影响，使学生认识到中国古代政治文明就是在不断的反思和改进中前进。

（3）文景之治

材料 3　汉兴，扫除烦苛，与民休息。至于孝文，加之以恭俭，孝景遵业，五六十载之间，至于移风易俗，黎民醇厚。周云成康，汉言文景，美矣！

——班固《汉书·景帝纪》

材料 4　汉兴七十余年间，国家无事。……京师之钱累巨万，贯朽而不可校；太仓之粟，陈陈相因，充溢露积于外，至腐败不可食。

——司马迁《史记·平准书》

教师活动：指导学生根据材料分析西汉初年统治措施产生的影响。

学生活动：学生根据材料并结合课本知识，得出西汉初年社会经济发展的结果。

文帝、景帝在位期间，经济得到了明显恢复，社会稳定，史称“文景之治”。中国古代把政治清明、社会安定、经济发展、人民安居的社会称为太平盛世，也就是治世。西汉前期的文景之治，就是封建大一统王朝创立以后的第一个太平盛世，为汉武帝的大一统奠定了政治和物质基础。

【设计意图】在教学过程中采用史料研读的方式，培养史料实证、历史解释的能力。通过史料展现文景之治的社会状况，综合分析评价文景之治的历史影响，使学生体会中国古代的政治智慧。

2. 导入学习任务二：汉武帝时西汉的强盛

一部叫作《战狼》的电影热映，燃起了无数国人的爱国热情。电影中有一句台词叫作“犯我中华者，虽远必诛”，许多观众在听了这句话以后，都显得激情澎湃。这句霸气的话是谁说的？很多人误以为是汉武帝说的，实际上是汉元帝时期的陈汤说的。为什么很多人第一个就想到汉武帝呢？因为大汉朝威震四方就是从汉武帝时期开始的。汉武帝是如何使西汉王朝实现强盛的呢？

材料 1　汉武帝于公元前 127 年（元朔二年）采纳中大夫主父偃的建议，颁布“推恩令”。规定诸侯王除由嫡长子继承王位外，其他诸子都在王国范围内分到封地，作为侯国。……从此，“大国不过十余城，小侯不过数十里”。封国越分越小，势力大为削弱。

——朱绍侯《中国古代史》

材料 2　初分十三州，假刺史印绶，有常治所。常以秋分行部，御史为驾四封乘传。到所部，郡国各遣一吏迎之界上，所察六条。

——颜师古《汉书注》

材料 3　自从盐铁官营后，汉政府增加了收入。所以桑弘羊说：“当此之时，四方征暴乱，车甲之费，克获之赏，以亿万计，皆赡大司农。此皆……盐铁之福也。”

——朱绍侯《中国古代史》

材料 4　汉初经过七十年的休养生息，地主阶级的统治已经巩固，社会经济有了新的发展，无为而治的黄老思想，已不能适应地主阶级的要求。主张加强君主集权、实现大一统的儒家思想便起而代之。于是，汉武帝接受董仲舒的建议，“罢黜百家，独尊儒术”，即用经过董仲舒改造过的儒学思想，作为统治思想。

——朱绍侯《中国古代史》

教师活动：指导学生阅读材料并根据课本内容，讨论汉武帝采取的统治措施。

学生活动：结合课本知识讨论并整理。

①政治上，颁行“推恩令”，解决王国问题。加强专制主义中央集权，设立中朝，建立察举制，设立刺史，任用酷吏打击豪强地主。

②经济上，改革币制，实行盐铁官营，推行均输平准抑制工商业者，颁布算缗、告缗令，向他们征收财产税。

③思想上，“罢黜百家，独尊儒术”，从而使儒学成为封建统治阶级的正统思想。

④军事上，反击匈奴。

⑤对外关系上，张骞通西域，开辟丝绸之路。

【设计意图】在教学过程中采用史料研读的方式，借助丰富的史料，具体展现汉武帝时期在各个方面的政策调整，有利于加深学生对课本知识的理解，也可以培养学生史料实证、历史解释的能力。

材料 5　中国人沿着从中国西北部经中亚直达黑海和黎凡特诸港口的著名的丝绸之路，来回贩运各种商品。中国主要出口丝织品，也出口肉桂、大黄和优质铁。作为回报，中国也得到了各种物产，如来自中亚的毛皮、毛织品、玉石和牲畜，来自波罗的海的琥珀，以及来自罗马诸省的玻璃、珊瑚、珍珠、亚麻布、羊毛织品和黄金，其中黄金占首位。

——［美］斯塔夫里阿诺斯《全球通史》

为配合对匈奴的战争，汉武帝派遣张骞两次出使西域，开辟了中西交通道路，大大促进了西域与中原政治经济文化的联系。中国的丝织品沿着这条道路传向中亚、西亚、欧洲和北非。这就是著名的丝绸之路。

3. 导入学习任务三：东汉的兴衰

（1）东汉建立的背景

材料 1　但是王莽的变法，尤其是他一再发行新币并使黄金国有的政策，导致了经济混乱。不仅如此，公元 11 年，黄河改道，由山东半岛南面入海，淹没大量农田，使千百万农民流离失所。无以果腹的农民，深受财政改革之苦的地主，将王莽视为篡权者的儒生，以及西汉刘氏皇族的成员，均加入了倒王大军。刘秀（光武帝，25—57 年在位）成了最终的赢家。

——［美］伊沛霞《剑桥插图中国史》

教师活动：25 年西汉宗室刘秀称帝，定都洛阳，史称东汉。东汉是继西汉后又一个大一统的封建王朝。东汉是在怎样的情况下建立的？请学生仔细阅读课本，找出从西汉末年到东汉建立的历史背景。

学生活动：讨论回答。

西汉末年政治黑暗，土地兼并严重，阶级矛盾激化；王莽改制失败；绿林、赤眉大起义。

（2）光武中兴

教师活动：指导学生根据课本内容，讨论汉光武帝采取的措施及影响。

学生活动：结合课本知识讨论并整理。

政治上加强中央集权，改革官制；经济上恢复三十税一，实施度田，释放奴婢；思想上提倡文教，实行“柔道”。东汉经“光武中兴”，社会的经济有了一定的恢复，文化进一步发展，兴建太学，学术气氛浓厚。但是东汉不抑豪强，导致地主豪强的田庄经济发达，东汉社会发展潜伏着危机。

（3）东汉后期的统治

材料 2　但 2 世纪时宫中争斗不断，身为奴才的宦官与外戚争权，称霸宫廷。……124 年，一伙宦官发动政变，将一个任其摆布的孩童推上皇位。159 年，汉桓帝借助宦官之力驱逐外戚，宦官自此大权独揽。抗议的朝廷官员受到迫害。……农民土地逐年减少，地方豪强势力日大，逃税者越来越多，政府的财源日益枯竭。由于朝纲混乱，政府在灾荒发生时已越来越无力向灾民提供救济。……184 年，大规模的起义爆发。

——［美］伊沛霞《剑桥插图中国史》

材料 3　苍天已死，黄天当立，岁在甲子，天下大吉。

——范晔《后汉书·皇甫嵩朱俊列传》

教师活动：引导学生分析材料所呈现的口号是哪次农民起义提出的，指导学生根据材料结合课本内容，讨论东汉后期的社会危机，探究东汉末年农民起义爆发的原因。

学生活动：结合材料和课本知识讨论并整理。

东汉后期的社会危机有外戚宦官交替专权；豪强地主发展，土地兼并严重；黄巾起义；军阀割据。

【设计意图】深化对封建社会主要矛盾及其演变特点的认识，综合分析封建王朝后期统治的弊病，使学生认识到人民群众是社会历史进步的推动者。

4. 导入学习任务四：两汉的文化

教师活动：指导学生根据材料结合课本内容，讨论两汉时期的文学、艺术、科技等方面的成就。

学生活动：结合材料和课本知识讨论并整理。

两汉人民创造了灿烂的历史与文化。

（1）历史学

两汉历史学有着非凡的成就，出现了第一部纪传体通史《史记》、第一部纪传体断代史《汉书》。司马迁的《史记》，叙述了上起黄帝、下至汉武帝年间约3000年的历史，“通古今之变，成一家之言”，是一部兼具史学和文学特色的不朽名著。鲁迅先生称赞其为“史家之绝唱，无韵之《离骚》”。

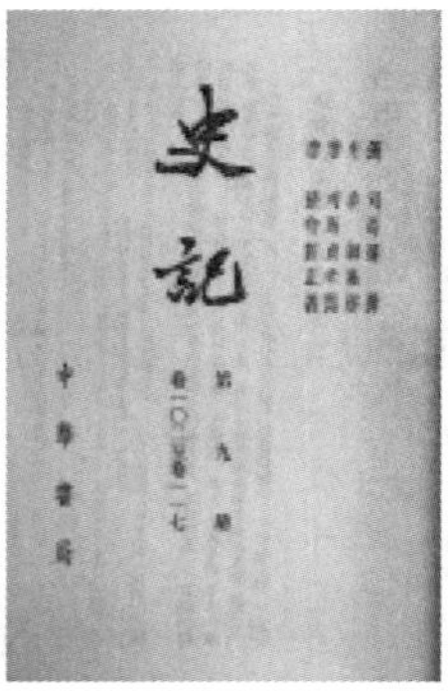

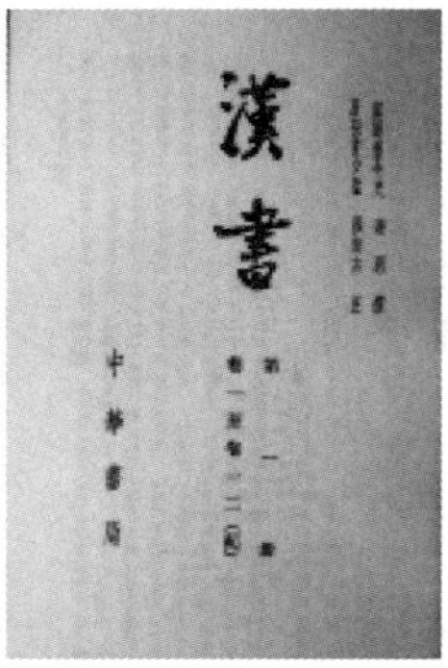

《史记》与《汉书》

（2）文学

材料1 江南可采莲，莲叶何田田，鱼戏莲叶间。鱼戏莲叶东，鱼戏莲叶西。鱼戏莲叶南，鱼戏莲叶北。

——《江南可采莲》

材料2 孔雀东南飞，五里一徘徊。十三能织素，十四学裁衣，十五弹箜篌，十六诵诗书。十七为君妇，心中常苦悲。君既为府吏，守节情不移，贱妾留空房，相见常日稀。鸡鸣入机织，夜夜不得息。三日断五匹，大人故嫌迟。非为织作迟，君家妇难为！妾不堪驱使，徒留无所施，便可白公姥，及时相遣归。

——《孔雀东南飞》（节选）

汉乐府民歌句式长短不一，二至八言都有，是文人五七言诗歌的先声。内容丰富，反映了当时广阔的社会生活，既有描写劳动人民生活的，如《江南可采莲》，也有描写爱情的经典之作《孔雀东南飞》，它们是中国诗歌史上宝贵的财富。

两汉文学的代表是乐府诗和汉赋；东汉民间流行五言诗。

（3）医学

《黄帝内经》奠定了中医理论的基础。《神农本草经》是中国古代第一部药物学专著。还有东汉张仲景的《伤寒杂病论》，张仲景被称为“医圣”。

（4）数学

《九章算术》是西汉以来许多数学家研究的结晶。全书共分九章，搜集了 246 个数学问题的解法，其中记载了当时世界上最先进的分数四则和比例算法。

（5）科技

邮票（蔡伦）

邮票（张衡）

邮票（地动仪）

教师活动：指导学生根据上图的三枚邮票结合课本内容，讨论两汉时期的科技成就。

学生活动：结合材料和课本知识讨论并整理。

105 年，东汉宦官蔡伦改进造纸术，推动纸成为主要书写材料，为中国和世界文化的传播发展做出了重大贡献。东汉张衡发明候风地动仪，测定地震方位。

（6）农学

《氾胜之书》和《四民月令》是两汉时期重要的农学著作，对促进中国农业生产的发展产生深远的影响。

【设计意图】通过本环节，让学生结合两汉文化成就各抒己见，既联结了历史和生活，又强化了学生对国家的归属感和认同感。

课堂小结

汉朝是秦朝之后的大一统王朝，为中国历史的发展做出十分重要的贡献。汉朝进一步奠定了汉民族的文化，到如今，“汉人”仍为多数中国人的自称，而华夏族逐渐被称为“汉族”，华夏文字亦被定名为“汉字”。

作业拓展

两汉人民创造了灿烂的历史与文化，其中许多杰出人物昂扬进取、不屈不挠，给后世留下了宝贵的文化遗产。他们身上的精神和斗志展现着中国风骨，你知道有哪些人和事吗？收集资料讲讲他们的故事。

司马迁“究天人之际，通古今之变，成一家之言”，霍去病“匈奴未灭，无以家为也”，张骞通西域，苏武牧羊，马援“马革裹尸”，班超“投笔从戎”，昭君出塞。这些名人典故脍炙人口，广为流传，熔铸为中华优秀传统文化的组成部分。

设计反思与讨论

本课叙述的是两汉历史，内容涉及政治、经济、文化、对外关系、民族关系等各个方面，全面反映两汉社会演变历程，课堂容量大，教学任务重。

如何使学生理解两汉统治政策的调整是个难点，应适当补充史料，培养学生史料实证能力，体会中国古代政治智慧。

通过提供一些图片资料和文学作品，使学生在解读和欣赏过程中体会中华文化的源远流长。

第二单元
三国两晋南北朝的民族交融与隋唐大一统的发展

第 5 课　三国两晋南北朝的政权更迭与民族融合

设计思路

《普通高中历史课程标准（2017 年版）》要求：通过了解三国两晋南北朝政权更迭的历史脉络和隋唐时期封建社会的高度繁荣，认识三国两晋南北朝至隋唐时期的制度变化与创新、民族交融、区域开发和思想文化领域的新成就。

三国两晋南北朝包括三国、西晋、东晋十六国、南北朝几个阶段，除西晋外都处于分裂状态。尽管战火连绵、形势动荡，但社会经济在曲折中仍有发展，南方的开发初见成效，文化领域也有不少重要成果。汉族与内迁边疆民族从冲突到和平交往，逐步走向交融，推动了统一多民族国家的发展。因此，将本课教学主题确定为：政权分立与民族融合。政权分立中蕴含着统一。民族融合是这一时期民族关系的重要特征。

本课内容，学生在初中阶段已学习相关知识并积累了一定的基础，但还缺乏全面系统的理解。高中阶段，学生的求知欲更为强烈，理性思维逐渐形成，在教学过程中应以学生自主探究为主，教师适当引导，通过各种史料并借助现代多媒体技术，展现三国两晋南北朝的政权更迭与民族融合，培养和发展学生的历史核心素养。

教学目标

1. 通过本课的学习，培养学生运用时空定位，了解三国两晋南北朝的政权更迭情况。

2. 通过史料分析，认识这一阶段的民族融合：从形式上看，是汉化的过程；从经济发展的角度看，是农业化的过程；从社会发展的角度看，是少数民族封建化的过程，是历史的进步。三国两晋南北朝时期北人南迁、北魏孝文帝改革等，使各族人民的生活方式、风俗习惯等呈现认同趋势，故民族融合成为这一历史时期的突出特征。培养学生历史理解和历史解释的能力。

3. 感受民族融合的推进过程，培养学生的家国情怀。

重点难点

1. **重点**：了解三国、西晋的短暂统一、东晋十六国的相关史实以及南北朝对峙的概况；知道北魏孝文帝改革的内容及影响。

2. **难点**：少数民族融合的推进过程及其所产生的影响。

教学活动过程

导入

教师展示材料：

220 年，汉朝在纷乱的农民起义、军阀政变和游牧部落的侵袭中退出历史舞台。中国进入长期分裂和混乱的局面，正和西方罗马帝国崩溃后的情况相似。

——［美］斯塔夫里阿诺斯《全球通史》

教师活动：中国进入长期分裂和混乱的局面指的是？

【设计意图】通过汉末历史现象的呈现，总结得出汉朝以后中国历史进入长期分裂和混乱阶段，即三国两晋南北朝政权不断更迭的历史阶段。

1. 导入学习任务一：政权分立——三国鼎立及西晋的短暂统一

材料 1　建安二十五年（220 年），曹操病死。其子曹丕在是年十月废掉汉献帝，自立为帝（魏文帝），国号魏，都洛阳。第二年，刘备也在成都称帝，国号汉，史称蜀或蜀汉。222 年，刘备企图重新夺回荆州，以实施两面钳击中原战略。于是以替关羽报仇为名，调集所有兵力，亲征东吴，结果被东吴大败于猇亭（湖北宜都北），狼狈退回蜀中。至此，曹、刘、孙三个集团的疆域基本固定。同年，孙权称王（229 年正式称帝），国号吴，都建业（南京）。三国鼎立局面完全形成。

——朱绍侯《中国古代史》

教师活动：根据材料，并结合课本完成下列表格。

三国政权建立时间、创建者及都城

政权名称	建立时间	创建者	定　都
魏	220 年	曹　丕	洛　阳
蜀	221 年	刘　备	成　都
吴	222 年	孙　权	建　业

学生活动：根据课本及教师呈现的资料，完善表格。

【设计意图】通过表格的呈现形式，使学生更加直观清晰地掌握三国政权建立的时间。

材料 2　263 年，曹魏权臣司马昭以蜀“民夷骚动”，认为“大举图蜀”的时机已到。于是派邓艾、诸葛绪、钟会率 18 万大军分三路攻蜀……后主刘禅出降，蜀亡……265 年，司马昭的儿子司马炎逼魏元帝“禅让”帝位，自己称帝（晋武帝），国号晋，都洛阳，史称西晋……太康元年（280 年）三月，吴主孙晧向晋将王睿投降，吴亡。自 190 年关东军讨董卓，经过 90 年的分裂混战，至此，中国重新统一了。

——朱绍侯《中国古代史》

学生活动：西晋完成统一的条件。

材料 3　西晋曾完成了统一，前期也有过短暂的繁荣，有过创新改革，但在成功面前，西晋统治者没能进一步进取，而是开始懈怠、腐化，在处理统治阶级内部矛盾、阶级矛盾、民族矛盾方面留下了一系列隐患，终于导致了它的速亡。这个历史教训，是极为深刻的。

——朱绍侯《中国古代史》

材料 4　统一之所以不能持久，原因是复杂的、多方面的。从客观方面看，分裂的危机并没有消失，或者说统一的社会基础还不成熟，条件还不具备。曹氏代汉，司马氏代魏，固然避免了全面崩溃的危险，但社会危机的根本原因并没有矫正，社会依然是不安定的。

——樊树志《国史概要》

学生活动：根据材料 3、4 思考，西晋的统一不能持久的原因。

【设计意图】通过阅读材料，培养学生分析材料、解读材料的能力。通过本环节的教学，让学生了解西晋完成统一的条件，并分析西晋的统一是短暂的，培养学生的思辨能力。

2. 导入学习任务二：政权分立——东晋建立与南朝政权的更替

材料 1　司马睿于 317 年正式称帝，他受到北方流亡者的共同支持，这些从北方南迁的世家大族提供由人客和乡党组成的私人武装，这些贫困的乡党当初和他们一起逃至南方。南方基业已深的世家大族最初对他们充满敌意。八王之乱摧毁了北方，同一时期长江下游地区也发生了几次较大的叛乱，晋朝的军事长官还两次试图建立独立国家。这些在南方很有根基的家族集结他们的私人武装来消除这些威胁，东晋皇帝在他们看来更像一位北方的篡权者，居然想来这里成为他们的统治者。

———［加］卜正民《哈佛中国史 02》

学生活动：根据材料思考东晋建立之初面临哪些危机。

【设计意图】师生合作共同探究，东晋建立之初面临哪些危机，从而为南朝的分裂做了自然的铺垫。

材料 2　420 年刘宋王朝的建立是中国南朝历史的重要节点，也是中国历史的重要节点。自从汉朝衰落后，皇家朝廷已经连续两个世纪都萎靡不振。尽管有世家大族的支持，但他们需要从朝廷那里获得自己的特权和声望，真正的中央政府并没有什么权力，权力碎片化，并落入南方显赫家族和北方短命的“蛮人”国家手中。

——［加］卜正民《哈佛中国史 02》

材料 3　在接下来的 200 年里，南朝（刘宋、齐、梁、陈）都是由出身较低的军人统治，他们以牺牲世家大族的利益为代价，逐渐提高自己的权威度。这些王朝无法挑战地方上的名门，因此继续允许世家子弟担任初级官职。朝廷甚至模仿他们的举止与风雅的活动——这也是对世家杰出的社会声望的一种认可。但是统治者剥夺了世家大族在政治权力上的三个基本要素：军事力量、地方管理权以及财富。

——［加］卜正民《哈佛中国史 02》

教师活动：引导学生分析史料。

学生活动：分析总结南朝政权更替的原因。

材料 4　从西晋末年起，北方人民为躲避战乱和民族压迫大批流亡南下，带来了先进的生产技术，也充实了劳动力资源。东晋南朝时期，南方土地大量开垦，农作物品种增加，产量提高。手工业方面，纺织、矿冶、陶瓷、造船、造纸等行业都有明显进步。商业以长江沿岸最为活跃，番禺则是主要的外贸港口。在江南开发的过程中，许多山区的少数民族也逐步与汉族相交融。

——据《中外历史纲要》（上）整理

教师活动：引导学生结合课本完善表格。

学生活动：归纳东晋南朝时经济发展的表现，整理完善表格。

东晋南朝时经济发展情况

农　业		围湖造田、兴修水利、江南地区麦稻兼作、五岭以南种植双季稻
手工业	织锦业	建立专门机构管理丝织业，织锦业在长江中下游一带迅速发展（蜀锦）
	冶铸业	发明灌钢法
	制瓷业	青瓷成为人们日常的生活用具
商　业		建康城人口达到百万，是当时经济最活跃的一个都市

学生总结分析得出江南地区得到开发的原因，主要为：

①北方人口南迁，给江南地区带去了劳动力和先进的生产技术。

②南方战乱相对较少，社会秩序比较安定。

③江南地区优越的自然条件。

④南北方劳动人民的辛勤努力。

⑤统治者注意调整统治政策，重视发展农业。

3. 导入学习任务三：政权分立——十六国与北朝

材料 1　西晋灭亡以后，司马氏在江南重建政权，史称东晋（317—420 年）的 130 多年时间内，各少数民族的上层分子和汉族官僚地主，在混战割据中纷纷建立政权，历史上叫作十六国时期。十六国时期的历史，以秦、晋淝水之战（383 年）为界，可划分为前后两个时期。

——朱绍侯《中国古代史》

材料 2

十六国统治者族属表

<table>
<tr><td colspan="3">匈奴</td><td>羯</td><td colspan="5">鲜卑</td></tr>
<tr><td>汉·前赵</td><td>北凉</td><td>夏</td><td>后赵</td><td>前燕</td><td>后燕</td><td>南燕</td><td>南凉</td><td>西秦</td></tr>
<tr><td colspan="2">氐</td><td>羌</td><td>賨</td><td colspan="5">汉</td></tr>
<tr><td>前秦</td><td>后凉</td><td>后秦</td><td>成汉</td><td colspan="2">前凉</td><td colspan="2">北燕</td><td>西凉</td></tr>
</table>

教师活动：引导学生分析材料，总结得出十六国的历史及民族融合的概况。

材料 3

北魏的建立和统一北方

时　间	事　件
386 年	什翼犍的嫡孙拓跋珪在各部酋长的拥戴下，在盛乐称王，重建代国。同年，改国号为魏，史称北魏
395 年	北魏军在参合陂（山西大同市西）尽歼后燕军主力
397 年	北魏攻占后燕都城中山
398 年	拓跋珪正式称帝，北魏一跃而成为北方最强大的国家
436 年	魏灭北燕
439 年	魏灭北凉，统一了北方

4. 导入学习任务四：民族融合

材料 1　魏晋时期，出现了少数民族内迁的高潮。当时内迁的种族很多，主要的有五个民族，即匈奴、鲜卑、羯、氐、羌，在旧史中，他们被称为“五胡”。其中匈奴大致分布于今之晋、陕、甘地区；鲜卑散居于今辽东、辽西、内蒙古、山西、甘陇一带；羯居于山西南部太行山；氐先居于川、陕、甘交界处，后南入川、东入关中；羌则由甘、青进入陕西。内迁总数，《晋书·文帝纪》称有 870 万口，虽未必全部进入中原地区，但入居中原地区的也不在少数。

——朱绍侯《中国古代史》

学生活动：根据材料思考导致东汉以降西、北边陲少数民族不断向内地迁徙的原因可能有哪些。

材料2　493年，孝文帝决定通过迁都来使北魏转变为典型的中华国家。他要求在朝廷上用朝服、讲汉语，通过联姻及阶级划分，把鲜卑精英与汉族精英融合在一起。绝大多数汉族人口的军事区划被由汉族官员管理的民政州郡所取代。汉人民兵轮流防卫地方，最初的拓跋守卫军要么加入新都城洛阳的军队，要么驻扎到北部边境，要么被吸纳进当地的人口中。

——［加］卜正民《哈佛中国史02》

教师活动：引导学生分析。

学生活动：学生思考总结，北魏孝文帝改革的措施。

①朝廷中必须使用汉语，禁用鲜卑语。

②官员及家属必须穿戴汉族服饰。

③鲜卑姓氏改为汉姓，拓跋改为元。

④鼓励鲜卑贵族与汉族贵族联姻。

⑤采用汉族官制、律令。

⑥学习汉族礼法，尊崇孔子，以孝治国，提倡尊老、养老的风气。

课堂小结

三分天下，司马一统，八王之乱，五胡内迁，北方战乱，司马重建。东晋士族，国家支柱，朝代更替，建康依然，江南开发，进步明显。北方十五，还有成汉，汉族制度，影响深远，淝水之战，重现混乱。孝文改革，全面学汉，缓解矛盾，社会发展，再次分裂，隋文一统。

作业拓展

问题：如何评价北魏孝文帝的改革？历史上对孝文帝改革的评价存在很大的争议。早在古代，批评孝文帝汉化政策的言论就多见于典籍，马端林、叶适、王夫之、赵翼等人均在自己的著作中斥责孝文帝迁都洛阳、推行汉化的政策，是“好名慕古而不实见国家大计”，强调“国势之衰，实始于此。一传而宣武，再传而孝明，而鼎祚移矣”，指出孝文帝是典型的虚伪之徒，“拓跋宏之伪也，儒者之耻也。夫宏之伪欺人而遂以自欺久矣”。而当代著名史学家黄仁宇却认为，孝文帝改革不期然地做了中国再统一的工具。

设计反思与讨论

在教材处理上，因本课涉及的内容非常多，在教学过程中不可能做到面面俱到，因而选取重点、难点加以突破，如南北朝的政权更替、北魏孝文帝改革等。

在教学方法上，采取多种形式，如小组合作探究学习，既凸显了学生的主体地位，又活跃了课堂气氛，使学生体验了自主探究、合作学习的快乐，加深了对知识的理解与掌握。

《三国两晋南北朝的政权更迭与民族融合》一课注重学生史学核心素养的培养。教师用一则史料导入，课堂之中也有大量史学材料的运用，既培养学生提取信息、分析概括的能力，又把史料实证、历史解释两个核心素养的落实贯穿其中。教师以问题为导引，环环相扣，既体现教师的主导性又充分发挥学生的主体作用，使课堂有序又不时发生思想碰撞，师生在问题分析中深化对政权的更迭及民族融合的理解。本课的最后环节——民族融合，是课堂的小结和升华，教师不露痕迹地再次引导学生寻找历史价值、感悟民族融合，理解中华各族人民为维护统一的多民族国家所做的努力和贡献，在无形之中渗透培养家国情怀的素养理念。

挖掘课本内容。课本是重要的教学资源，也是学生学习历史的重要资源，还是学生获得历史认识的重要依据。本课教学中，教师应根据课程标准的规定，结合学生学习实际情况，充分用好教科书即学生手中的课本，掌握三国分立、西晋的短暂统一、东晋建立与南朝政权的更替、十六国时期的少数民族政权及民族融合等内容。

第 6 课　从隋唐盛世到五代十国

设计思路

《普通高中历史课程标准（2017 年版）》要求：通过了解三国两晋南北朝政权更迭的历史脉络，隋唐时期封建社会的高度繁荣，认识三国两晋南北朝至隋唐时期的制度变化与创新、民族交融、区域开发和思想文化领域的新成就。

6 世纪后期到 10 世纪初，在中国的土地上相继建立起东临太平洋、西至中亚的强盛的隋、唐王朝。隋、唐都是统一的多民族国家，实行强有力的中央集权，制度上有许多建树，经济空前繁荣。边疆少数民族有了较大的发展，同中央政权的关系更加密切。对外交往出现了前所未有的频繁局面。安史之乱后，唐朝中央政府的权威受到了激烈的挑战。公元 907 年，存在了 290 年的唐朝，为藩镇所灭。此后，中国历史进入了五代十国短暂分裂时期。

历史总是辩证发展的，统一中包含着分裂的因素，分裂中又孕育着统一的因素。从东汉末到隋初的四百年间，统一势力一直在增长，不管割据势力如何嚣张、游牧民族如何驰骋，最后还是归于统一。这表明，秦汉以来以汉族为中心的中华民族，已形成一个相当稳定的政治共同体，隋的统一是大势所趋。因此，将本课教学主题确定为：统一、开放、革新的隋唐时代与五代十国。

本课内容，学生在初中阶段已学习相关知识并积累了一定的基础，但还缺乏全面系统的学习。高中阶段，学生的求知欲更为强烈，理性思维逐渐形成，在教学过程中应以学生自主探究为主，教师适当引导，通过各种史料并借助现代化教学手段，展现隋唐盛世到五代十国的历史演变过程，在这过程中培养学生的历史核心素养。

教学目标

1. 通过本课的学习，培养学生运用时空定位，了解隋唐、五代十国的政权更迭情况。

2. 通过史料分析隋唐盛世出现的原因及其表现；了解贞观之治的相关史实，培养学生历史理解和历史解释的能力。

3. 感受民族融合的推进过程，培养学生的家国情怀。

重点难点

1. 重点：了解隋朝建立与南北统一，唐朝前期的鼎盛局面，安史之乱，黄巢起义和五代十国。

2. 难点：藩镇割据局面形成的原因分析，唐朝灭亡的经验教训。

教学活动过程

导入

教师展示材料：

周静帝大定元年（581 年）二月，杨坚代周称帝，改国号隋，建元开皇，仍都长安，他便是历史上有名的隋文帝。第二年，以长安旧城狭小，在长安城东南的龙首原筑大兴城，第三年遂迁入新长安城……开皇九年（589 年）正月，韩擒虎率军夜渡采石，贺若弼从广陵渡江，两路并进，以钳形攻势，夹击建康。钟山一战，贺若弼击溃了陈朝主力军，韩擒虎直趋朱雀桥，攻入台城，俘虏了陈后主，灭掉了陈朝……隋的统一，结束了自东晋十六国以来 270 多年的分裂割据局面，再建统一的中央集权国家，有利于各民族的融合和经济文化的发展。

——朱绍侯《中国古代史》

教师活动：引导学生分析材料。

学生活动：分析隋朝是怎样建立并完成统一的。

【设计意图】通过材料的设置，引导学生思考分析，培养学生的史料解读能力。

1. 导入学习任务一：隋唐的统一

材料 1　隋朝在政治、经济上的整顿和改革，强化了中央集权，加强了封建国家对人力物力的控制，给予隋朝经济发展以有利条件。南北统一，再建统一的中央集权封建国家，也促进了当时封建经济的发展，出现了“人多殷富”的短暂繁荣景象。农业发展、仓储丰实、手工业进步、商业繁荣。

——朱绍侯《中国古代史》

教师活动：引导学生思考，隋朝的统一产生了什么样的作用。

学生活动：根据课本及教师呈现的资料完成相关问题。

材料 2　隋炀帝从他父亲手中继承了一个统一和繁荣的帝国，倾全力巩固帝国版图与扩大帝国影响，为此采取一系列举措。一是营建东都洛阳。迁都洛阳的主要原因是以洛阳为中心最便于控制全国，因为它是水陆运输的自然中心、储藏与转运物资的枢纽，以后成为沟通南北的大运河的交汇点与辐射点，便显示了它的这一优越性。二是开凿以洛阳为中心的大运河。隋炀帝从大业元年（605 年）到大业六年连续开凿了四条以洛阳为中心贯通全国的大运河。这一运河网络把长江流域、黄河流域和今北京附近地区连成一体，从而使隋朝能够以南方的粮食和其他物资供养宏大的都城长安、洛阳，并给北方边境提供战略后勤保障，为南北的统一提供了具体而坚实的物质基础。

——据樊树志《国史概要》整理

学生活动：总结隋炀帝为隋帝国的统一采取了哪些措施。

材料 3　唐朝诗人皮日休在《汴河怀古·其二》中写道：“尽道隋亡为此河，至今千里赖通波。若无水殿龙舟事，共禹论功不较多。”

唐朝诗人胡曾的咏史诗《汴水》也写道：“千里长河一旦开，亡隋波浪九天来。锦帆未落干戈起，惆怅龙舟更不回。”

教师活动：唐朝两位诗人描述的是什么历史事件？为何对此评价不一致。

学生活动：根据材料并结合所学知识回答问题。

教师活动：引导学生思考隋帝国修建大运河所产生的作用和影响。

学生活动：积极影响是沟通了南北交通，维护了国家统治；客观上促进了南北方的经济文化交流；加速了沿岸地区经济的发展；至今某些河段依然承担着运输的作用。消极影响是为此工程而征调大量民夫，严重影响人民正常的生产和生活，激化了社会矛盾，成为隋朝灭亡的原因之一。

材料 4　从 581 年到 618 年，仅三十七年，隋朝在历史上匆匆一现迅即消逝。何以隋朝在经济发展、府库充实、国力强盛的鼎盛时代，会猝然灭亡呢？

——樊树志《国史概要》

教师活动：根据材料并结合所学知识，分析隋朝灭亡的原因。

隋朝灭亡的原因：隋炀帝推行暴政。暴政表现：大兴土木，劳民伤财；三征高丽，穷兵黩武；徭役繁重，严刑峻法。

公元 618 年，李渊废掉隋炀帝，称帝建国，改义宁二年为武德元年，定国号为唐，都长安。李渊是为唐高祖。

2. 导入学习任务二：唐朝前期的鼎盛局面

材料 1　唐太宗即位后，鉴于隋亡于暴政的教训，采取与民休息、不得罪民众的明智政策，这是取得为史家所称道的贞观之治的根本原因，也是他成为历史上屈指可数的英明君主的根本原因。他一即位就声明，要“去奢省费，轻徭薄赋，选用廉吏，使民衣食有余”。他对隋亡引为鉴戒，他说，“天子者，有道则人推而为主，无道则人弃而不用，诚可畏也”；“为君之道，必须先存百姓，若损百姓以奉其身，犹割股以啖腹，腹饱而身毙”。唐太宗根据魏徵的政治见解，偃武修文，使政治安定，百姓乐业。贞观时期君臣之间的纳谏和直谏，是中国历史上少见的良好政治风气，唐太宗以隋炀帝拒谏饰非为鉴，虚怀博纳，从谏如流，大臣们多能直言极谏，面折廷诤。正是在这种良好的政治氛围中，唐太宗与他的大臣们联手缔造了持续二三十年的太平盛世——贞观之治（627—649 年）。

——樊树志《国史概要》

学生活动：根据材料思考唐太宗时期贞观之治盛世局面出现的原因。

材料 2　传统上中国历史学者把唐玄宗统治的最初 10 年视为唐朝统治的一个高峰，一个可与太宗时期相提并论的新的黄金时代。他们记载了一位勤勉的统治者与优秀大臣合力工作，在经过 60 年的女人统治后重建有效的政府。这也是中国历史上最伟大的诗人们创作诗篇的年代。

——［加］卜正民《哈佛中国史 03》

材料3　开元前期，唐玄宗求治心切，重用贤相姚崇、宋璟，求谏纳谏，革除弊政，抑制奢靡，取得了所谓“贞观之风，一朝复振”的业绩。从政治上看，开元之治不过是对贞观之治的学步而已。首先，恢复贞观时期“以宽仁为理本”的法治原则，把行仁义作为治理天下的第一要务，废止武则天时期的酷吏政治和严刑峻法，表彰用法平直的官员，禁止酷刑和滥刑。其次，体现贞观时期轻徭薄赋原则的检括户口和赋役改革。再次，在政治方面推行一系列改革。

——樊树志《国史概要》

材料4　忆昔开元全盛日，小邑犹藏万家室。稻米流脂粟米白，公私仓廪俱丰实。九州道路无豺虎，远行不劳吉日出。齐纨鲁缟车班班，男耕女桑不相失。

——杜甫《忆昔》（节选）

教师活动：引导学生分析史料，总结唐玄宗时开元盛世局面出现的原因。

学生活动：分析总结得出结论。

唐代是我国多民族国家进一步发展的重要时期。当时，突厥、西域各族及薛延陀、回纥、吐蕃、南诏、靺鞨等，都曾在边疆地区建立过地方民族政权，推动了祖国历史的发展。唐朝与这些少数民族的地方政权有着密切的联系，汉族人民和各少数民族人民之间也都有着频繁的经济文化交流。这种联系和交流，不仅对社会发展有利，而且加深了汉族和各少数民族之间的友谊，使多民族国家日臻巩固。

材料5　隋末，东突厥的势力又强大起来。大业十一年（615年），隋炀帝北巡时，曾被东突厥启民可汗子始毕可汗围困于雁门。唐朝建立后，东突厥贵族仍不断向内地侵扰，颉利可汗和突利可汗曾两度率军进犯关中，进逼唐都长安。在这种形势下，唐太宗采取了积极防御的策略。贞观三年（629年），唐太宗乘突厥内部分裂之时，派李靖、李勣等为行军总管，统兵十余万分道出击。次年，颉利可汗被俘，东突厥汗国在唐军的沉重打击下灭亡了。

——［加］卜正民《哈佛中国史03》

教师活动：引导学生思考唐代统一的多民族国家得到进一步发展和巩固的原因。

学生活动：北方和西南等少数民族建立政权，开发了祖国边疆地区。交通发达使中原与边疆往来密切，促进了边疆地区经济文化的发展。唐朝前期的统治者推行较为开明的民族政策，在边疆少数民族地区设立机构（羁縻府州），加强管理。

3. 导入学习任务三：安史之乱、黄巢起义和五代十国

（1）安史之乱

材料1　天宝十四载（755年）十一月，身兼范阳、河东、平卢三镇节度使的安禄山在范阳起兵叛乱，揭开了地方割据势力长期与唐中央政府争夺全国最高统治权的序幕。……广德二年（763年）初，史朝义在唐军的追击下走投无路，穷途自杀。历时7年有余的安史之乱至此结束。

——朱绍侯《中国古代史》

教师活动：根据材料并结合所学知识，分析安史之乱爆发的原因。

学生活动：安史之乱爆发的原因有政治腐败，军事举措失当，外重内轻（节度使的设置），军备废弛，募兵制的实行。

材料 2　安史之乱给社会经济造成了极大破坏。乱前全国户数 890 多万，乱后仅剩 190 多万。北方黄河流域所受破坏最重。为平定安史之乱，唐朝的边防军队多征调内地，造成了边防空虚，周边少数民族政权趁机对唐进攻，西域、河陇地区相继被吐蕃占领，南方也经常受到了南诏的侵扰。在民族斗争中，唐朝不得不由进攻转为防守。安史之乱还打破了唐王朝的统一局面，藩镇割据势力在乱后越来越强大，严重削弱了中央集权的力量。

——朱绍侯《中国古代史》

教师活动：根据材料并结合所学知识，分析安史之乱的影响。

学生活动：严重地削弱了唐朝的统治力量，唐朝从此由强盛走向衰落；安史之乱使大量北民南迁，一方面破坏了北方经济，另一方面促进了江南地区的进一步开发；中央集权大大削弱，参加平叛的许多将领拥兵自重，割据一方；安史之乱导致边防空虚，少数民族政权趁机侵扰，边疆频频告急。

（2）**藩镇割据**

材料 3　在平定安史之乱过程中，为求得暂时苟安，唐代宗措置失当，“瓜分河北地，付授叛将”，使安史降将摇身一变，成了由中央任命的地方节度使，保存了相当大的离心势力。在平叛过程中，朝廷还对内地掌握兵权的刺史多加节度使称号，造成了乱后“方镇相望于内地，大者连州十余，小者犹兼三四”的藩镇割据的严重局面。

——朱绍侯《中国古代史》

教师活动：根据材料并结合所学知识，思考藩镇形成的原因及其拥有的权力。

学生活动：开元年间，唐玄宗在边境重地增置军镇，设节度使加强边防。安史之乱期间和以后，唐朝陆续增设节度使。节度使管辖的地区名义上是唐朝的藩镇，但有些藩镇独立性强，实为割据势力。节度使在政治上拥有自主权，可以自行任免官吏，死后还可将职位传给儿子或部将；在经济上，拥有财权；在军事上，拥有强悍的武装，独霸一方。

藩镇的类型

藩镇类型	数量（个）	官员任免	赋税供纳	兵额与功能
河朔型	7	藩镇自擅	不上供	拥重兵以自立
中原型	8	朝廷任命	少上供	驻重兵、防骄藩
边疆型	17	朝廷任命	少上供	驻重兵、守边疆
东南型	9	朝廷任命	上供	驻兵少、防盗贼

藩镇的影响：藩镇割据的局面在唐朝后期延续了 100 多年，藩镇之间、藩镇和中央之间不断争战，严重地削弱了唐朝的统治，给人民带来深重灾难。

唐朝覆亡：唐朝中后期，宦官专权和朋党之争，进一步削弱了唐朝的统治。875—884 年的黄巢起义，使唐王朝的统治岌岌可危。907 年，宣武节度使朱温废唐称帝，国号梁，王朝灭亡。

五代十国：自 907 年唐朝灭亡后的半个多世纪，南北方出现了十余个割据政权。北方黄河流域先后经历了后梁、后唐、后晋、后汉、后周等五个短命王朝，称为“五代”。南方各地出现了前蜀、吴、闽、吴越、楚、南汉、南平（荆南）、后蜀、南唐等 9 个割据政权，连同五代末期在山西建立的北汉，称为“十国”。

课堂小结

本节课，我们通过材料解读的方式学习从隋唐盛世到五代十国的历史。经过三百多年的分裂、战乱以及种族和信仰的冲击融合，引塞外野蛮精悍之血，注入中原文明，中国于 589 年再次南北统一，开启了中国历史上的隋唐时代。这个时代往往被视为中华文明的黄金时代。开启这一黄金时代的是隋朝的建立与国家的重新统一。隋朝盛极一时，虽短命而亡，但影响深远。李唐兴起后，唐前期出现盛世局面，统一多民族国家得到进一步巩固和发展。唐朝中期的安史之乱导致唐朝由盛转衰。安史之乱后，唐朝中央政府的权威受到了激烈的挑战。内有藩镇割据，外有强敌环伺，唐朝陷入了内外交困的境况。黄巢起义后，唐朝灭亡，中国历史进入了五代十国短暂分裂时期。

作业拓展

问题：贞观之治出现的原因及其表现。如何客观评价李世民。

设计反思与讨论

在教材处理上，根据《普通高中历史课程标准（2017 年版）》的要求，选取教学重点隋朝建立与南北统一、唐朝前期的鼎盛局面、安史之乱、黄巢起义和五代十国。

在教学方法上，采取多种形式，尤其是小组合作探究学习的形式，既凸显学生的主体地位，使学生获得成功的体验，又加深了对课程内容的理解与掌握。

渗透核心素养。“从隋唐盛世到五代十国”一课注重学生历史核心素养的培养。教师用一则史料导入，课堂之中，也有大量史学材料的运用，既培养学生提取信息、分析概括的能力，同时把史料实证、历史解释两个核心素养的落实贯穿其中。教师以问题为导引，环环相扣，既体现教师的主导性又充分发挥学生的主体作用，使课堂有序又不时发生思想碰撞，师生在问题分析中不断加深对隋唐盛世到五代十国分裂的理解。

因为本节课时间跨度较长，在实际教学中可能会影响学生的参与度。课前预设与课堂生成可能难以达到和谐统一的效果。

第7课　制度的变化与创新

设计思路

《普通高中历史课程标准（2017年版）》要求：了解南北朝时期在察举制基础上创建了九品中正制，为隋唐时期的科举制奠定了基础；中枢政务机构在三公九卿的框架内逐渐形成了三省制的雏形，为隋唐时期三省六部制奠定了基础，认识三国两晋南北朝至隋唐时期的制度在传承中创新。

三国两晋南北朝至隋唐时期的制度在传承中创新。南北朝时期在察举制基础上创建了九品中正制，为隋唐时期的科举制奠定了基础；中枢政务机构在三公九卿的框架内逐渐形成了三省制的雏形，为隋唐时期的三省六部制奠定了基础；北魏创立的租调制则为隋唐所直接继承，但唐中后期由于土地兼并严重，租庸调制难以为继，逐渐被两税法所取代。

本课内容，学生在初中阶段已学习相关知识并积累了一定的基础，但还缺乏全面系统的学习。高中阶段，学生的求知欲更为强烈，理性思维逐渐形成，在教学过程中应以学生自主探究为主，教师适当引导，通过各种史料并借助现代化教学手段，展现隋唐制度的变化与创新，在这过程中培养学生的核心素养。

教学目标

1. 通过本课的学习，培养学生运用时空定位，了解三国两晋南北朝至隋唐时期的制度变化。
2. 通过史料分析，认识这一阶段的制度创新与变化，培养学生历史理解和历史解释的能力。
3. 感受中国古人的政治智慧，培养学生的家国情怀。

重点难点

1. 重点： 了解九品中正制、三省六部制、租庸调制及两税法等主要内容。

2. 难点： 隋唐制度变化与创新，体现了中国古人的政治智慧。

教学活动过程

导入

教师活动：中国古代有哪些选官制度？

学生活动：察举制、九品中正制、科举制。

【设计意图】通过教师设问的方式，引导学生思考分析，中国古代有哪些选官制度，直接进入本课的学习。

1. 导入学习任务一：选官制度

材料 1 建元元年（前 140）冬十月，诏丞相、御史、列侯、中二千石、二千石、诸侯相举贤良方正直言极谏之士。……元光元年（前 134）冬十一月，初令郡国举孝、廉各一人。

——班固《汉书·武帝纪》

材料 2 秦汉以后，公族虽更而世族尚不全革，九品中正之弊，至于上品无寒门，下品无世族。……至宋明而始变其辙焉，虽所以教之未尽其道，而其用人之制，则三代私而后世公也。

——魏源《魏源集·默觚下·治篇九》

教师活动：材料 1、2 体现了怎样的选官制度？

学生活动：从察举制到九品中正制再到科举制。

（1）九品中正制（魏晋南北朝时期）

①背景：汉代察举制弊端逐渐显露；东汉末年社会动荡，察举制无法推行。

材料 3 魏晋南北朝选官体制是以九品中正制为考核、品评机制，即在州郡设置中正、小中正，专司品评人才，向朝廷推荐。由于中正官均由本州郡的世家大族、贵族官僚担任，九品中正制遂成了门阀士族把持选举的工具。

——朱绍侯《中国古代史》

教师活动：依据材料并结合所学知识，思考九品中正制的主要内容。

中央委任中正官为各地人才评定等级，共分九等，并按等级高低授予官职；选官标准从初创时期的家世和才能并重，发展到西晋时期主要看重家世。

②影响：初行时期将评品人物之权收归中央，有利于加强中央集权（积极影响）。

后期逐渐成为维护士族特权的工具，形成了“上品无寒门，下品无势族”的局面，是门阀士族形成的重要标志之一（消极影响）。

（2）科举制（隋朝至清末）

材料 4 魏晋南北朝选官体制是以九品中正制为考核、品评机制……南北朝后期，士族把持选举的局势开始发生变化。到隋炀帝时，不得不再行改革，“始建进士科”。进士科的设置，标志着科举制度的开始。

——朱绍侯《中国古代史》

教师活动：依据材料并结合所学知识，分析科举制形成的原因。

材料 5　科举制度的创立，是中古史上选举制度的重大变革，它改变了以往门阀士族把持选举的弊端，重才学而轻门第，从而扩大了招揽人才的门路，使一批中小地主士人得以参加统治政权，适应了庶族地主在政治上的要求，削弱了门阀士族在政治上的垄断权。将选举权集中到封建中央政府的吏部，必然也削弱了地方上的士族势力。总之，科举制的创立显示了封建皇权的上升和魏晋南北朝以来门阀士族势力的削弱。同时，也是庶族地主势力发展的标志。它有利于选拔封建统治人才，提高政治效率，适应了大一统帝国的政治需要。

——朱绍侯《中国古代史》

教师活动：依据材料并结合所学知识，思考科举制度的影响。

学生活动：思考总结。

积极方面：不拘一格地选用人才，扩大了统治基础，加速了社会阶层的流动性；把读书、考试和做官紧密联系起来，提高了官员的文化素质；把选官权从世家大族手中收归中央，加强了中央集权；有利于社会重学风气的形成，有利于提升社会文化水平；后被西方国家借鉴，发展为现代文官制度。

消极方面：考试科目及内容以儒学经义为范畴，使儒学成为执政者奴化臣民的工具；导致从事科学技术研究的人才力量相对薄弱，阻碍了科学技术的新发展；明清时期八股取士，文化专制加强，束缚人们个性与才能的发展。

【设计意图】通过对九品中正制和科举制的阐释，使学生充分认识中国古代选官制度的演变以及古人的政治管理智慧。通过史论结合、论从史出、讨论交流，促使学生学科素养的提升。

2. 导入学习任务二：　中枢政务机构——三省六部制（隋唐时期）

材料 1　三省职同秦汉时代的丞相，历史上一般称为三省制度。三省互相牵制，内史省是决策机关，长官监、令；门下省是审议机关，长官纳言；尚书省是行政机构，长官令、左右仆射，下设吏部、礼部、兵部、度支（后改称民部）、都官（后改称刑部）、工部。三省六部制，自隋定型。

——朱绍侯《中国古代史》

教师活动：根据材料并结合知识，思考三省六部制定型于什么时期?

学生活动：魏晋南北朝时期，尚书握有实权，继而又有中书省、门下省，成为三省制的雏形，隋唐时期定型。

（1）机构设置

中央设中书省、门下省和尚书省，中书门下（也叫政事堂）为三省宰相议政场所。

（2）运行机制

中书省负责决策，草拟和颁布皇帝的诏令；门下省负责审核政令；尚书省负责执行，下设吏、户、礼、兵、刑、工六部。

教师活动：根据材料并结合所学知识，分析三省六部制的特点。

学生活动：相权三分，职权分明；三省的长官同为宰相，三省分权，既相互制约，又分工合作，既加强皇权，也提高行政效率；节制君权，皇帝所颁布政令，未经政事堂通过，不能施行，以相权节制君权。

材料2　三省六部制是中国官制史上的重大变革，它将相权一分为三，把决策与执行机构分开，对于防止权臣篡位，稳定政局，维护统一，都起到积极的作用。

——朱绍侯《中国古代史》

教师活动：依据材料并结合所学知识，思考三省六部制的作用。

学生活动：思考并回答问题。

教师小结：分散相权，避免权臣独揽大权，有利于加强皇权；三省职权分工明确，有利于提高办事效率；三省集思广益，有利于减少皇帝独断造成的决策失误；三省六部制是中国官制史上的重大变革，此后历朝基本上沿袭这种制度。

【设计意图】通过对三省六部制的阐释，使学生充分认识中国古代政治制度的成熟。通过史论结合、论从史出、讨论交流，促使学生学科素养的提升。

3. 导入学习任务三：赋税制度

（1）租（庸）调制（曹魏至唐朝前期）

材料1　租庸调制是以均田制的推行为基础的赋役制度。此制规定，凡是均田人户，不论其家授田多少，均按丁交纳定额的赋税并服一定的徭役。

——朱绍侯《中国古代史》

教师活动：依据材料并结合所学知识，思考租庸调制实施的目的。

学生活动：适应均田制，保证国家赋税的征收。

材料2　每丁每年向国家交纳粟二石，称作租；交纳绢二丈、绵三两或布二丈五尺、麻三斤，称作调；服徭役二十天，是为正役，国家若不需要其服役，则每丁可按照每天交纳绢三尺或布三尺七寸五分的标准，交足二十天的数额以代役，这称作庸，也叫“输庸代役”。

——朱绍侯《中国古代史》

教师活动：根据材料并结合所学知识，分析租庸调制的主要内容。

学生活动：一夫一妇每年向政府缴纳一定量的谷物，叫作“租”；缴纳一定量的布帛，叫作“调”；服徭役的期限内，不去服役可以纳绢或布代役，叫作“庸”。

材料3　国家若需要其服役，每丁服役二十天外，若加役十五天，免其调，加役三十天，则租调全免。若出现水旱虫霜等严重自然灾害，农作物损失十分之四以上免租，损失十分之六以上免调，损失十分之七以上，赋役全免。官僚贵族享有蠲免租庸调的特权。纳庸代役制度的推行，使得农民能有较多的时间进行生产，多少改善了农民的处境，对唐前期社会生产力的发展起到了推动作用，具有一定的积极意义。

——朱绍侯《中国古代史》

教师活动：根据材料并结合所学知识，分析租庸调制的影响。

学生活动：积极方面是，改变了原先赋税的混乱，减轻了农民负担；以庸代役保证农民有较充分的生产时间，有利于促进农业的发展，政府的赋税收入也有了保障。

消极方面是，以人丁为计征对象的租调制和租庸调制的基础是均田制。劳动者能占有一小块土地，从事生产劳动，按人丁计征才有可能。一旦均田制遭到破坏，农民丧失土地，这种以人丁为本的租庸调制就不可能维持。

（2）两税法（唐朝中后期）

材料 4　均田制度的瓦解，农民的大量逃亡，使唐政府系之于丁身的租庸调剥削制度愈来愈难以维持了。安史之乱后，为了弥补财政的亏空，唐政府先后出台了许多新的税收项目，使赋税制度越来越混乱，造成了“科敛之名凡数百，废者不削，重者不去，新旧仍积，不知其涯”的严重局面。为了整顿赋税制度的这种混乱局面，保障中央政府获取足够的税收以应付安史之乱后的新形势，唐德宗建中元年（780 年），在宰相杨炎的建议和推动下，唐王朝对国家税收体制做出重大调整——在继承先前地税和户税征收精神的前提下，废止已陷入困境中的租庸调制，改行统一按每户的实有田亩和资产征税，每年分夏秋两次交纳，是为两税法。

——朱绍侯《中国古代史》

教师活动：根据材料并结合所学知识分析，两税法实行的背景。

学生活动：唐中期以后，土地兼并严重，均田制遭破坏，租庸调制难以维持；国家财政紧张。

两税法主要实行“量出制入”的原则，中央根据财政支出的预算征收总额，分配到各地征收。不分主户和客户，一律就地落籍纳税。每户按资产缴纳户税，按田亩缴纳地税，取消租庸调和一切杂税、杂役。户税按户等高低征钱，地税按亩缴纳谷物。一年分夏季和秋季两次纳税。

教师活动：根据材料并结合所学知识，分析两税法的特征及其影响。

学生活动：特征是不再按丁纳税，改为按资产和田亩征税。影响是两税法简化税收名目，有利于减轻人民的负担，缓和社会矛盾。两税法扩大了收税对象，保证了国家的财政收入。两税法“唯以资产为宗，不以丁身为本”，改变了自战国以来以人丁为主的赋税制度，有利于改变贫富不均的现象。由“舍地税人”向“舍人税地”方向发展，减轻了政府对农民的人身控制。两税法以货币为主要征税方式，在一定程度上有助于商品经济的发展。

【设计意图】通过对中国古代赋税制度的学习，使学生充分认识中国古代的政治管理智慧。通过史论结合、论从史出、讨论交流，促使学生学科素养的提升。

课堂小结

1. 选官制度：察举制——九品中正制——科举制
2. 中枢政务机构：三公九卿制——中朝出现—三省制雏形——三省六部制
3. 赋税制度：租调制——租庸调制——两税法

作业拓展

问题：从隋唐时期制度的变化与创新中，你学习到古人的哪些政治智慧？它们对今天中国有什么重要作用和影响？

设计反思与讨论

在教材处理上，根据《普通高中历史课程标准（2017年版）》的要求，选取教学重点九品中正制、三省六部制、租庸调制及两税法等主要内容。

在教学方法上，采取多种形式，如小组合作探究学习的形式，既凸显了学生的主体地位，又活跃了课堂气氛，使学生体验了自主探究、合作学习的快乐，加深了对知识的理解与掌握。

渗透核心素养。“制度的变化与创新”一课注重学生历史学科核心素养的培养。教师用一则史料导入，课堂之中，也有大量史学材料的运用，既培养学生提取信息、分析概括的能力，同时把史料实证、历史解释两个核心素养的落实贯穿其中。教师以问题为导引，环环相扣，既体现教师的主导性又充分发挥学生的主体作用，使课堂有序又不时发生思想碰撞，师生在问题分析中体悟制度的变化与创新。

挖掘课本内容。课本是重要的教学资源，也是学生学习历史的重要资源，还是学生获得历史认识的重要依据。本课教学中，教师应根据课程标准的规定，结合学生学习实际情况，充分用好教科书即学生手中的课本。

第8课　三国至隋唐五代的文化

设计思路

《普通高中历史课程标准（2017年版）》要求：通过了解三国两晋南北朝至隋唐五代时期思想发展历程，认识中国文化的博大精深，认识中国传统思想是在不断吸取外来文化的基础上发展起来的；体会隋唐时期是中国文化发展的繁荣时期，在众多的领域均取得了辉煌的成就，增强民族自豪感和自信心。

本课内容包括从魏晋时期到隋唐的文化成就，历经三国、两晋、南北朝、隋唐、五代十国五个时期，这是中国从大分裂时期到大一统再到大分裂的发展阶段，是中国封建社会走向繁荣的历程。这一时期的文化也呈现空前的繁荣，随着中外交流的日益频繁，中国文化在这一时期越发包容万象，并对世界产生越来越大的影响。

本课内容比较繁杂，学生在初中阶段掌握或了解到一些关于中国传统文化的知识，但缺乏全面系统的理解。高中阶段，学生的求知欲更为强烈，理性思维逐渐形成，在教学过程中教师应以学生自主探究为主，适当引导，通过各种图片影像资料并借助史料教学手段，直观展现中国古代文化的优秀成果，让学生理解特定时期文化发展呈现的特点及其与特定历史时期的关系，在这过程中培养学生的历史核心素养。

教学目标

1. 运用史料实证的方法，探究中国三国到隋唐五代的文化发展成就和水平。

2. 通过了解中国三国到隋唐五代的文化发展成就，激起学生对中国历史文化的高度认同感、归属感、自豪感，升华其家国情怀。

3. 通过整理中国三国到隋唐五代的文化成就出现的先后顺序和地理分布情况，培养学生的时空观念，令其把握中华文明的传承关系，体会中华文明是各族人民智慧的结晶，是属于整个中华民族的宝贵精神财富。

重点难点

1. **重点：**三国到隋唐五代文化的主要成就。

2. **难点：**三国到隋唐五代文化对世界的影响。

教学活动过程

导入

教师活动：引导学生回忆已有知识，列举从三国到隋唐五代涌现出的杰出人才及成就。

朝　代	人　物	成　就
三国两晋南北朝		
隋　唐		
五代十国		

学生活动：列举著名人物和成就，并按不同领域归类整理。

教师活动：正是这些中国历史上的璀璨明星和千千万万的劳动者创造了繁荣的封建文化。以此导入学习这些历史人物以及他们所创造的辉煌成就。

【设计意图】以学生所知道了解的历史人物导入，既契合本课教学内容，又与学生已有知识储备相联系，新旧知识联系起来有利于消除学生的畏难情绪；以问题探究的方式，激发学生学习兴趣。

1. 导入学习任务一：思想——儒学、道教和佛教

材料 1　千里莺啼绿映红，水村山郭酒旗风。南朝四百八十寺，多少楼台烟雨中。

——杜牧《江南春》

教师活动：引导学生思考这首诗所反映的历史现象。

学生活动：欣赏诗篇并归纳所反映的历史现象。

唐代诗人杜牧的《江南春》反映了魏晋南北朝时期佛教兴盛的状况。

【设计意图】魏晋南北朝隋唐时期，思想活跃，宗教呈现多元特征。以诗证史，既使学生通过诗篇直观感受当时佛教兴盛的状况，又使学生理解文学作品也在一定程度上反映社会现实，具有一定的史学价值。

不仅是外来的佛教得以流行，本土的道教也大受欢迎。道教产生于东汉中后期，到魏晋南北朝时期在民间广为传播。

材料 2　魏晋南北朝时期，人民受尽统治阶级的压迫、剥削，长期的战乱又给人民带来无穷的灾难，这种情况造成了宗教流行的土壤。各族统治者为了巩固统治和获得精神安慰，也有意识地提倡。……北朝时，除魏太武帝拓跋焘和周武帝宇文邕两度毁佛外，其他都大力提倡佛教，佛寺遍布各地，僧尼多到惊人的地步。

——朱绍侯《中国古代史》

材料 3　佛教的广泛传播，给当时社会带来严重的危害。统治者为了欺骗人民，大修寺塔，施舍钱财，所耗费的都是人民血汗。……寺院侵夺百姓土地、房产；百姓受骗，向寺院施舍，往往倾家荡产，大量人口被迫出家为僧尼。寺院地主又剥削下层僧尼和寺户，积累私产，再用高利贷盘剥人民。这些都使社会生产力遭到破坏。

——朱绍侯《中国古代史》

教师活动：引导学生阅读史料并结合课本知识，讨论佛教、道教兴盛的原因及危害。

学生活动：阅读史料和课本并思考。

兴盛的原因有：

①魏晋南北朝时期，长期战乱给人们带来无穷的灾难，为宗教流行提供了土壤。

②统治者为了巩固统治和获得精神安慰，也有意识地提倡。

③儒佛道之间相互学习借鉴。

佛教兴盛的具体危害：佛教的广泛传播，耗费了大量的钱财，很多劳动力不事生产，严重影响到政府利益。

为了纠正这种弊病，不断有人出来进行反佛斗争，其中南朝无神论思想家范缜是最杰出的代表。统治者中也先后出现“三武灭佛”和后周世宗灭佛。儒学也面临佛、道的挑战，为维护儒学的正统地位，唐中期儒学大师韩愈率先提出复兴儒学。

2. 导入学习任务二：文学艺术

（1）文学

材料 1　采菊东篱下，悠然见南山。山气日夕佳，飞鸟相与还。

——陶渊明《饮酒·其五》（节选）

材料 2　敕勒川，阴山下。天似穹庐，笼盖四野。天苍苍，野茫茫，风吹草低见牛羊。

——《敕勒歌》

教师活动：引导学生体会材料所列文学作品的风格特点。

学生活动：概括材料风格特点。

材料 1 是田园诗，表达了作者对恬静的田园生活的热爱。材料 2 是北朝民歌，风格豪放刚健，语言朴实无华，表现了北方民族英勇豪迈的气概。

魏晋南北朝到隋唐五代先后出现了以曹操父子为代表的建安文学、东晋陶渊明的田园诗、南朝骈文、南北朝民歌等风格各异的流派。唐朝诗歌创作进入黄金时代。随着唐朝经济日益繁荣，国力日益强盛，唐诗发展至顶峰，题材广阔，流派众多。伟大的浪漫主义诗人李白和伟大的现实主义诗人杜甫，即是这一时期最杰出的代表。李白的诗歌热情奔放，想象丰富，具有强烈的艺术魅力，对后世影响极深，李白也因此被称为“诗仙”。他的著名诗篇如《早发白帝城》《蜀道难》等，一直为人们所传诵。杜甫经历了唐朝由盛转衰的变化，他的诗内容深刻，真实反映了广阔的社会现实生活，被称为“诗史”，代表作有“三吏”“三别”等。

【设计意图】通过对经典文学作品的介绍和欣赏，引导学生体会魏晋南北朝到隋唐时期多姿多彩的文学成就。

（2）书法

教师活动：引导学生体会材料所列书法作品的风格特点，了解当时著名书法家。

学生活动：讨论分析材料所反映的书法风格特点。

王羲之《兰亭集序》

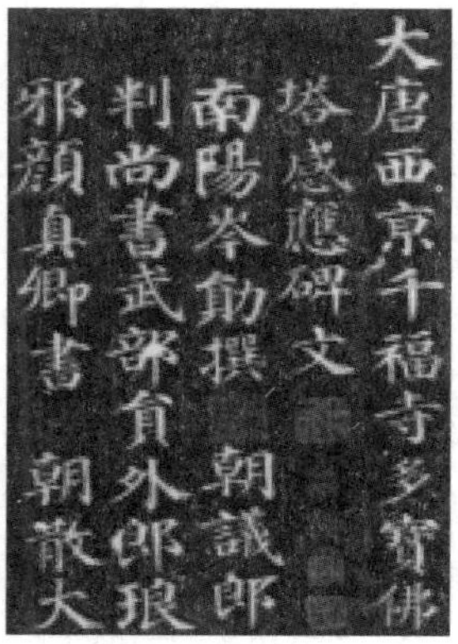

颜真卿《多宝塔碑》

柳公权《玄秘塔碑》

王羲之的《兰亭集序》，被誉作“天下第一行书”。颜真卿的楷书气势雄浑，被称为颜体；柳公权的楷书骨力遒劲，被称为柳体。两人齐名，后世有“颜筋柳骨”的美誉。

【设计意图】书法在东汉末年成为一种艺术，在魏晋南北朝时期成熟，名家辈出。通过对经典书法作品的介绍和欣赏，引导学生领略中国传统书法艺术的魅力。

（3）绘画

东晋顾恺之，代表作有《女史箴图》和《洛神赋图》。顾恺之作画，意在传神，其“迁想妙得”“以形写神”等论点，为中国传统绘画的发展奠定了基础。

《女史箴图》（局部）

《送子天王图》（局部）

唐朝吴道子，被称为“画圣”，现存的《送子天王图》，据说就是他的作品。还有唐朝诗人王维首创水墨山水画，富有诗意，对后世影响很大。

（4）**雕塑**

山西大同的云冈石窟、河南洛阳的龙门石窟、甘肃敦煌莫高窟等，都是闻名世界的艺术宝库。

云冈石窟

龙门石窟

莫高窟

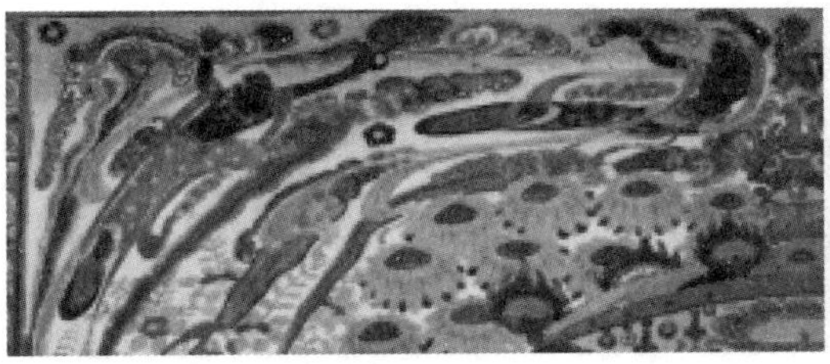

敦煌壁画·飞天

敦煌壁画·狩猎

敦煌莫高窟是世界上罕见的艺术宝库，又称“千佛洞”，现存492个窟洞，洞中泥塑佛像与壁画和谐地结合在一起，显示出雕塑艺人高度的智慧和卓越的才能。莫高窟中壁画众多，内容丰富，虽以佛经故事为主，但也有大量地反映唐代社会的生产和生活状况的作品，为我们研究当时的社会历史提供了宝贵的资料。

教师活动：引导学生思考并讨论，为什么在魏晋南北朝隋唐时期，出现了“诗圣”“书圣”“画圣”众多等杰出人物。

学生活动：思考并回答。

①从大分裂时期到大一统时期，社会经济逐渐发展繁荣。

②民族大融合趋势的出现，各种文化交融。

③统治阶级的推崇。

【设计意图】通过思考魏晋南北朝隋唐时期文化繁荣的原因，使学生学会运用唯物史观认识历史现象，体会一定时期的思想文化是一定时期的政治经济在思想文化领域的反映。

3. 导入学习任务三：科技

魏晋南北朝隋唐时期的科技成就及影响

领　域	成　就	影　响
数　学	祖冲之计算圆周率	首次将“圆周率”精算到小数点后七位数
农　学	贾思勰著述的《齐民要术》	中国现存最早最完整的农书
医药学	孙思邈完成医学名著《千金方》	
	《唐本草》	《唐本草》是世界上最早由国家颁行的药典
地　理	裴秀绘制出《禹贡地域图》	提出绘制地图的方法
天文学	僧一行测量子午线	是世界上用科学方法实测地球子午线长度的创始人
印刷术	868 年唐朝印制的《金刚经》	是世界上现存最早的、有确切日期的雕版印刷品
火　药	唐末运用于战争	

教师活动：引导学生联系课本知识完成表格。

学生活动：完成表格整理。

【设计意图】通过对这一时期科技发展成就的整理，深刻体会魏晋南北朝到隋唐五代中国科技走在世界前列的辉煌成就。

4. 导入学习任务四：中外文化交流

教师活动：中外文化交流频繁，文化上兼容并包，注意吸收各族和外来文化的优秀成分。引导学生寻找中外文化交流的典型事例。

学生活动：阅读课本回答。

（1）中国与中亚、印度交流

东晋法显和尚西游取经，经西域到达印度，并游历印度各地，历时 14 年。回国后，翻译大量带回来的佛经，又著《佛国记》，记述了古代中亚、印度、南海诸国的地理、历史、风土人情。

他对促进中国同印度、尼泊尔等国的相互了解和文化交流做出了重大的贡献。

唐代玄奘西游取经更为著名。627年，他从长安出发去天竺游学，途经今天的新疆及中亚各国，历尽艰险，最后到达印度。645年，玄奘结束了历时十九年，跋涉五万余里的伟大行程，回到长安，带回来梵文佛经657部。这些佛经后来在印度大部分失传，中文译本就成为研究古代印度文学、科学的重要文献。此外，他撰写了《大唐西域记》，成为研究中古时期中亚、印度半岛等地的历史、地理和中西交通的宝贵资料。

（2）中国与朝鲜、日本交流

当时朝鲜半岛处于高丽、百济和新罗三国的鼎立时期，他们都遣使和中国往来。新罗统一朝鲜半岛后，和唐朝的关系非常友好。很多新罗商人来唐贸易，新罗还经常派大批留学生到长安学习。日本、新罗等国常常派学问僧来长安求法，日本的空海就是很有名的一位高僧。他回国时带走了许多佛经和诗文集，在中日文化交流方面做出了重要贡献。中国僧人也不断东渡日本，交流中日两国的文化，其中贡献最大的是唐朝鉴真和尚。他经过六次努力，历尽艰险，以致双目失明，终于在754年到达日本。他把佛教的律宗传到日本，同时还把佛寺建筑、雕塑、绘画等艺术传授给他们。

日本通过“大化改新”，大量吸收中国唐朝的政治经济制度，这给日本社会带来巨大变革。

（3）长安成为国际大都会

材料1　唐朝首都长安是一座约100万人口的大城市，宽阔的大道纵横交错，大道上时常挤满了波斯人、印度人、犹太人、亚美尼亚人和各种中亚人。他们是作为商人、使节和雇佣军来到中国的。对外国人来说，除蒙古人统治下的元朝这段短暂时期外，唐朝统治下的中国比其他任何时期都更加开放。

——［美］斯塔夫里阿诺斯《全球通史》

唐都城长安聚集了许多国家和地区的使节、商人、侨民，成为当时的国际大都会。

（4）海上丝绸之路

陆路方面，从长安出发，向东可以到达朝鲜，向西经丝绸之路可通往今天的印度、伊朗、阿拉伯以至欧非国家；海路方面，从登州、扬州出发，可到达朝鲜、日本；从广州出发，经马来半岛、印度，可以到达波斯湾。唐代中国和亚非地区的很多国家有着广泛而密切的经济和文化往来，中国对世界经济、文化的发展做出了重大贡献。

【设计意图】深化对魏晋南北朝到隋唐五代时期中外文化交流持续发展的理解，认识中华传统文化的形成和发展是多元文明影响的结果，体会中华文明在世界历史舞台上的影响和地位，涵养家国情怀。

课堂小结

从魏晋南北朝到隋唐五代，这是中国历史的“黄金时代”。政治的成熟、封建经济的发展和民族的融合，为文化的繁荣提供坚实的基础。在醇厚博大、开放包容的精神气质下，中华文明高度发展，全面辉煌。

作业拓展

探究敦煌莫高窟的文化遗产。

敦煌莫高窟和云冈石窟、龙门石窟一样保留了最丰富的中国早期佛教艺术遗存。当都市中的庙宇毁于天灾人祸时，这些石窟免遭浩劫。敦煌莫高窟始建于十六国的前秦时期，历经十六国、北朝、隋、唐、五代、西夏、元等朝代的兴建，形成巨大的规模，有洞窟 735 个，壁画 4.5 万平方米、泥质彩塑 2415 尊，是世界上现存规模最大、内容最丰富的佛教艺术地。莫高窟各窟均是洞窟建筑、彩塑、绘画三位一体的综合性艺术。它的修建历时漫长，是十六国至清代 1500 多年的民俗风貌和历史变迁的艺术再现，吸取了伊朗、印度、希腊等国古代艺术之长，是中华民族发达文明的象征。

设计反思与讨论

本课知识点繁杂，涉及面广，课堂容量大，每一点都铺开，不仅时间上不允许，而且也会加重学生的负担。文学艺术方面可通过对具体作品的赏析，提高学生的感知，开阔视野。对比较复杂的思想发展成就，通过史料再现时代背景，提高学生史料实证和历史解释的能力。

在教学方法上，采取多种形式，既凸显了学生的主体地位，又使学生体验了自主探究、合作学习的快乐，活跃气氛，加深了对知识的理解。

第三单元
辽宋夏金多民族政权的并立与元朝的统一

第9课　两宋的政治和军事

设计思路

《普通高中历史课程标准（2017版）》要求：通过了解唐后期和五代十国的社会动荡，理解北宋强化中央集权的举措；了解唐后期至两宋时期的重要改革，以及经济、文化与社会等方面的新变化。根据课标要求，结合教材的框架，教学开展的前提是分析本课内在的逻辑关系，概括如下：

唐中后期、五代以降，中央行政体系中相权有所膨胀；地方上，藩镇割据，武将干政，中央集权削弱。宋初统治者鉴于前代的经验与教训，在中央实行二府三司制，分割相权，军事上强化中央禁军；地方上，弱化地方军队，派文官管理地方等。这些措施有效加强了中央集权，巩固了国家的统一与安定，但也带来了很多的消极影响。强干弱枝、守内虚外的方针导致了边疆危机，三冗的局面又加剧了财政危机，进而演化为全面的政治统治危机。为了挽救政治危机，范仲淹、王安石相继主持变法，虽取得一些成效，但也导致了统治集团内部的分裂，加速北宋走向衰亡。北宋灭亡后，南宋仍秉承崇文抑武的国策，对外和议，偏安一隅。

可以看出，教材的四个子目间有着严密的逻辑递进关系，无须对教材进行重组。因此，撷取四个宋代的历史典故作为线索展开教学，借“故”言史，不仅可以增强课堂教学的故事性，激发学生的学习兴趣，同时又很自然地落实了历史解释素养的培养。

教学目标

1. 运用唯物史观分析宋代加强中央集权的背景、措施和影响，理解这一措施带来的边疆危机和财政危机，从而认识到变法的必要性及其重要影响，让学生形成对两宋政治的全面认识，提高学生运用唯物史观解释历史的能力。

2. 运用五代十国至南宋的历史地图，知道这一时段的历史变迁，加强时空观念，深化对历史的理解。

3. 通过历史典故的学习，使学生深刻认识到杨家将、岳飞等历史人物的爱国情怀，认识到范仲淹、王安石这两位改革家身上强烈的社会责任感，激起学生对民族国家的高度认同感、归属感和使命感，升华家国情怀。

重点难点

1. **重点：**宋初加强中央集权的措施及影响。
2. **难点：**王安石变法的内容及意义。

教学活动过程

借“故”言史——两宋的政治和军事

导入

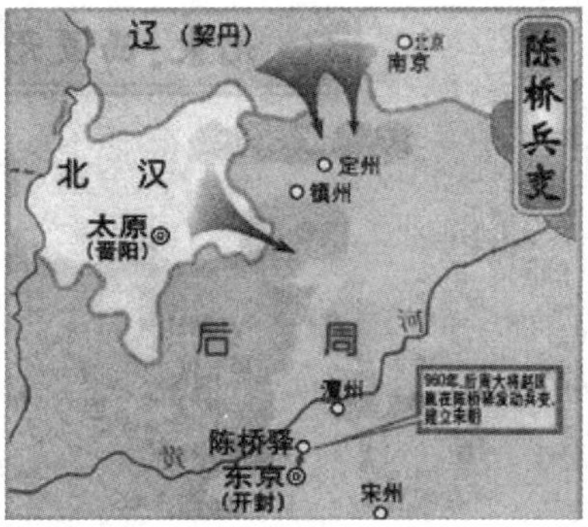

陈桥兵变

赵匡胤“黄袍加身”

教师活动：展示陈桥兵变、黄袍加身的图片并讲述相关史实。

新王朝虽然已经建立，摆在宋太祖面前的问题仍然很多，如何避免黄袍又加在别的武将大臣身上？如何才能坐稳江山、惠及子孙？今天就让我们徜徉在这历史长河中，感受祖先的智慧与创造。

【设计意图】通过陈桥兵变这个典故，既简单交代宋朝建立的史实，为后面内容的学习做铺垫，又紧扣借“故”言史的主线。

1. 导入学习任务一：宋初专制集权的加强

典故一：杯酒释兵权

教师活动：展示杯酒释兵权的图片并讲述这一典故，引导学生思考宋太祖采取这一措施的原因。

杯酒释兵权

（1）为何释（背景）

材料 1　唐末五代的政权更替情况：

907 年，唐宣武节度使朱温篡唐建立后梁。

923 年，河东军阀李克用的儿子李存勖灭后梁，建立后唐。

936 年，后唐河东节度使石敬瑭起兵造反，建立后晋。

947 年，后晋河东节度使刘知远建立后汉。

951 年，后汉天雄节度使郭威建立后周。

960 年，后周禁军统帅赵匡胤发动兵变，建立北宋。

学生活动：思考分析唐末五代政权更替的特点。

教师活动：引导学生从更替时间、夺权方式和建立者身份共性这几个方面进行比较分析。

【设计意图】通过阅读史料和大事年表，让学生对五代十国的动荡政局有基本的认识，通过比较分析，发现各政权的建立者在夺取政权的方式和身份上的共性，从而理解北宋统治者的政治意图。

材料 2　凡属皇帝命令，在“敕”字之下，须加盖中书、门下之印，即须政事堂会议正式通过，然后再送尚书省执行。若未加盖中书、门下之印，而由皇帝直接发出的命令，在当时是认为违法的，不能为下面各级机关所承认。

——钱穆《中国历代政治得失》

教师活动：引导学生分析材料，概括相权的变化。

学生活动：根据材料概括宋初加强专制集权的背景。

①唐中后期三省六部制的演变，中书门下成为最高机构，相权膨胀。

②唐末、五代以来的藩镇割据、武将干政，中央集权削弱。

③宋初统治者对前代经验与教训的吸取。

（2）如何释（措施）

教师活动：北宋政权建立后，为了“惩创五季，而矫唐末之失策”，宋统治者陆续采取哪些措施加强专制主义中央集权？引导学生阅读课本，分类概括宋初加强专制集权的措施。

学生活动：思考回答分权与收权。

①中央：分割相权，实行二府三司制。

②地方：全面收权。

军事上，收精兵，“强干弱枝”，统兵权与调兵权分离。

行政上，削实权，中央派文官任地方官，设通判监督地方。地方实行路—州—县三级。

财政上，制钱谷，由转运使负责，将地方赋税运送到京师或指定地点。

司法上，强复审，死刑需报中央复审核准，强化中央对地方司法权的控制。

③监察制度：设提点刑狱司。

④官僚体制：文官体制的发展与科举制的完善。

（3）释之果（影响）

材料 3　北宋加强中央集权的措施，对解决藩镇跋扈，维护国家统一，起了重要作用，在客观上也有利于当时社会经济的发展。但是这些措施具有很大局限性，如实行兵将分离的政策，带来了将帅无权，指挥不灵，以致军队战斗力削弱的弊病……由于各级政府权力的分散，形成了叠床架屋的官僚机构，官吏众多，行政效率低。

——朱绍侯《中国古代史》

教师活动：结合这则材料，引导学生评价北宋初年加强中央集权措施的利与弊。

学生活动：阅读材料，结合课本进行分析思考。

①积极影响：改变了唐末、五代以来藩镇割据的分裂局面；巩固了国家的统一和安定，促进了社会经济的发展，强化了专制集权。

②消极影响：各级政府权力分割过细，降低了行政效率，致使政治风气保守疲沓；强干弱枝，削弱了军队的战斗力，给边疆防御带来压力；逐渐形成“三冗”局面，为北宋的积贫积弱埋下了祸根。

【设计意图】通过阅读史料并结合课本知识，使学生运用一分为二的辩证观点全面分析北宋初期改革的措施，理解加强中央集权政策的必要性。

2. 导入学习任务二：边疆压力与财政危机

典故二：忠义杨家将

（1）边疆压力

教师活动：讲述杨家将事迹并投影五代十国形势图和北宋、辽、西夏对峙图。

学生活动：在图上依次找出燕云十六州、辽、西夏的方位。

材料 1　燕云十六州的丧失使辽朝与中原地区国家战略形势发生了重要变化。辽境土扩展至河北、山西北部，对中原地区形成了俯冲之势。中原地区失去了古北、居庸等天险，长期以来赖以抵挡契丹南下的地理优势丧失殆尽。

——游彪《宋史十五讲》

教师活动：引导学生根据材料并结合所学，指出宋朝边疆压力形成的原因。

学生活动：思考分析原因。

①北宋的守内虚外、强干弱枝。

②少数民族政权的崛起。

③燕云十六州的丧失使宋朝失去防御的地理优势。

材料 2　辽景宗乾亨二年（980 年）三月，辽兵 10 万攻打雁门，被镇守代州的宋朝名将杨业打败。辽方从这次战役后，惧怕杨业，看到他的旗帜就迅速退兵，时人称他“杨无敌”。宋雍熙三年（986 年）正月，宋太宗再度分兵三路北伐，西路军以潘美为统帅，杨业为副。后宋军大败，宋太宗命潘美、杨业退回原防，护送人民内迁。杨业主动断后，后援军未按原计划赶到指定地点接应。杨业孤军奋战，部下伤亡惨重，长子延玉战死，他自己身中流矢，坠马被俘，绝食三日，壮烈牺牲。以后，杨业的第六子延昭和孙文广也久镇边陲，是北宋抗辽、西夏的名将。高梁河与岐沟关两役失败后，北宋放弃了收复幽云失地的计划，对辽采取消极防御的政策。

——据朱绍侯《中国古代史》整理

学生活动：通过杨家将抗辽的事迹，感受杨业一门的英勇和忠义。根据材料，结合课本知识，概括宋对辽、西夏采取消极防御的表现。

①对辽通过盟约、“岁币”等勉强维持安定。

②对西夏通过“岁赐”维持稳定。

（2）财政危机

材料 3　宋代的职业常备军一直因其无能和对国家财政的严重压力而饱受诟病。真宗时期，75% 的国家税赋收入被用于军费开支，而且每年开支的增长速度令人担忧。1020 年，据记载，军队总人数达到了 91.2 万。毫无疑问，军队的人数大幅增长，而这也导致了 1045 年的危机。仁宗在位时，军队人数已经达到 125.9 万。大约 40 年后，神宗在位末期，军费开支可能已占到国家预算的 80%。

——［加］卜正民《哈佛中国史 04》

教师活动：请学生根据材料并结合课本，分析北宋财政危机的原因及影响。

学生活动：思考分析原因。

①原因：扩充军队导致“冗兵”，战争赔款、边疆危机、大兴土木等导致“冗费”，一职多官、恩荫、科举等导致“冗官”。

②结果：危机转嫁百姓，苛捐杂税繁重，激化阶级矛盾，致使政治危机（王小波、李顺起义第一次喊出“均贫富”的口号）。

3. 导入学习任务三：北宋的改革

典故三：先天下之忧而忧，后天下之乐而乐

教师活动：投影《岳阳楼记》的内容。

学生活动：思考文章所反映的范仲淹的思想。

范仲淹把国家、民族的利益摆在首位，为祖国的前途、命运担忧，为天下人民的幸福出力，表现出作者的远大政治抱负。

教师活动：引导分析北宋的统治存在的“忧”。探究范仲淹这样的能人志士为解决天下之忧是如何努力的。

学生活动：结合有关知识进行历史分析和解释。

【设计意图】通过大家都熟悉的《岳阳楼记》，提供情境让学生了解改革家的政治抱负和精神，从而以改革家的视角去审视宋代中期所面临的问题，并对解决方案进行思考，体会庆历新政和王安石变法的艰难。

（1）昙花一现的庆历新政

教师活动：投影“十事疏”的内容，引导学生思考新政的核心。

学生活动：阅读思考。

明黜陟：严明官吏升降制度。

抑侥幸：限制侥幸做官和升官的途径。

精贡举：严格贡举制度，改革考试内容。

择官长：选派地方官荐审结合，防冗滥。

均公田：朝廷均衡地方官的职田收入。

厚农桑：重视农桑等生产事业。

修武备：整治军备。

减徭役：将户少的县改为镇，使院和州院并一院，兵士服杂役。

覃恩信：即广泛落实朝廷的惠政和信义。

重命令：严肃政府命令发布和贯彻。

改革的重点：以整顿吏治为中心，以裁减冗官、选拔贤能为整顿吏治的手段。范仲淹认为有了“贤能”的官吏，就能够搞好政治，使百姓“各获安宁，不召祸乱”，缓和社会矛盾。

教师活动：引导学生讨论范仲淹的这一看法。

学生活动：分组讨论。

结果：变法措施触犯了一部分官僚地主的利益，一开始就引起了保守派的强烈反对，仅仅一年左右，范仲淹等人就相继被迫离职，变法失败了。

范仲淹不仅是北宋著名的政治家和统帅，也是一位卓越的文学家和教育家。他对某些军事制度和战略措施的改善，使西线边防稳固了相当长时期；经他荐拔的一大批学者，为宋代学术鼎盛奠定了基础；他倡导的先忧后乐思想和仁人志士节操，是中华文明史上闪耀异彩的精神财富。朱熹称他为“有史以来天地间第一流人物”！《岳阳楼记》正是范仲淹在庆历新政失败后，被贬到邓州时所写的，这种忘我的忧国忧民情怀继续激励着后人。他领导的庆历革新运动，成为后来王安石“熙宁变法”的前奏！

（2）王安石变法

教师活动：介绍王安石变法背景。

①必要性：同庆历新政。

②可能性：

“变革天下之弊法。”——王安石

“天变不足畏，祖宗不足法，人言不足恤。”——王安石

教师活动：引导分析。

学生活动：阅读材料，体会王安石所具备的品格。

第一，庆历新政为王安石变法提供了经验教训。

第二，王安石丰富的从政经验和改革决心。

第三，宋神宗任用王安石并给予充分的信任。

【设计意图】通过阅读材料，让学生体会王安石不畏严寒的坚强性格和不甘落后的进取精神。

教师活动：介绍王安石变法内容。

材料1　王安石的改革分为三大类别：经济改革、军事改革和教育改革。他的经济改革意在扶持处于社会金字塔底端的农民、商人和工匠。王安石确信，只有当普通百姓的生活和福祉得到保障、整个社会繁荣时，整个国家才能强盛。

——［加］卜正民《哈佛中国史04》

一是富国之法——核心。

教师活动：结合材料，引导学生从课本中寻找相关改革内容并完成表格。

措　施	内　容
青苗法	政府在青黄不接时向农民提供贷款或粮食，农民收获后还本付息，息20%
农田水利法	鼓励垦荒和兴修水利。工程费用由当地住户出资，财力不足可向政府贷款
募役法	政府征收免役钱，雇人服役（官僚、地主也要出钱）
市易法	设市易务，收滞销货，短缺时卖出，以稳定市场
方田均税法	核实土地，按土地的多少、好坏收税
均输法	政府按照“徙贵就贱，用近易远”的原则采购运输物资

学生活动：完成表格，回答上述措施的共同作用。

促进生产发展；增加财政收入；一定程度上改变积贫局面。

二是强兵之法。

措　施	内　容	作　用
保甲法	政府把农户编为保甲，农户十家一保，闲时练兵战时入军	既加强了对人民的控制，又增强了抵御辽和西夏进攻的能力，也减少了军费开支
保马法	官马由保甲民户饲养	减少了政府支出
将兵法	设“将”为军队编制的基本单位，由固定将官带军队	使兵知其将，将练其兵，提高了军队的战斗力
军器监	监督制造兵器	提高了武器的产量和质量

三是取士之法。

①改革科举：废明经诸科，进士科专考经义和时务策，设明法科。

将科举的立足点放在选拔具有经纶济世之志和真才实学的人才上，从而扩大了考选名额，使一大批新进之士取代反对改革的旧官。

②整顿太学：设专门学校培养人才。

③唯才用人：重用有志于改革的官员，打破按资升迁的成规。

【设计意图】利用表格梳理变法内容，引导学生阅读课本，学会分类、归纳和整理，以培养学生自主学习的能力。通过创设情境和问题，让学生在思考和运用中深刻理解变法的内容。

教师活动：引导分析对王安石变法的评价。

材料 2　变法派所制定的一些政策法令及其实践，虽还远远谈不到解放生产力，但对当时生产力的发展总还是有一些帮助的，因而是产生了积极的作用的。王安石既有军政韬略，又有施政才能，是一个卓越的政治家。

——邓广铭《北宋政治改革家王安石》

材料 3　（王安石）不忍贫民而深疾富民，志欲破富民以惠贫民。……及其得志，专以此为事，设青苗法，以夺富民之利。民无贫富，两税之外，皆重出息十二，吏缘为奸，至倍息，公私皆病矣。

——苏辙《栾城三集》

学生活动：通过阅读材料 2 和材料 3 并结合课本知识，分析王安石变法取得的成效和失败的原因。

成效：通过王安石变法，政府的财政收入大为增加；各地兴修了许多水利工程，不少荒地辟为良田，促进了农业生产的发展；军事实力也有所增强。这在一定程度上扭转了积贫积弱的局面。

败因：变法触犯了大地主、大官僚的利益，遭到他们的阻挠和破坏；用人不当，出现了一些危害百姓的现象；变法的重要支持力量宋神宗在变法后期的动摇及其去世，使保守派重新得势。

评价：是封建地主阶级针对北宋统治危机进行的改革运动（性质），它不可能使北宋从根本上摆脱封建统治危机；客观上有利于社会进步。王安石是我国古代杰出的政治家、改革家。

教师活动：引导学生比较庆历新政和王安石变法的异同。

学生活动：分析比较。

同：背景、目的、结果、败因。

异：侧重点、范围、作用。

4. 导入学习任务四：南宋的偏安

典故之四：岳飞抗金

教师活动：投影岳飞《满江红·写怀》。

学生活动：全体朗读。

教师活动：引导学生回答岳飞“怒发冲冠”的原因并指出“靖康耻”所反映的历史事件，进而引导学生思考“收拾旧山河”所体现的岳飞的理想。

学生活动：思考回答。

①原因：金军南下烧杀掳掠。

②历史事件：“靖康之变”，北宋灭亡。

③理想：收复失地。

材料1　十一月，和议成，南宋向金称臣，划淮为界，岁贡银25万两、绢25万匹，史称绍兴和议。双方进一步确定西以大散关、东以淮河为界，金宋疆域从此稳定下来。此后的四十年间，双方再也没有发生过大的战事。

——中国社科院历史研究所《中国通史·肆》

教师活动：岳飞的理想没有实现，自己却被朝廷逮捕杀害，宋金之间签订“绍兴和议”，引导学生思考岳飞理想无法实现的原因。

材料2　宋高宗赵构一直希望与金朝和议，保住自己的帝位，因而从登基之日开始，不断向金朝派遣使臣，奴颜婢膝，乞求和议……金军南下威胁解除之后，高宗担心将领握有重兵，难以节制，在秦桧积极谋划下，高宗决定解除当时最重要的将领岳飞、韩世忠、张俊等人的兵权。

——游彪《宋史十五讲》

学生活动：根据材料和课本知识思考回答。

原因：高宗无心抵抗，力求自保；朝廷担心将领拥兵自重，威胁统治；南宋秉承崇文抑武国策。

课堂小结

唐末五代前车鉴，中央集权革弊端。
民族政权来骚扰，守内虚外不得闲。
庆历熙宁求变法，积贫积弱势难转。
金人南下掳徽钦，靖康之耻宋偏安。

作业拓展

问题：北宋这种“以钱财换和平”的做法是否可取？你支持哪一种观点？为什么？

通过查找资料、网络提问等方式，学生对这一问题进行深入探究，从而提高了搜集和运用史料研究历史的能力。同时，通过开放性问题的讨论，培养学生史由证来、论从史出的史学意识。

设计反思与讨论

在困顿的备课和真诚的探讨后，以下两点认识是围绕这一教学活动而得到的主要收获：

一是重视历史课的基本要素。一节好课的要素有很多，但材料、故事必不可少。本课采用的材料在内容上环环相扣，构成一定的逻辑关系，然后利用问题促使学生进行分析，这是历史学术研究方法的渗透，也有利于学生历史思维能力的提升。本课有主题鲜明的“故事”，使枯燥的事件不再那么讨厌，较好地活跃了气氛、承载了主题。但是，如果能用更有核心的一两个故事替换上述四个故事来表现立意，则本课可以缩短长度、拱起高度，质量更高。

二是历史学习的价值在于总结历史的经验教训，从中学会理性、智慧地生活。历史教学的真谛，应当是引导学生从历史中汲取经验教训，特别是在历史发展的关键时期，敢于担当历史责任，学会理性思考，发挥自己的聪明才智，寻求最科学、最合理的解决问题的办法。

第 10 课　辽夏金元的统治

设计思路

《普通高中历史课程标准（2017 年版）》要求：通过辽、西夏、金、元诸政权的建立、发展和相关制度建设，认识北方少数民族在统一多民族国家发展中的重要作用。在教学过程中要根据课标要求，结合教材的框架，对本课的教学立意进行升华，思考如下：

以往对少数民族的历史研究或多或少受到“夷夏之辨”意识支配下的大汉族主义历史观的影响，因而，很多人想当然地认为是辽、西夏、金、元等少数民族政权阻断、破坏了本应由两宋来完成的统一大业。如果顺着这个思路讲解，课堂教学将会出现立意的偏差。这些民族在我国历史上纵横捭阖，恰恰是实现了“中华”从“小中国”到“大中国”的华丽转变。辽、金、元以及后来的清都在短时间内通过大规模的军事征服，迅速地在汉地建立统治，同时仍精心维持着作为本族群人力与文化后方的辽阔根据地。“征服型”王朝的这种特别的版图结构，推动他们去创制一种不同于纯中原式的国家建构模式，即内亚边疆帝国模式。他们与汉族进行民族融合和文化的相互渗透，进一步将其他非汉人群的活动地域纳入有效管理，提供了比中原汉制更有弹性、更能容纳多样性、因而也更持久的一种制度框架。如果没有这些政权探索出的新的国家建构模式，今日中国就不可能有这般广袤的版图。

循着这个教学立意，本课从草原视角出发，叙述草原与中原通过贸易、战争和文化渗透等各种方式塑造的互构体系，从而展现一个更宏大视野下的民族融合。

教学目标

1. 运用新的视角观察少数民族政权创制的国家建构模式，理解民族融合对中华民族发展的推动作用，培养学生利用新的史学研究成果解释历史的能力。

2. 观察辽、夏、金、元的历史地图，知道这一时期中国疆域的变迁，加强时空观念，深化对历史的理解。

3. 通过少数民族政权演变的学习，使学生明白中华文明是个多元文明，文明的多元化及其之间的互补是维系帝国统一的重要因素，要从更高的维度来全面认识中国历史，明白中国对世界的使命，培养世界意识。

重点难点

1. **重点：**各少数民族政权的制度建设。

2. **难点：**民族融合对中国历史的影响。

教学活动过程

知“族”：“小”中国到“大”中国

导入

一块特殊的地理区域

教师活动：展示400毫米等降水量线图。

400毫米等降水量线是我国一条重要的地理分界线，是种植业与畜牧业的分界线，也是农耕文明与游牧文明的分界线。历史上，中原民族用来抵御北方游牧民族的长城基本就沿着这条线修筑，其沿线区域构成了草原到中原的“过渡地带”。这个地带再扩展一下的话，还可以延伸到东北。我们在历史上看到的能够同时稳定可持续地统治长城南北的帝国，其统治者都来自这一“过渡地带”，因为若要建立超越中原—草原的普遍帝国，其统治者必须是能够同时理解中原与草原的人，这种人只能是来自过渡地带。

教师活动：出示北宋、辽、西夏对峙形势图，南宋与金、元对峙图。

从地图中可以看出，辽、西夏、金、元的势力范围都已突破分界线，也就意味着他们兼有农牧两种经济，实力较以往少数民族政权更为强大，更难对付。今天我们就一起来了解这些民族政权在历史中的演进及其对民族融合的重大作用。

【设计意图】以地理与历史学科的交叉知识导入，丰富学生的知识面，又以历史研究的新概念、新视角为切入点，激发学生的学习兴趣，也为整节课的主线做好铺垫，落实历史解释素养的培养。

1. 导入学习任务一：一个“消失”的强盛民族

材料1　辽之先，出自炎帝。

——《辽史·太祖纪下》

辽为轩辕（黄帝）后。

——《辽史·世表》

教师活动：请学生阅读材料并结合课本，制作民族档案。

学生活动：根据投影上列举的要素，完成民族档案。

契丹族档案

民　族	契　丹
起　源	鲜卑、东胡，中国东北地区
政权名称	辽、契丹国、大契丹
建立时间	公元916年
建立者	辽太祖耶律阿保机
都　城	上京临潢府（今内蒙古巴林左旗）

（1）**民族发展**

材料2　尤其在唐末，北方汉人纷纷避乱出长城，契丹贵族也乘机南下俘掠人口，中原的先进生产技术逐渐传播开来。到9世纪后期，契丹已经有了农耕、冶铁和纺织等生产事业，并开始建筑房屋城邑，过定居生活。

——朱绍侯《中国古代史》

材料3　916年，他宣布长子倍为继承人——从文化层面来看，这是对中国世袭继承习惯的适应。尽管耶律家族对此感到不安，但阿保机对于采用中国汉人习俗的热情有增无减……920年，阿保机下令以汉字为基础，创制一种表意文字。

——［加］卜正民《哈佛中国史04》

材料4　对幽云十六州农耕地区的掌控，是大辽得以长寿的关键，幽云十六州的土地面积虽然在大辽疆域内只占很小一部分，其人口却占大辽总人口的六成还要多。

——施展《枢纽——3000年的中国》

材料5　契丹……官分南北，以国制治契丹，以汉制待汉人……北面治宫帐、部族、属国之政，南面治汉人州县、租赋、军马之事。因俗而治，得其宜矣！

——《辽史·百官志一》

教师活动：契丹族视炎黄为祖先，是中华民族的重要组成部分，它的发展演化推动着中国历史由“小”中国发展为“大”中国。唐朝以来，契丹与中原的经济、文化联系日益密切，逐步发展壮大。引导学生根据材料概括契丹发展壮大的原因。

学生活动：阅读材料并概括。

①唐末五代，中原先进生产技术传入，契丹部分地区接受农耕生活。

②仿照汉字创制契丹文字，接受汉族文化。

③取得幽云十六州，获得庞大的人力资源，占据对宋中原政权的战略优势。

④政治上采取“藩汉分治”这种二元化管理结构，灵活有效。

材料6　在地方行政组织中，在契丹和北方少数民族地区实行草原部族制；在原渤海和幽云地区则实行州县制，中央集权趋势日益加强。

——朱绍侯《中国古代史》

材料 7　辽“因俗而治”的民族政策收到了良好的效果。第一，区别对待各民族，让其保留原有的生产方式和生活习惯，缓和了民族矛盾，稳定了契丹的统治。第二，大量汉人进入契丹，使汉族先进的生产技术和精神文明在契丹腹心地区广泛传播，从而加速了契丹封建化进程，促进了辽朝社会经济和文化的发展。第三，加快了民族融合，为民族交融创造了条件，汉语成为北方各族人民的通行语言。辽朝“因俗而治”的理念被后世沿用，并长期作为处理统治民族与被统治民族、中央与边疆关系的基本准则。

——据冉守祖《略论辽朝“因俗而治”的民族政策》整理

教师活动：契丹不仅在中央实行“藩汉分治”，地方上也采取这种双轨式管理。引导学生阅读材料，归纳双轨行政制度的意义。

学生活动：根据材料归纳。

①加强辽朝的中央集权。

②缓和民族矛盾，稳定统治。

③促进辽朝社会经济和文化的发展。

④加快民族融合。

⑤为后世处理民族关系、中央和边疆关系提供有效经验。

【设计意图】因本课内容时间跨度较大，对契丹民族兴起的原因和二元化管理体制的影响等重要知识描述较少，需要教师对教材进行拓展，并补充材料，以加强学生对历史的全面理解。

（2）辽宋关系

教师活动：契丹族建立的辽王朝的发展壮大，对中原政权造成了极大威胁。北宋建立之初，宋太祖与辽保持友好关系，互通使节。但幽云十六州对宋辽双方来说都是战略地位极其重要之所在，宋太宗时两次北伐都失败，只能采取防御策略。可是，辽朝军队仍不时南下骚扰，给北宋军队带来巨大的军事压力。1004 年，辽圣宗、萧太后率 20 万军队大举南下，一直打到黄河北岸的澶州，形势危急。宰相寇准坚决主张抵抗，并力劝宋真宗亲征。真宗亲征，宋军士气大涨，加之契丹大将在前线被宋军射杀，辽朝开始有议和之意，真宗也急于议和，宋辽签订了著名的“澶渊之盟”。双方约定如下：

①双方约为兄弟之国，宋为兄，辽为弟。

②双方撤军，各守疆界。

③宋给辽岁币（银 10 万两，绢 20 万匹），至雄州交割。

④在边境开设榷场（贸易市场），开展互市贸易。

材料 8　榷场将此前因战争而时断时续的宋辽边贸固定化和官方化，双方官府也开辟了新的财税来源。雄州等地的榷场贸易，缓解了辽农产品短缺的供给压力。辽统治阶层意识到，只有与宋修好，才能保证财源滚滚。

大量中原书籍经由榷场流入辽国，潜移默化改变着辽国人的阅读习惯和思维方式。

——据唐博《千年雄安：宋辽时代的榷场边贸》整理

教师活动：投影雄州榷场位置图，请学生根据雄州榷场的贸易情况，分析“澶渊之盟”给辽带来的好处。

学生活动：阅读材料并分析。

①增加了辽的财政收入。

②缓解了辽农产品供给压力。

③有利于辽吸纳中原先进文化。

2. 导入学习任务二：一座雪山的短暂光芒

教师活动：引导学生阅读课本，制作民族档案。

学生活动：根据投影上列举的要素，完成民族档案。

党项族档案

民　族	党　项
起　源	羌　族
政权名称	大夏、西夏
建立时间	公元 1038 年
建立者	夏景宗李元昊
都　城	兴庆府（今宁夏银川）

教师活动：公元 1038 年，宋朝的藩属党项政权首领李元昊脱宋自立，自称“皇帝”。第二年，李元昊写信通知宋朝廷，希望他们承认这一事实。宋仁宗于当年六月下诏削去元昊官爵，并悬赏捉拿。从此，长达三年之久的第一次宋夏战争全面爆发，直至宋仁宗庆历四年（1044 年），北宋与西夏达成和议，史称“庆历和议”。引导学生思考，西夏与北宋和谈的原因，并引导学生阅读课本，归纳双方和约的内容和影响。

学生活动：思考归纳。

①原因：西夏遭受较大损失，失去边境贸易，加剧西夏社会矛盾。

②内容：李元昊向宋称臣，宋给西夏岁赐。

③影响：宋夏边境贸易兴旺。

教师活动：引导学生比较辽与北宋，西夏与北宋关系的共同之处。

学生活动：分析比较。

①都曾与北宋发生战争，并使双方损失很大。

②后来都达成和约，北宋给它们岁币，双方发展贸易。

③都向中原学习先进的生产技术和政治制度。

【设计意图】教材中有关西夏的知识较少，且较为浅显，采用问题链的方式层层推进，再运用比较法落实基础知识，清晰而高效。

材料 1　西夏占据着丝绸之路的东段，才使得活字印刷可以通过丝绸之路传向西方，从而扩大活字印刷的影响和范围。活字印刷，这一凝结着中国智慧的文明成果，通过西夏，走向了更为广阔的世界。

——唐荣尧《神秘的西夏》

教师活动：利用“岁赐”带来的和平局面，西夏统治者将更多的精力转向制度建设，李元昊模仿宋朝制度，逐步建立了中央集权的专制王朝。此外，智慧的西夏人充分认识到自身的地理优势并加以利用。展示材料，引导学生思考西夏对世界文化做出的贡献。

学生活动：思考回答。

3. 导入学习任务三：一项制度的巨大威力

教师活动：引导学生观察图片，思考女真族服饰和生活的变化。

学生活动：观察图片，结合所学回答。

女真人从渔猎生活走向定居生活，服饰受汉族服饰文化的影响。

女真人像

汾阳东龙观宋金墓壁画

女真族档案

民　族	女　真
起　源	靺鞨，白山黑水
政权名称	金朝、大金
建立时间	1115 年
建立者	完颜阿骨打
都　城	上京（今哈尔滨）、中都大兴府（今北京）、汴京（今河南开封）

教师活动：金作为一个后起的少数民族政权，迅速发展壮大，引导学生根据材料和课本知识，归纳原因。

材料1　猛安谋克地方组织的确立，标志着它与民族的最后决裂，使在女真社会中早已产生的阶级关系和私有关系，通过这种组织形式固定下来。

——焦慧《猛安谋克的兴衰》

学生活动：根据材料和课本归纳。

①推动了女真社会的封建化进程。

②提高了军队的战斗力。

③节约财政开支。

经过汉化和制度改革，金在对外战争中不断取得胜利。

材料2　辽朝天祚帝统治时期，社会矛盾日益激化，统治阶级的实力因内部争权夺利而大为削弱，辽境内被压迫的各族人民特别是女真人、渤海人和汉人纷纷起义，使辽朝彻底走向衰落。

——朱绍侯《中国古代史》

教师活动：引导学生观察金灭辽示意图并结合材料，思考辽朝灭亡的原因。

学生活动：思考分析。

①辽政权后期统治腐朽。

②各族人民不断起来反抗。

③金统治者励精图治，军队战斗力强。

教师活动：金灭辽后会与北宋和平相处吗？显然不会，1127年，金南下攻宋，发生了历史上著名的“靖康之变”，北宋灭亡。引导学生根据前一课的知识，谈一谈北宋灭亡的原因。

学生活动：依据9、10两课的知识，参照辽朝灭亡的原因来回答。

①连年征战、交纳岁币，造成内部空虚。

②统治腐朽、无能，破坏军民的抗金斗争。

③长期实行重文臣、轻武将、守内虚外的政策。

④金统治者励精图治，军队战斗力强。

南宋建立后，金军再次南下，南宋军民展开了英勇的抗金斗争，后因朝廷无心抵抗，乞求和议，双方签订“绍兴和议”，陷入对峙，客观上带来了和平为主的局面。12世纪后期，金世宗在位，金朝进入鼎盛时期，政治稳定，经济繁荣，史称“大定之治”。但是，随着蒙古族的崛起，金统治阶级内部的腐化，阶级矛盾不断激化，统治逐渐衰弱。

【设计意图】以金的制度建设为中心，着重分析制度建设对金政权发展的推动作用，补充史料，分析辽与北宋灭亡的原因，培养学生论从史出的意识。

4. 导入学习任务四：一大帝国的矛盾迷惘

（1）元朝统一

教师活动：引导学生构建蒙古族统一草原、横扫四方与建立元朝的基础知识结构。

①统一草原。

时间：1206 年

人物：铁木真

成就：建立蒙古汗国，被称为“成吉思汗”

②横扫四方。

1234 年灭金，后降吐蕃，征服大理，远征中西亚、东欧。

③建立元朝。

时间：1271 年

人物：忽必烈

都城：燕京，称大都

统一：1276 年占领临安，南宋灭亡。1279 年击败南宋余部，完成统一

【设计意图】因课程内容丰富，将元朝辽阔疆域的背景以框架结构的形式梳理，清晰明了。重心可放在制度创新上。

（2）矛盾之一：辽阔的疆域与治理人才不足的矛盾

教师活动：通过南征北战，元朝形成了空前辽阔的疆域，出示元朝疆域图。

学生活动：找出元疆域的“四至”。

材料 1　大元起于武功，金宋两国灭于蒙古，令元朝皇帝对于儒学的经世致用之功大不以为然。故元朝帝国内部最受重视的官员并非儒生，而是善于理财的色目人；西域门户大开，可由此征用的财经人才很充足，帝国便也没有通过科举拔擢人才的需求，自灭大金入主中原后，科举 70 多年不兴。

——施展《枢纽——3000 年的中国》

教师活动：出示材料，引导学生回答国家治理人才不足的原因。

学生活动：根据材料思考。

元朝统治者不重视儒家学说，科举选材长期停滞。

教师活动：面对如此辽阔的疆域，而国家行政管理人才又极度缺乏，元朝统治者应该如何去治理国家，请学生根据材料，结合课本，梳理元中央与地方的行政制度。

材料 2　中书省负责全国的行政管理，衙署就设在皇城南门外。中书令在政务上给予皇帝建议，起草法令文书，并监督依照传统设立的吏、户、礼、兵、刑、工六部。……此外，中央政府还包括职掌兵权的枢密院。忽必烈自信能够对首都发生的大小事情做到心知肚明，但是要保证各省官员不损及蒙古人的利益，就只能在各行省任命蒙古监临——达鲁花赤。

——［加］卜正民《哈佛中国史 05》

材料 3　行中书省就是一个行动的中央政府，宰相府的派出所，分驻在这个地方来管事。

——钱穆《中国历代政治得失》

学生活动：根据材料，结合课本梳理。

①中央：省（中书省）、院（枢密院——军事，宣政院——宗教、西藏事务）、台（御史台）。

②地方：行中书省，简称行省，分管各地区。腹里直隶于中书省，宣政院管辖吐蕃地区，澎湖巡检司等。

教师活动：出示元朝疆域图，引导学生在图上依次找出 10 个行省和几个特殊辖地。

学生活动：读图识图。

教师活动：请学生再看材料 2，归纳元朝地方行政制度的最大特点。

学生活动：思考回答。

元地方行政制度的最大特点就是蒙汉杂糅，二元化管理。加强了中央对地方的节制，提高行政效率，成为我国省制的开端，对后世影响深远。

（3）矛盾之二：民族融合下各民族如何有效管理

材料 4　元朝袭用金朝统治者种族歧视的政策，将人民分为蒙古、色目、汉人、南人四等。在中央政权和军权方面，蒙、汉之界是严峻的……在法律以及各种政治待遇方面，四等人都是有差别的。这既是反动的民族防范政策，又是恶毒的分化挑拨政策。

——韩儒林《元朝史》

教师活动：元朝时候，边疆各族包括蒙古族，大量迁入中原和江南，同汉族等杂居相处。原先进入黄河流域的契丹、女真等族，经过长期共同生活，已同汉族没有什么区别。唐朝以来，不少来自波斯、阿拉伯的人，同汉、蒙、畏兀儿等族，长期杂居相处，互相通婚，逐渐融合，开始形成一个新的民族——回族。民族成分如此复杂，应该实施怎样的民族政策才能有效统治？引导学生分析元朝统治者在矛盾下的选择。

学生活动：依据材料，结合课本，思考这种政策会导致怎样的结果。

面对民族问题，元统治者陷入迷惘，导致民族矛盾和阶级矛盾日益严重。

课堂小结

从唐到元，在辽、金、元等少数民族政权的推动下，“中国”疆域得到拓展、“中国”内涵得到丰富、民族融合加快，“中国之域”已经从长城以南拓展到包括了今天东北、西北、西藏、云南等在内的几乎整个中国。“中国之民”已经从汉族延伸到了包括少数民族在内的多个民族。“中国之名”已经从区分少数民族与汉族的民族标记变成了少数民族与汉族共有的政治符号，成为统一多民族国家的代名词，实现了从“小”中国到“大”中国的华丽转变。

作业拓展

学生根据教师所开书目，阅读史料，感悟元统一的历史贡献。

设计反思与讨论

本课教学的亮点体现在：

1. 教学主题突出：从中华民族多元一体格局发展出发，整合教材，有利于提高学生的全面认知。

2. 教学立意新颖：摆脱少数民族入侵对中原地区造成破坏的固有认知，肯定他们对“大”中国国家建构模式和疆域拓展的贡献，从而展现一个更宏大视野下的民族融合。

3. 教学线索清晰：明线为民族融合，暗线为国家统一。通过问题探究，聚焦短时段历史事件，放眼长时段历史趋势，落实历史与现实理解，培养学生家国情怀。

但在深入挖掘史料价值，引导学生阅读分析史料，进行合理设问等方面仍需加强。

第11课　辽宋夏金元的经济与社会

设计思路

《普通高中历史课程标准（2017年版）》要求：了解唐后期至两宋时期的重要改革，以及经济、文化与社会等方面的新变化。根据课标要求，结合教材的框架，教学开展的前提是确定本课的教学立意，概括如下：

唐宋之际，中国历史发生了种种"革命性"的变迁，许多海外汉学家认为，唐代是中世纪的黄昏，而宋朝则是"现代的拂晓时辰"。日本京都大学教授宫崎市定称："中国宋代实现了社会经济的跃进、都市的发达、知识的普及，与欧洲文艺复兴现象比较，应该理解为并行和等值的发展，因而宋代是十足的'东方的文艺复兴时代'。"当然，海外历史学家的结论我们不能盲目附和，但他们的观点给我们提供了看待辽宋夏金元这段历史的新视角。本课试图对照近代化的衡量标准，如商业化、货币化、工业化、平民化等要素，建构教材内在的逻辑，也让本课更具学术底蕴。

教学目标

1. 通过史料的分析和素材的展示，让学生知道古代农业、手工业和商业的发展成就，理解经济发展推动人身控制的放松、平民社会到来。运用唯物史观分析经济重心南移的原因及影响，落实学生的历史解释素养。

2. 通过观察地图，让学生掌握古代手工业发展的中心、主要商业都会和对外贸易的线路，加强时空观念。

3. 通过了解农业、手工业、商业的发展，让学生知道当时宋朝的经济、社会发展处于世界领先地位，从而增强民族自豪感和自信心。

重点难点

1. 重点：宋辽夏金元时期农业、手工业、商业的发展。

2. 难点：我国古代经济重心南移的原因、过程和影响。

教学活动过程

现代的拂晓时辰

导入

海外汉学家对中国 11—13 世纪历史的评价。

法国汉学家谢和耐曾说，“13 世纪的中国，其现代化的程度是令人吃惊的：它独特的货币经济、纸钞、流通票据，高度发展的茶、盐企业，对外贸易的重要（丝绸、瓷器），各地出产的专业化，等等”。

另一位法国汉学家白乐日也提出：“中国封建社会的特征，到宋代已发育成熟；而近代中国的新因素，到宋代已显著呈现。”

在他们对中国这一段时期的评价中，不约而同地提到一个词——现代化（近代化）。在我们传统的认知中，中国走向现代化是在鸦片战争以后，这些学者提出这个观点难道纯粹是博人眼球吗？那一时期的中国是不是迈入了近代的门槛呢？我们不妨根据近代化的衡量标准，跟那一时期的中国来一次对话。

【设计意图】通过制造认知的冲突，既激发学生课堂探究的兴趣，又紧扣“现代化”的主线。

1. 导入学习任务一：农业——“现代化”原动力

教师活动：农业是中国古代经济的根本，关乎人的基本生存，只有农业获得发展，人才能从土地中解放出来，才能带动其他产业的发展。历史的车轮滚动到宋代，智慧的中国人已不满足于土地和工具，他们从更宽的视野中思考农业的发展。引导学生阅读课本第一段，找出宋代农业最突出的成就。

学生活动：阅读课本，回答问题。

宋代农作物熟制的变化 —— 一年两熟甚至三熟。

材料 1　早稻优良品种占城稻，在宋初从越南引进以后，经过一百多年的推广，到南宋时江南各地十之八九普遍种植。有些地区，已有早稻、中稻、晚稻的区分，水稻栽培技术有了明显的提高。

——樊树志《国史十六讲》

教师活动：引导学生分析占城稻图片和文字介绍。

占城稻是出产于中南半岛的高产、早熟、耐旱的稻种，宋朝时引入中国，并迅速在江南地区推广。占城稻以其原产地，位于今越南中南部的占城为名。占城稻又称早禾或占禾，属于早籼稻，原产于越南中南部，北宋初年首先传入中国福建地区。根据中国古书记载，占城稻有很多特点：一是“耐旱”；二是适应性强，“不择地而生”；三是生长期短，自种至收仅五十余日。

学生活动：观察图片并阅读资料介绍。

材料 2　四年（1110 年），仍旧为广南西路。当是时，天下有户二千八十八万二千二百五十八，口四千六百七十三万四千七百八十四，视西汉盛时盖有加焉。隋、唐疆理虽广，而户口皆有所不及。

——脱脱等《宋史·地理志》

教师活动：引导学生思考作物熟制变化带来的最直接的影响。

学生活动：思考回答。

宋代粮食产量大幅度提高，人口数量迅速增加。所以，农民不再满足于生产自给自足的粮食，而更乐意于种植具有更大收益的经济作物。棉花种植始于宋，推广于元，种茶和养蚕也得到较快发展。

2. 导入学习任务二：原始工业化——手工业发展

随着宋朝农事技术的先进，使得一些人从土地中脱离出来，一部分投身于手工业。

（1）制瓷业

宋瓷名窑众多，辽瓷器型独特，元青花富有异域风情。通过这些主流瓷器品种，能对中国制瓷业有一定了解。

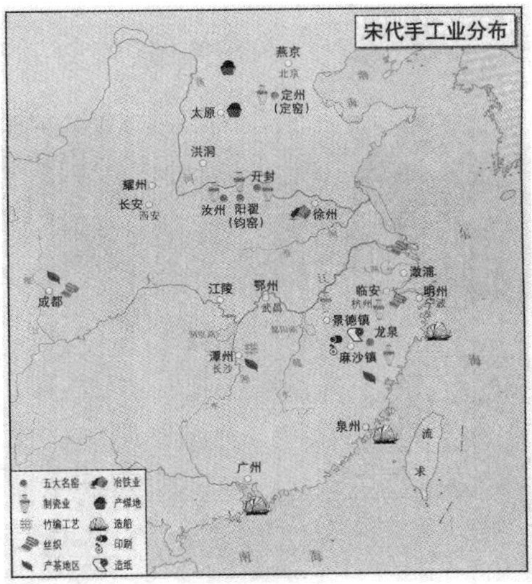

宋代手工业分布图

教师活动：引导学生观察宋代经济分布图，从图中找出五大名窑的地理方位。

学生活动：找出并记忆五大名窑地理方位。

教师活动：引导学生观察各窑的代表性作品，思考归纳特色。

学生活动：赏析作品，归纳特色。

定窑以烧制白瓷为主，产品装饰有印花、刻花等；汝窑主要烧制宫廷用瓷，瓷胎薄而坚细，釉多呈天青色，而且青中带蓝；哥窑出产青瓷；官窑专为宫廷烧制瓷器，釉色以粉青为上，淡白次之；钧窑釉色青中带红，有的釉色呈紫色，有“钧红”“钧紫”之称。此外，北宋著名的窑址还有陕西的耀州窑、江西景德镇窑。

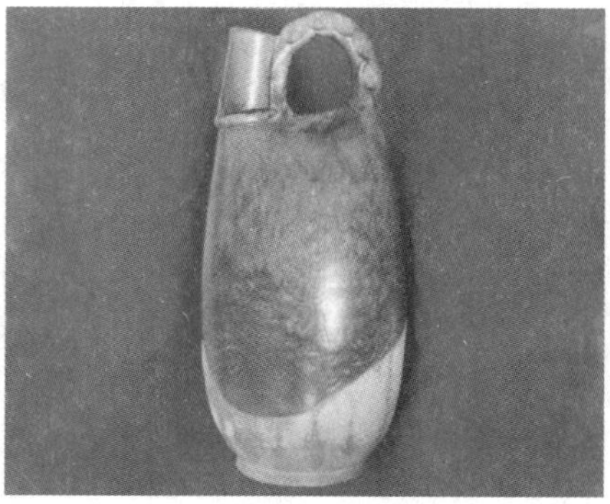
鸡冠壶

【设计意图】空间概念是现今学生一大薄弱点，当涉及重要空间概念的知识点，应让学生翻开图册，教师当堂指导读图的方法和技巧。

教师活动：引导学生观察辽鸡冠壶瓷器的图片，思考其特色。

学生活动：观察并回答。

鸡冠壶形制便于马上携带，反映契丹人善于骑射的民族特色 。

材料 1　诞生于元代的瓷器式样已经成为经典的代名词——将白色的薄胎瓷胚上釉后，绘以钴蓝色的纹样，再次上釉后进行高温烧制，最终形成一层如玻璃般透明而坚硬的表面。

——［加］卜正民《哈佛中国史 05》

教师活动：出示材料，引导学生回答瓷器式样名称。

学生活动：阅读材料后回答。

教师活动：出示元青花和元釉里红图片。宋元时期，瓷器生产技术高超，产品大量出口海外。出示海上丝绸之路图片。

学生活动：了解海上丝绸之路的重要商品，观察海上丝绸之路的航线及中国沿海的重要港口。

元青花

元釉里红

（2）矿冶业

材料 2　采煤已掌握先内后外的方法，先从地面开凿竖井，并依地下自然煤层的变化开凿巷道，进而将煤田凿成若干小区，逐步开采……在冶铜技术上，把五代发明的胆水浸铜法普遍地应用于生产。继续推广用煤冶铁的方法，提高了铁的质量。此外还出现了冷锻技术，经过冷锻的铁甲，硬度很高。

——朱绍侯《中国古代史》

教师活动：出示材料，请学生根据材料回答宋代矿冶业发展的表现。

学生活动：依据材料回答。

冶炼技术分工细、技术高；金属冶炼的产量和质量高；带动军事生产的进步。

（3）印刷业

材料 3　在北宋，随着科举制的发展和文化的普及，加上佛教、道教的盛行，对书籍的需求量大大增加。

——朱绍侯《中国古代史》

教师活动：出示材料，引导学生概括北宋印刷业发展的原因。

学生活动：阅读材料回答。

教师活动：引导学生列举促进宋、元印刷业发展的重要人物及其技术。

学生活动：结合图片，联系所学知识回答。

宋代毕昇发明活字印刷术，采用泥活字；元代王祯创制木活字，发明转轮排字盘。

3. 导入学习任务三：商业化、货币化、城市化

教师活动：农业和手工业的繁荣，为商业提供了丰富的产品，宋代商业空前活跃。出示表格，请学生获取表格中的信息。

唐宋财政收入、工商业收入比较

时　代	财政收入（万贯）	工商业收入（万贯）
唐	3411	1522
宋	5875	4619

——杜文玉《中国中古政治与社会史论稿》

学生活动：概括表格信息。

教师活动：北宋财政收入、工商业收入大大增加，进而可以得出北宋商业比唐代更发达的结论吗？引导学生寻找史料进行证明。

学生活动：阅读课本，寻找结论。

比较历史图册《唐宋都城布局》，可以看出宋的“市”突破了空间的限制；图册中海上丝绸之路的考古材料，说明海外贸易税成为宋财政收入的重要来源；“交子”图片，说明商品流通规模大，货币需求量剧增，出现纸币；教材中的《清明上河图》，反映出当时市场活跃；教材文字素材，说明宋贸易类型多样，有官方榷场贸易、民间贸易、海外贸易等。

【设计意图】提醒学生注意孤证不立，锻炼他们思维的严谨性。同时，放手让学生自主寻找史料，培养自主探究的意识，授之以鱼不如授之以渔。

教师活动：引导学生阅读课本，归纳宋代商业繁荣的原因。

学生活动：阅读课本归纳。

商品经济高度发展；基层市场蓬勃涌现；大众服务业日臻完美，商业成为主流。

商业的繁荣推动了城市的兴盛，北宋东京、南宋临安人口都超百万，元大都成为北方的经济中心和商品集散地。

教师活动：引导学生回顾这一时期农业、手工业、商业的发展，找出发展的区域特点。

学生活动：结合宋代经济分布图梳理回答。

①这一时期最主要的粮食作物——水稻，主要在南方种植，主要粮食产地也集中在南方。

②手工业中，纺织中心、造船中心、瓷都大都位于南方。

③商业上，世界商港、商业都会也是南多北少。

上述现象就是经济重心南移的具体表现。

4. 导入学习任务四：流动化

教师活动：近代社会与古代社会的一大区别是，近代社会是液态的、流动的。流动，既包括地理意义上的横向流动，即人口可以从一地迁徙到另一地，或经济功能的转移；也包括阶层意义上的纵向流动，即固化的等级结构被打破，任何人可以通过自身的努力获得上升的机会。

（1）人口与经济格局之变移

材料1　从东晋南渡至隋唐时期，南方综合实力上升，经济迅速发展，南北几无差距。至五代十国时期，南方经济则进一步大发展。到北宋时期，南方经济已显出超过北方的强劲势头，南北均势开始打破，形成南方超越北方的局面。南宋时期，中国的经济重心向南的转移最终完成。

——童超《看得见的中国史》

教师活动：引导学生阅读材料，了解经济重心南移的过程。

学生活动：根据材料梳理。

①奠定基础：南北朝。

②开始：唐中后期、五代十国。

③加快：北宋。

④完成：南宋。

材料2　南方经济重心的确立，取决于由北方迁徙而来的掌握比较先进生产技术的劳动者的大量增加，取决于农业生产技术水平的提高，还取决于南方自然条件的相对优越性。

——刘宗绪《历史学科专题讲座》

教师活动：引导学生根据材料并结合课本知识，思考经济重心南移的原因。

学生活动：思考回答。

①北方政局动荡导致人口大量南迁。

②南方农业生产的快速发展。

③南方自然条件优越。

教师活动：引导学生列举北方政局动荡导致人口南迁的史实。

学生活动：举例回答。

魏晋南北朝时期，五胡乱华，北方战乱频繁；安史之乱的范围主要在北方；唐末五代，北方战乱仍然频繁；靖康之变，大批北方人南迁。

教师活动：到元朝，南北经济的差距继续扩大，全国大部分人口和税收集中在江南，而元朝统治中心在北方，引导学生阅读课本，归纳统治者如何应对这一局面。

学生活动：根据课本归纳。

①元朝重开大运河，截弯取直，缩短航程。

②元朝开辟海运航线，运输江南粮食。

③北宋科举考试采取南北分卷，分配名额，分别录取。

（2）社会的流动化

教师活动：出示材料，引导学生概括这一时代社会的变化。

材料3　较之此前的汉唐世族地主社会，齐民社会具有社会等齐性、契约普遍性和社会流动性三个方面的进步特征：社会等齐性意味着社会特权阶级大大缩小了，社会身份趋于等齐。社会等齐性为社会“从身份到契约的转变”创造了前提条件，导致契约的普遍化，并使人们摆脱了身份的束缚，可以自由地迁徙并从事各种不同的职业，这就大大提高了社会资源的配置效率。更重要的是，齐民社会为人们提供了相对平等的发展机会和相对平等的竞争条件，亦即为人们提供了一条可以上升的途径。

——高德步《唐宋变革：齐民地主经济与齐民社会的兴起》

学生活动：根据材料和课本概括当时社会的变化，列举变化的具体表现。

①平民阶层的兴起：科举制面向全社会开放，强调公平竞争；平民阶层进入政坛，给政治增添活力；“取士不问家世，婚姻不问阀阅”。

②人身自由的增加：贱民阶层数量减少；世袭奴婢减少，雇佣关系发展；农民租佃关系发展，人身束缚减少。

③国家控制的松懈：“不抑兼并”，对土地买卖、典当不加干预；“贫富无定势，田宅无定主”；百姓迁移住所，更换职业更自由；金元时期，出现一定程度的逆转，但大趋势没变。

课堂小结

一个基础：宋代农业的发展

六个繁荣：手工业、商业经济、边境贸易、对外贸易、城市、货币

一个转移：经济重心的南移

三个变化：社会阶层流动加快，人身自由增加，国家对社会控制放松

作业拓展

问题：你能理解北宋科举考试中南北分卷的做法吗？其利弊如何？

学生通过查找资料、课堂辩论的形式，对这一问题进行深入探究，提高学生辩证看待历史的能力。

设计反思与讨论

教学立意问题现在越来越引起大家的关注和重视，但无一不强调它对历史教学的统领作用，视其为一堂课的中心或灵魂。确实，没有教学立意统领的历史教学，只是一盘散珠，充其量也就是对历史知识的罗列和阐述，仍逃不出教材的窠臼。本课以“现代的拂晓时辰”立意，围绕该立意，对教材进行二次开发，并大胆吸收史学研究的新成果，提升教学意境。一系列问题的设置有效激发了学生的学习兴趣，让他们真正参与到教学过程中来。

毋庸讳言，本课也有瑕疵。这节课主要以情感立意，知识落实强调得不够。怎样兼顾历史教学的实用功能和价值功能，可能也是教学立意统领历史教学遇到的普遍问题。因此，怎样实现二者的完美结合，是一个值得研究的问题。

第 12 课　辽宋夏金元的文化

设计思路

《普通高中历史课程标准（2017 年版）》要求：通过了解辽宋夏金元时期思想发展历程，认识到中国文化的博大精深，认识到中国传统思想是随着时代的发展而不断地发展起来的；体会两宋时期是中国文化进一步发展、科技继续领先世界并对世界产生深远影响的时期，增加民族自豪感和自信心；认识北方少数民族政权在统一多民族封建国家发展中的重要作用，中华各族人民互相学习和借鉴，共同创造了辉煌灿烂的中华文明。

辽宋夏金元时期，这是中国又一个从大分裂到大一统的时期，也是民族关系复杂、交流融合的重要时期，本课内容从思想、文学、艺术、科技以及少数民族文化等方面全面反映了这一时期文化发展的成就。

本课内容比较繁杂，特别是程朱理学的哲学概念相对比较深奥，学生学习的难度比较大。考虑到高中阶段，学生的求知欲更为强烈，理性思维逐渐形成，在教学过程中应以学生自主探究为主，教师适当引导，通过各种图片影像资料并借助史料教学手段，直观展现中国宋元时期文学艺术科技等方面的优秀成果，在这过程中培养学生的核心素养。对哲学思想的探究，应通过典型史料的解读获取信息，理解相关主张，通过比较分析提高认识。

教学目标

1. 通过对史料的解读和比较，探究程朱理学的产生背景、思想内涵和历史影响，培养史料实证和历史解释等核心素养。

2. 通过了解中国古代辽宋夏金元时期文化发展成就，体会当时中华文明仍处于世界领先地位，激起学生对中国历史文化高度认同感、归属感、自豪感，升华家国情怀。

3. 通过对辽夏金元各个政权创制并发展本民族文字相关史实的学习，把握中国古代民族融合的发展主流，体会中华文明是各族人民智慧的结晶，是属于整个中华民族的宝贵精神财富。

重点难点

1. **重点：**程朱理学及宋元时期的文学艺术科技成就。

2. **难点：**理学的思想内容及其评价。

教学活动过程

导入

在这几个世纪中，除了出现许多学者撰写的无所不包的各朝历史外，还出现了佛教经文和儒家经典的大百科全书；伟大的诗人和艺术家的杰作大批涌现；写在书卷上的书法艺术同绘画一样受到高度评价；精美的瓷器几乎如玻璃一样薄，一样透明；印刷术的发明价值连城，被利用来复印和发行大批佛经；科学技术取得了至今才得到充分理解的非凡的进展。

——[美] 斯塔夫里阿诺斯《全球通史》

教师活动：在材料的提示下，引导学生说一说宋元时期文化领域有哪些杰出人物和成就。

学生活动：思考并回答。

【设计意图】通过材料的提示结合学生平时的知识积累，引导学生找出宋元时期最具代表的文化成就，通过这些学生所熟知的历史现象和事物勾画出宋元时期的历史画面。然后教师在这基础上再补充课本知识并拓展。

1. 导入学习任务一：儒学的复兴

随着佛教和道教的兴盛，儒学面临挑战。为维护儒学的正统地位，唐中期儒学大师韩愈率先提出复兴儒学。到了宋代，一批学者掀起了儒学复兴运动，其中程朱理学一派对后世影响最大。理学又称“道学”，它是佛教和道教思想渗透到儒家哲学以后出现的一个新儒家学说。周敦颐是两宋理学的先驱者和奠基人。对理学的发展起突出作用的是“二程”（程颢和程颐），南宋朱熹是理学集大成者。

材料 1　问：天道如何？曰：只是理。理便是天道也。且如说“皇天震怒”，终不是有人在上震怒，只是理如此。

——程颢、程颐《河南程氏遗书》卷二十二上《伊川杂录》

材料 2　物物皆有理。如火之所以热，水之所以寒，至于君臣、父子间皆是理。

——程颢、程颐《河南程氏遗书》卷十九《杨遵道录》

材料 3　父子、君臣，天下之定理，无所逃于天地之间。

——程颢、程颐《河南程氏遗书》卷五《二先生语五》

材料 4　宇宙之间，一理而已。天得之而为天，地得之而为地，而凡生于天地之间者，又各得之以为性。其张之为三纲，其纪之为五常，盖皆此理之流行，无所适而不在！

——《晦庵先生朱文公文集》卷七十《读大纪》

教师活动：引导学生阅读上述材料，结合课本内容，体会程朱理学宇宙观、人生观相结合的特点，并分析它在当时受到官方尊崇的原因。

学生活动：阅读材料并结合课本知识，回答程朱理学的宇宙观、人生观。

程朱理学认为“理”是自然和社会的根本原则，也称“天理”。人生的目标，应当是“存天理，去人欲”，即通过道德修养克服过度的欲望，最终实现对“天理”的充分体验，从而达到“圣人”的精神境界。

宋代理学将封建社会的伦理规范上升到“天理”的高度，强调封建社会等级制度的永恒不变，有利于维护封建统治，因此被封建统治者所赏识，被钦定为官方哲学。

材料 5　为天地立心，为生民立命，为往圣继绝学，为万世开太平。

——张载《横渠语录》

教师活动：引导学生思考宋代理学的积极意义。

学生活动：学生讨论。

宋明理学重视主观意志力量，崇尚道德、气节；强调自我约束，发愤立志；强调人的社会责任和历史使命感，对塑造中华民族的性格有着积极影响。

【设计意图】通过阅读材料，让学生体会理学家们的社会责任感和积极进取的精神。

2. 导入学习任务二：文学艺术

（1）宋词

唐朝后期出现的一种新诗体——词，到宋朝进入鼎盛时期。

材料 1　到宋代，由于地主经济的进一步发展，城市生活的更加繁华，不但宫廷内设有“教坊”，在较大的城市中都有歌楼伎馆，有些贵族官僚豪绅的家里也有歌伎舞女，为可以唱歌的词的普遍发展提供了条件。……词至南宋发展到了高峰。这时期由于女真贵族骚扰和赵宋政权偏安江南的历史巨变，激起了南渡词人的普遍觉醒，整个词坛的精神面貌为之一新。

——朱绍侯《中国古代史》

教师活动：引导学生阅读材料，探究宋代词的繁荣原因。

学生活动：结合材料和课本知识思考并回答。

城市手工业、商业经济的繁荣，为词的兴盛奠定了物质基础。市民阶层扩大，要求丰富娱乐生活，词适应了市井生活的需要。宋朝阶级矛盾和民族矛盾尖锐，词更能表达作家的思想情感。

材料 2　今宵酒醒何处？杨柳岸晓风残月。此去经年，应是良辰好景虚设。便纵有千种风情，更与何人说？

——柳永《雨霖铃》（节选）

材料 3　寻寻觅觅，冷冷清清，凄凄惨惨戚戚。乍暖还寒时候，最难将息。三杯两盏淡酒，怎敌他，晚来风急？

——李清照《声声慢》（节选）

材料 4　大江东去，浪淘尽，千古风流人物。故垒西边，人道是，三国周郎赤壁。乱石穿空，惊涛拍岸，卷起千堆雪。江山如画，一时多少豪杰。

——苏轼《念奴娇·赤壁怀古》（节选）

材料5　千古江山，英雄无觅孙仲谋处。舞榭歌台，风流总被雨打风吹去。斜阳草树，寻常巷陌，人道寄奴曾住。想当年，金戈铁马，气吞万里如虎。

——辛弃疾《永遇乐·京口北固亭怀古》（节选）

教师活动：引导学生阅读材料，探究宋代词的流派和具体风格。

学生活动：结合材料和课本知识思考并回答。

婉约派代表人物是柳永、李清照，豪放派代表人物是苏轼、辛弃疾。婉约派作品风格委婉、感情真挚，豪放派作品清新俊逸、刚健豪放。

【设计意图】通过具体词作的欣赏，体会不同词派的风格。同时，通过诵读李清照、辛弃疾等人的爱国词篇，体会作者对当时山河破碎、国家兴亡的沉痛感慨以及广大人民反抗女真贵族民族压迫的强烈愿望。这是培养家国情怀的绝好素材。

（2）元曲

材料6　戏曲作为一种文学艺术形式确立于金元时期。金朝的戏曲有六百多种留存至今，但完整的剧本只保留下一个，而元代有一百六十余个剧本保留下来。这些戏大多有四出，剧本中唱腔和唱段交替出现。蒙古统治者支持戏曲演出，因为不懂汉语的人也能欣赏戏曲。但作为一种文学艺术，戏曲的发展或许归因于文人士子前程的改变。有才华的文人不愿或不能为征服者效力，只好靠给戏班写剧本赚钱为生，而这是以前饱读诗书的文人墨客不屑于做的。

——［美］伊沛霞《剑桥插图中国史》

材料7　枯藤老树昏鸦，小桥流水人家，古道西风瘦马。夕阳西下，断肠人在天涯。

——马致远《天净沙·秋思》

广义的元曲，包括散曲和杂剧两大类，即通常所说的“剧曲”与“散曲”。元杂剧标志着我国古代戏曲艺术的成熟，代表作家有关汉卿、王实甫等。关汉卿的代表作是《感天动地窦娥冤》，王实甫的代表作是《西厢记》。

元曲之所以盛行是因为元代城市经济的复苏和繁荣，市民阶层对文化的需求日益强烈，同时也是适应统治阶级燕乐的需要。

（3）话本

宋元城市中，说书演出非常盛行。说书底本称为话本，实际上就是早期的白话小说。宋代话本流传到今天的有《大唐三藏取经诗话》《三国志平话》《五代史平话》《大宋宣和遗事》等。话本在中国文学史上有着重大的影响，元明以来的一些章回小说很多就是在宋代话本的基础上逐渐发展起来的。

（4）书法与绘画

宋元两朝，书法名家辈出。宋代有苏轼、黄庭坚、米芾、蔡襄（一说蔡京），被称为“北宋四大书法家”，皆以行书见长。元代书法家首推赵孟頫，创赵体。

绘画成就以山水画最为突出，其特点是不强调写实，注重意境和笔墨情趣。张择端画的《清明上河图》，在南北宋之际的风俗画中，是非常具有代表性的作品。这幅画向我们展现了北宋都城东京汴河沿岸的繁华景象，反映了宋代商业、运输以及阶级关系的某些侧面，具有很高的史料价值。

3. 导入学习任务三：科技

宋代自然科学新成就，突出表现在印刷术、指南针和火药三大发明的完成和发展上。

教师活动：引导学生观察并分析这三张图所反映的宋代科技成就。

指南鱼和指南龟

火药

活字印刷术

学生活动：讨论指出，指南针运用于航海，火药运用于军事，北宋毕昇发明活字印刷术。

材料 1　马克思在《机器、自然力和科学的应用》中说："……这是预告资产阶级社会到来的三大发明。火药把骑士阶层炸得粉碎，指南针打开了世界市场并建立了殖民地，而印刷术倒变成新教的工具，总的来说变成科学复兴的手段，变成对精神发展创造必要前提的最强大的杠杆。"

教师活动：引导学生阅读材料，分析以三大发明为代表的宋代科技对世界的影响。

学生活动：阅读材料，思考并回答。

【设计意图】通过结合材料，阐述这三项发明对人类社会发展所起的推动作用，让学生认识到中国古代科技的发展程度及对世界历史的巨大贡献。

活字印刷传入欧洲后，为其走出黑暗的中世纪及文艺复兴的出现准备了条件。指南针应用于方向测定，对于军事实践和经济生活有着重要的作用，尤其是对于航海事业的发展，意义特别重大。它为郑和远航东非等地及哥伦布发现新大陆、麦哲伦环球航行提供了条件，推动了欧洲的地理大发现和早期的殖民扩张。火药的发明对欧洲资产阶级战胜封建贵族起到一定作用。

材料 2　学识最为广博的或许当数沈括，他在职期间曾设计了排水系统和防护堤，使大片的荒地变为良田。他曾管理财政，专门核算货币政策的影响，也曾执掌天文历法机构，监督军事防卫的筹备工作。他甚至曾出使辽国，与之谈判签约。他一生著书立说，讨论地理、历史、考古、仪礼、音乐、算术、战略战术、绘画、医学、地质学、诗歌、印刷术以及农业技术等问题。

——［美］伊沛霞《剑桥插图中国史》

从材料 2 中，我们能够感受到沈括的博学。北宋沈括是一位卓越的科学家。他的名著《梦溪笔谈》记录了我国古代，特别是北宋时期自然科学所达到的辉煌成就，内容涉及天文、数学、物理、化学、生物、地质、地理、气象、医药和工程技术等十分广泛的领域。沈括在世界科学文化史上也占有重要的地位。

元朝的郭守敬设计和监制多种天文观测仪器，主持全国范围的天文测量，编定新的历法《授时历》。

【设计意图】结合材料，让学生认识到宋元时期杰出的科学家及其伟大成就，了解中国古代科技的发展程度及对世界历史的巨大贡献。

4. 导入学习任务四：少数民族文字

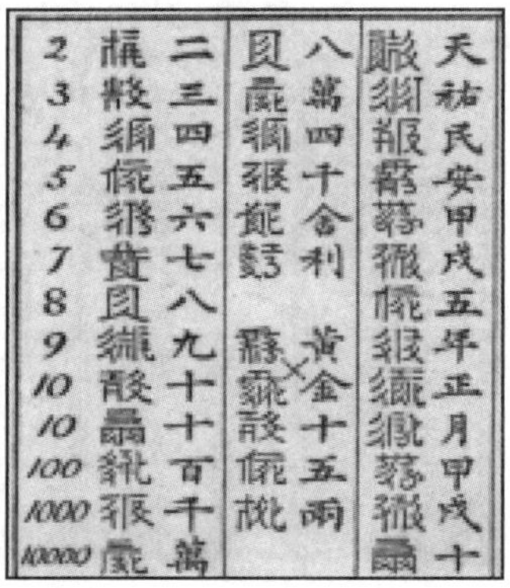

西夏文

契丹文

女真文

教师活动：辽夏金元统治者十分注意本民族文化的建设，其中最重要的是创制文字。引导学生观察上图，比较西夏文、契丹文、女真文三种文字的共同之处。

学生活动：辽夏金都模仿汉字字形创造了本民族文字。

成吉思汗时期有畏兀体蒙古文，后来忽必烈时期又创制了八思巴字，这是汉语拼音化的最早尝试。这些少数民族为中华文明做出了哪些贡献呢？

材料1　在此前后的四个世纪中，中国本土逐渐落入亚洲内陆的部落民族之手。辽、金和元这三个由征服者建立的朝代，都继承了前者的业绩，并逐步加强了对中国的统治。……但是中国文明不仅没有灭绝，反而颇有创造性地应付了外族挑战，发展了不同的表达方式和应付模式，中国的文化遗产因此变得更加丰富多彩。

——［美］伊沛霞《剑桥插图中国史》

辽夏金元对中原地区的威胁和征服，对北方农耕经济的影响是灾难性的，由此也造成了严重的民族矛盾。但这个过程对北方少数民族和中原文化的发展也有一定的积极作用。一方面，对中原的政治经济制度和社会文化的借鉴有利于北方少数民族的封建化过程，另一方面，中原人民对中国传统文明的加倍维护，加强了中国文化的连续性。

【设计意图】通过对西夏文、契丹文、女真文和蒙古文的比较研究，体会辽宋夏金元时期民族大融合的历史景象，认识中华文明是中华各族人民共同创造的成果。

课堂小结

宋朝虽然无法像全盛时期的汉唐一样建立军事霸权，但仍然在很多方面卓有建树。由于强烈地感到北方少数民族政权的威胁，宋朝的文化趋向内敛，在哲学、文学、艺术等方面对中华文明独特的民族精神的塑造起到深远的影响。这一时期也是中华民族大融合时期，各民族之间交流频繁，为中华民族的发展都做出了巨大贡献。

作业拓展

探究宋代书院文化。

材料1　朱熹还协助兴办了书院，作为老师及其弟子的私人聚会之所，为复兴儒学的体制基础做出了积极的贡献。有些书院建在城市，但大多数建在寂静的山间，类似庙宇寺院。当朱熹在白鹿洞书院讲学时，他既传授学识，也规劝道德，希望弟子既博学多识又遵礼守法。

——［美］伊沛霞《剑桥插图中国史》

材料2　四大书院

四大书院：应天书院、岳麓书院、石鼓书院（一说嵩阳书院）、白鹿洞书院。书院文化承载了理学家们“风声雨声读书声声声入耳，家事国事天下事事事关心”的治学精神和社会责任感。

邮票（四大书院）

设计反思与讨论

本课知识点繁杂，涉及面广，课堂容量大，与有限的教学时间形成明显的矛盾。而且理学的概念是古代哲学中比较艰深的内容，学生的学习负担比较重。文学艺术方面，通过对具体作品的呈现和欣赏，提高学生的感知，开阔其视野。对比较复杂的思想发展成就，通过史料再现时代背景，提高学生史料实证和历史解释的能力。

采用多种形式的讨论探究，既凸显了学生的主体地位，又使学生体验了自主探究、合作学习的快乐，活跃课堂气氛。

第四单元
明清中国版图的奠定与面临的挑战

第13课　从明朝建立到清朝统一

设计思路

《普通高中历史课程标准（2017年版）》要求：了解明朝的建立及统治者加强统治采取的措施，分析这些措施带来的影响。分析海上交通与沿海形势，理解明朝前期的郑和下西洋是世界航海史上的壮举。通过认识内陆边疆与明清易代，使学生理解明朝灭亡是多种因素共同作用的结果。

根据课标要求及教材编排，教学过程围绕三部分展开。

明朝政治体制的变化：以史料研读等方式学习明朝政治体制变化的表现、影响。海上交通与沿海形势：通过史料分析和时空定位使学生认识到明朝前期的郑和下西洋是世界航海史上的壮举。内陆边疆与明清贸易：注重时空观念的落实，侧重从时间和空间两个维度论述明清时期内陆边疆形势。

学生在初中阶段学过明清君主专制加强的相关知识，通过影视作品对明清的一些历史知识也有所了解。但初中阶段学生对这块内容重视程度不够，学习过程还只是停留在识记、背诵阶段，从初中一年级到高中一年级已隔三年的时间，对大部分学生来说原本就薄弱的知识早已经忘记殆尽，因此在教授过程中还需要培养和提高学生发现问题、分析问题、辩证看问题的能力，启发学生运用唯物史观分析问题。另外，学生可能觉得政治史的内容比较抽象、枯燥，这就需要教师激发学生的兴趣，深入浅出、通俗易懂地讲清政治概念，前后联系分析政治发展的内在联系与规律，用辩证、历史和发展的观点来分析政治制度。

教学目标

1. 归纳明清政治体制改革的特点以及专制主义中央集权制度发展的阶段特点和必然趋势。使学生了解专制主义中央集权制度在中国形成的主要因素，理解经济基础决定上层建筑，培养学生的唯物史观。

2. 通过史料阅读、问题探究、图表分析等方法与手段培养学生发现问题、分析问题、解决问题的能力。通过多渠道搜集明朝君主加强专制的历史资料，熟悉史料的搜集、遴选方式。

3. 通过学习认识明清君主专制制度的强化，虽然有助于多民族国家的巩固，但也带来了严重的负面影响，阻碍了中国社会的进步，从而客观评价君主专制制度对中国社会发展的影响。

4. 培养学生对历史的认同感，以理解今天我国的政治民主制度；培养学生的当代历史责任感和社会责任感，积极参与我国的民主政治建设。

重点难点

1. **重点：**明朝加强中央集权的措施及内陆边疆形势。

2. **难点：**如何理解郑和下西洋是世界航海史上的壮举。

教学活动过程

导入

洪武十三年（1380 年）正月，丞相胡惟庸称其旧宅井里涌出醴泉，此为祥瑞，并借此邀请朱元璋前来观赏。朱元璋欣然前往，走到西华门时，太监云奇紧拉住缰绳，急不能言，拼命指向胡家。朱元璋感觉事态严重，立即返回，登上宫城时，发现胡惟庸家上空尘土飞扬，墙道都藏有士兵。大怒，以“枉法诬贤”“蠹害政治”等罪名，当天处死胡惟庸、陈宁等。同时借辞穷追其友好，包括开国第一功臣韩国公李善长等大批元勋宿将皆受株连，牵连致死者三万余人，史称胡惟庸案。胡惟庸案与蓝玉案合称胡蓝之狱，诛灭直到洪武二十五年（1392 年）方告结束。

——傅乐成《中国通史》

明朝的统治在很多人看来是非常黑暗的，黄宗羲曾对明朝政治做了这样的评价——“明之无善治，自高皇帝罢丞相始也”。为什么黄宗羲会认为从明初开始就“无善治”了？为什么明朝的政治在很多人眼中就是那么的黑暗？在这一时期，统治者是如何加强统治的？明朝面临怎样的沿海形势？为什么说郑和下西洋是世界航海史上的壮举？明朝是如何灭亡的？带着这些问题，我们进入今天这节课的学习。

【设计意图】通过胡惟庸案导入，激发学生学习的兴趣，使学生对明朝初期政治有初步了解，为进一步深入学习本课知识奠定基础。

1. 导入学习任务一：明朝政治体制的变化

（1）明朝建立

教师活动：让学生结合元末农民战争示意图，指出明朝建立的经过。

学生活动：认真阅读地图，结合课本，根据时空变化，概述明朝建立。

1351年，元朝爆发农民起义，动乱波及全国，佃农出身的起义将领朱元璋势力逐渐强大，统一了南方。1368年，朱元璋称帝，定都应天府，国号大明。朱元璋就是明太祖。同年，明军北伐，攻占大都，推翻了元朝。

（2）废除丞相

材料1　1376年，明太祖废除总揽地方军政大权的行中书省，设立布政司、都指挥司和按察司，分管地方的行政、军政和监察，合称“三司”。三司分别隶属于中央有关部门，这样，地方权力就集中到中央。统领中央各部的宰相，职权也随之扩大。

——摘自《普通高中课程标准实验教科书历史必修1》

材料2　明初沿袭元朝制度，在中央设立中书省，由左右丞相统辖六部……鉴于元朝丞相权势过重，以致皇权不稳、内乱屡生，明太祖朱元璋对丞相的使用一开始就存有戒心。明朝初年，胡惟庸做宰相后……骄恣擅权……胡惟庸的恣意妄为，向皇权提出了极大挑战，最终招致杀身之祸。

——摘自《普通高中课程标准实验教科书历史必修1》

教师活动：指导学生阅读材料，要求学生分析归纳明太祖裁撤中书省和丞相的原因。

学生活动：在阅读材料的基础上，结合课本知识，概括明太祖裁撤中书省和丞相的原因。

历史原因：元朝相权过重，威胁皇权，导致内乱。现实原因：明初设中书省，左右丞相统辖六部；明太祖废行省设三司，三司隶属中央相关部门。这样，统领中央各部的宰相职权随之扩大。胡惟庸擅权极大挑战了皇权。根本原因：相权扩大威胁皇权。

材料3　废除宰相制度15年后，明太祖得意地总结道：“自秦始置丞相，不旋踵而亡。汉、唐、宋因之，虽有贤相，然其间所用者多有小人，专权乱政。我朝罢相，设五府、六部……彼此颉颃，不敢相压，事皆朝廷总之，所以稳当。”

废除丞相后，全国重大政务都由明太祖决断。他曾在八天内，平均每天批阅奏章两百多件，处理国事四百多件。

——摘自《普通高中课程标准实验教科书历史必修1》

材料4　明朝皇帝担心内阁变成事实上的宰相，威胁皇权，于是以司礼监的太监牵制内阁。有的学者评论道：“……明中期以后的太监乱政，比历史上任何朝代都更加严重，其因在废宰相，过分集权于皇帝。”

——摘自《普通高中课程标准实验教科书历史必修1》

教师活动：指导学生阅读材料，要求学生结合课本分析归纳明太祖裁撤中书省和丞相的影响。

学生活动：在阅读材料的基础上，结合课本知识，分小组讨论后，推荐一名代表总结明太祖裁撤中书省和丞相的影响。

影响：秦以来的宰相制度宣告废除，君主专制进一步加强。皇帝政务繁忙，明太祖力不从心，设置殿阁大学士侍从顾问，帮助他处理繁多的政务。明中期以后出现太监乱政的现象。

教师活动：根据课本分析概括明朝内阁的特点。

①明朝内阁始终不是法定的中央一级的行政机构或决策机构，只是为皇帝提供顾问的内侍机构；②阁臣的升降由皇帝决定，职权的大小依皇帝旨意而定；③票拟是否被采纳最终还得取决于皇帝的批红。

【设计意图】引导学生利用地图、学会读图，阅读教材、分析材料，实现从感性认识到理性认识的转变，培养学生的史料实证能力和时空观念。同时，通过了解明朝专制主义政权强化所带来的消极影响，培养学生对历史的认同感，以理解今天我国的政治民主制度；培养学生的当代历史责任感和社会责任感，积极地参与我国的民主政治建设，促进历史核心素养的落实。

2. 导入学习任务二：海上交通与沿海形势

（1）郑和下西洋

材料 1　洪武末年时“仓廪充积，天下太平”；建文帝时期，“家给人足，外门不阖”。到永乐年间，明王朝统治已臻极盛。

——朱绍侯《中国古代史》

材料 2　明朝封建国家的统一和国内各民族间联系的加强，特别是社会经济在各方面的恢复和发展，以及宋元以来科学技术的发达，为明代发展对外关系提供了良好的条件。……船上有航海图、罗盘针，具有当时世界上先进的航海设备和技术。

——朱绍侯《中国古代史》

材料 3　明成祖朱棣通过“靖难之役”夺得帝位后，为在海外扩大政治影响，宣扬天朝大国的富庶强盛，维持明朝与诸国的友好关系，显示其统治的合法与稳固，积极开展大规模的外交活动。

——王家范《大学中国史》

教师活动：指导学生阅读材料，概括郑和下西洋的原因和条件。

学生活动：阅读、分析材料，从材料中进行概括。

教师活动：对学生回答进行总结。

明朝前期，经济逐步繁荣，国力日益强盛（物质条件和最根本的保障）；造船技术和航海技术的发达（科技条件）；明朝统治者的政治需要（政治条件）。

教师活动：出示郑和下西洋示意图和概况表，指导学生读图、读表，了解郑和下西洋的时空范围和特点。

学生活动：根据教师提供的材料，在地图中找到郑和下西洋所到达的地点，并概括郑和下西洋的特点。

特点：规模大、时间长、次数多、时间早、航程远。

材料 4　“三宝下西洋，费钱粮数十万，军民死且万计。纵得奇宝而回，于国家何益？”

——严从简《殊域周咨录》

教师活动：指导学生根据材料概括郑和下西洋带来的结果。

学生活动：在阅读材料的基础上得出结论。

结果：不计经济效益，浪费人力、物力、财力，增加人民的负担。

（2）明朝沿海形势

明清时期，倭寇和西方殖民者成为海防的新问题。从元朝末年起，日本海盗不时在我国东部沿海骚扰，被称为倭寇。同时，西方殖民者也逐渐对中国发动侵略，这也是明清时期在对外关系方面面临的新问题。

材料 5　由于走私贸易获利丰厚，大批沿海商人和居民违禁下海，与外商海上进行秘密交易。……商民与盗寇混杂，走私与劫掠合一，严重危及东南沿海地区的社会安定。嘉靖中期，政府实施更为严厉的海禁政策，走私集团遂与日本海盗相联结，公然以武装相对抗，终于酿成为害甚烈的“倭患”。

——王家范《大学中国史》

材料 6　葡萄牙人绕过非洲好望角进入印度洋，占领印度西海岸的贸易重镇果阿、东西洋交通咽喉马六甲以及香料群岛以后，从 1524 年起，在中国东南沿海进行走私贸易。

——樊树志《国史十六讲》

教师活动：指导学生阅读材料，根据材料分析明朝沿海形势问题出现的原因。

学生活动：在教师的指导下，根据材料进行分析。

教师活动：在学生回答的基础上进行总结。

①海禁政策带来的后果。

②新航路的开辟刺激了西方殖民者的对外侵略。

教师活动：针对明朝沿海的严峻形势，让学生阅读课本，从课本中概述明朝政府所采取的措施。

学生活动：在阅读课本的基础上做出回答。

教师活动：让学生结合初中所学知识介绍戚继光。

学生活动：思考回答。

戚继光是明代杰出的军事家，抗倭英雄，字元敬，登州（今山东蓬莱）人。出身将门，17 岁承袭父职任登州卫指挥佥事，担负起防御倭寇的任务。戚继光先后在山东、浙江、福建沿海抗倭，并取得了决定性的胜利，率领的军队被称为“戚家军”，他本人也与俞大猷等同为抗倭名将，声名远扬。

教师活动：让学生感受戚继光的抗倭精神。

戚继光曾用“封侯非我意，但愿海波平”的豪言壮语来表达自己决心消除倭患的志向，为了消灭倭寇，他特地招募义乌的矿夫和农民组成“戚家军”。这支队伍经过严格训练，勇敢善战，纪律严明，是抗倭队伍中的劲旅。

【设计意图】培养学生从发展角度去思考历史问题，提高学生用唯物史观分析问题的能力；

通过小组讨论，培养学生合作探究的能力。

3. 导入学习任务三：内陆边疆与明清易代

（1）内陆边疆形势

教师活动：出示明朝形势图，让学生根据课本知识结合明朝形势图，从时空角度概述明朝内陆边疆形势。

学生活动：结合地图回答。

教师活动：在学生回答的基础上进行小结。

北方边疆：元朝灭亡后，草原上的蒙古人逐渐形成鞑靼、瓦剌两大集团。明英宗正统初年，蒙古瓦剌部势力逐渐强盛，其首领拥立前元朝皇室后裔为汗，时时窥伺明朝边疆，不断威胁明朝北部边防。

藏族地区：藏族聚居的西藏，明代称乌思藏。藏族以畜牧业为主，仅在雅鲁藏布江沿岸种植一些青稞、小麦、荞麦等农作物。由上层喇嘛和各部首领组成的封建领主，占有许多田庄和奴婢，残酷剥削广大农奴。

东北边疆：明代，在我国东北地区居住着满、蒙古、朝鲜等众多少数民族，其中人口最多、散居范围广泛的是满族。先秦到隋唐的肃慎、挹娄、勿吉、靺鞨是其一脉相承的祖先，从辽、宋到明末，则称为女真。

教师活动：指导学生阅读课本，总结明朝政府为巩固内陆边疆统治所采取的措施。

学生活动：阅读课本回答。

北方：重新修筑长城，鞑靼首领俺答汗与明朝订立和议，接受明朝册封。双方恢复并扩大贸易关系。

藏族地区：明政府封授给当地的僧俗首领法王、王等称号，设立宣慰司、元帅府等机构，委用藏族上层人士任职。

东北：明朝前期，派人到东北招抚，在黑龙江流域设立奴儿干都司，并广泛对东北地区女真族部落首领封授官号。

（2）明朝灭亡

材料 1　明代社会的农业生产经过长期积累，在万历时期达到高峰。伴随着农业经济的高度繁荣，拥有各种特权的大地主阶层兼并土地的现象日益加剧，严重激化了社会矛盾。随着皇族地主集团规模的不断膨胀，其在明后期对土地的贪欲达到空前程度。

——张岂之《中国历史·元明清卷》

材料 2　张居正改革失败后，明朝的政治更加黑暗。当时每年“赋税之额，乃止四百万”，财政入不敷出。从中央到地方，各级管理贪污腐化，许多衙门缺主管长官，政事无人处理。……各衙门“职业尽弛，上下解体”，吏治败坏到极点。

——朱绍侯《中国古代史》

材料 3　残酷的经济榨取和野蛮的统治压迫，造成明末农村十室九空，社会生产力受到严重破坏，以致水灾、蝗灾和瘟疫不断发生。从万历到崇祯，全国各地几乎连年遭灾。

——朱绍侯《中国古代史》

材料 4　李自成和张献忠属于徘徊在社会边缘的青年人，在此后数年中的华北地区，正是这样的青年人不断聚散组成各种匪盗帮会之地。这些帮会逐渐形成松散的军事组织，在此过程中，他们建立根据地、收取赋税，并抵抗明朝派来镇压他们的军队。

——［加］卜正民《哈佛中国史 05》

教师活动：指导学生阅读材料并进行小组讨论，分析明朝灭亡的原因。

学生活动：在教师的指导下，对材料进行分析，开展讨论。

明朝灭亡的原因包括明朝政治黑暗、自然灾害严重、农民起义、土地兼并激化社会矛盾。

教师活动：总结。

由于天灾人祸，导致社会矛盾的激化，1644 年，李自成带领农民军攻占了北京，明朝灭亡。但是由于农民阶级的局限性，李自成的起义军被多尔衮打败，多尔衮进占并迁都北京，经过 20 多年的斗争，清朝最终确立了对全国的统治。

【设计意图】通过地图的运用，让学生结合地图得出历史知识，培养学生的时空观念；通过对材料的解读、分析，加上学生的小组合作学习，帮助学生养成“史论结合、论从史出”的习惯，培养学生史料史证的意识和合作学习的观念。

课堂小结

本节课，我们通过史料解读、小组合作、地图使用等方式，分析了明朝政治体制的变化、海上交通与沿海形势、内陆边疆与明清易代等几个方面的知识。我们知道明朝建立后，明太祖朱元璋为巩固统治，采取了废除丞相、权分六部的措施，但皇帝因此政务繁杂，明成祖朱棣设内阁分担政务导致明朝政治越来越黑暗。实际上这些措施的实行，反映了当时封建制度正在走向衰落。郑和下西洋成为世界航海史上的壮举，倭寇和西方殖民者的侵略，导致海禁政策的实行，由于政治的黑暗，最终导致了明朝的灭亡。因此，通过本节课的学习，我们要倍加珍惜现在的美好生活，自觉拥护中国共产党的领导。

作业拓展

如何理解郑和下西洋是世界航海史上的壮举？

教师在分析这一问题时，出示郑和与欧洲航海家远洋航行对照表。学生合作探究，对表格中的数据进行分析、总结。

郑和与哥伦布航行对照表

	郑 和	哥伦布	优 势
范 围	亚非三十多个国家	美洲	范围广
时 间	1405—1433 年	1492—1504 年	时间早
次 数	7 次	4 次	次数多
人 数	27800 人	1000—1500 人	人数多
装 备	指南针、航海图	指南针	技术先进
船 数	200 余艘	17 艘	船数多
船只大小	大宝号长约 130 米，宽约 50 米	长 24.5 米，宽 6 米	船只大

郑和七下西洋，途经三十多个国家，是当之无愧的“海上巨人”，郑和与他的船员们勇于探险、不屈不挠的精神永远激励着我们。郑和下西洋规模大、时间长、次数多、时间早、航程远。不仅如此，郑和下西洋还加强了同亚非三十多个国家和地区的友好往来和经济交流，赢得了中国和亚非人民的尊敬和怀念。

设计反思与讨论

1. 本课内容的设计对学生能力要求较高，在教材处理上，因本课涉及的内容非常多，在教学过程中不可能做到面面俱到，因而选取重点、难点加以突破，如明太祖废除丞相的原因、郑和下西洋的原因和条件、明朝灭亡的原因等，通过史料形式加以突破。

2. 在教学方法上，采取多种形式，如史料运用、地图使用、小组合作探究学习等，既凸显了学生的主体地位，又活跃了课堂气氛，使学生体验了自主探究、合作学习的快乐，加深了对知识的理解与掌握。

3. 体现核心素养理念。本课以材料研读的方式引导学生培养史料实证能力和历史解释能力。通过本课学习，提升学生家国情怀，使学生意识到要珍惜现在的美好生活，自觉拥护中国共产党的领导。

第14课　清朝的鼎盛与危机

设计思路

《普通高中历史课程标准（2017年版）》要求：通过了解明清时期统一全国和经略边疆的相关措施，知道南海诸岛、台湾及其包括钓鱼岛在内的附属岛屿是中国版图的一部分，认识这一时期统一多民族国家版图奠定的重要意义。通过了解明清时期封建专制的发展、世界的变化对中国的影响，认识中国社会面临的危机。

根据课标要求及教材编排，教学过程围绕三部分展开。

康雍乾时期的君主专制：以史料研读的方式学习康雍乾时期的君主专制的表现及影响。疆域的奠定：注重时空观念的落实，侧重从时间和空间两个维度论述康乾时期疆域巩固的措施及奠定。统治危机的出现：通过史料，分析康乾盛世后期统治危机出现的背景、表现，使学生认识到这一时期中国开始逐渐落后于西方潮流。

本课内容，学生在初中阶段已学习相关知识并积累了一定的基础，但缺乏全面系统的理解。高中阶段，学生的求知欲更为强烈，理性思维逐渐形成，在教学过程中应以学生自主学习、合作探究为主，教师适当引导，通过各种史料并借助现代化教学手段，展现清朝康雍乾时期的鼎盛局面，同时让学生明白这种鼎盛下蕴藏着深深的危机，在教学过程中培养学生的核心素养。

教学目标

1. 运用时空定位，分析清朝康雍乾时期为巩固发展统一多民族国家所采取的措施。

2. 通过史料研读、合作交流，分析清朝康乾时期强化君主集权、制造“文字狱”等问题，培养学生运用历史唯物主义分析问题的能力。

3. 通过对康乾时期鼎盛局面的认识，提高对清朝社会的认知水平，增强对中华文明成就的自豪感，增强承担社会责任的动力与信心。

4. 通过对清朝“闭关锁国”政策后果的分析讨论，提高学生以史为鉴，拥护今天改革开放政策、珍惜改革开放成果的自觉性，培养学生的家国情怀。

重点难点

1. 重点： 清朝君主集权强化的措施和疆域奠定的措施。

2. 难点： 君主集权强化的利弊、作用，康乾盛世下的危机对中国社会发展的影响。

教学活动过程

导入

教师展示图片：

徐扬《盛世滋生图》

有这样一个盛世时代，被人们称为“落日的余晖”。认真观察上图，根据所学知识判断：上幅图片中的“盛世”反映的是什么“盛世”？在这一时期，统治者是如何加强君主专制统治的？又是如何奠定中国疆域的？为何在盛世的背景下会出现统治危机？危机的表现有哪些？带着这些问题，我们进入本节课的学习。

【设计意图】以图片导入，一方面能够激发高一学生的兴趣，另一方面培养了学生观察图片的能力。以问题探究的方式，激发学生学习兴趣。

1. 导入学习任务一：康雍乾时期的君主专制

（1）康雍乾时期君主专制强化的措施

材料1　信息沟通左右皇帝对广大疆域的控制能力，清政府因而花了很多心思在管理信息传递的制度上。在清朝最初的几十年，依循明朝旧规……然而随着军机处的成立，一种新的沟通管道应运而生……上奏的官员倾向认为他们所报奏的事情相当急迫。很快这个特殊的管道成为一般的沟通方式，即使相较而言不那么重要的政策决定也采用此管道。

——［加］卜正民《哈佛中国史06》

材料2　1729年（雍正七年）设立军机房，并于1732年（雍正十年）正式改称军机处，承旨办理机务，取代议政王大臣会议，剥夺了诸王预政的权力。参加军机处的军机大臣，由皇帝在满、汉大学士及各部尚书、侍郎中选定。

——朱绍侯《中国古代史》

材料3　雍正二年，有浙人汪景祺、查嗣庭之狱。景祺曾为大将军年羹尧记室，著有《西征随笔》，称誉羹尧，及羹尧得罪赐死，景祺也因而被诛。嗣庭曾为江西主考，出题“维民所止”，世宗以“维止”二字，暗射“雍正无头”，因而杀之。

——傅乐成《中国通史》

教师活动：指导学生根据材料结合课本知识，归纳康雍乾时期君主专制强化的表现。

学生活动：阅读材料，结合课本思考回答。

①推行奏折制度。

②增设军机处。

③大兴文字狱，加强思想控制。

（2）康雍乾时期君主专制强化措施的影响。

教师活动：指导学生阅读课本，对课本内容进行概括并讨论。

学生活动：阅读课本，讨论并概括。

影响：

①提高了决策效率，强化了对官僚机构的控制。

②加强了皇权，标志着君主专制制度达到顶峰。

③加强了思想控制，文化遭到严重摧残。

教师活动：总结归纳秦、汉、明、清为了维护中央集权统治，在思想文化上采取的措施。

秦、汉、明、清主要思想文化措施

朝　代	秦	汉	明	清
措　施	焚书坑儒	“罢黜百家、独尊儒术”	八股取士	大兴文字狱

【设计意图】一个政策制定的是否得当，能够直接影响社会历史的发展。物质决定意识，意识会反作用于物质。事物的存在有其历史必然性，培养学生利用历史唯物主义分析问题的能力。

2. 导入学习任务二：疆域的奠定

（1）清朝疆域奠定的措施

1644年，乘李自成推翻明朝之际，清军突入山海关，占领北京。由此开始清朝对中国长达268年的统治。清兵入关，面临的形势还是非常严峻的。既有明朝残余势力的抵抗，也有少数民族政权的割据，还有外部西方殖民者的入侵。清朝初期，康雍乾三朝皇帝在120多年的时间内，花费大量力气巩固维护了多民族国家的统一和主权。

教师活动：根据课本内容，通过时空定位，指导学生列表概括清朝为巩固发展统一多民族国家采取的措施。

学生活动：阅读课本，列表概括。

清朝巩固统治的措施

地理方位	具体措施
东南地区	① 1683 年，清政府收复台湾 ②设台湾府，隶属福建省
东北地区	①康熙前期，组织雅克萨自卫反击战 ② 1689 年，中俄两国签订《中俄尼布楚条约》，划定了东部边界
西北地区	① 1757 年击败准噶尔部 ②平定大、小和卓叛乱 ③在蒙古族地区设立盟、旗两级单位进行统治 ④在新疆维吾尔族地区，派伊犁将军总领军政要务，基层行政委任维吾尔族伯克进行管理
西藏地区	①册封达赖和班禅 ②派驻藏大臣 ③ 1793 年，清政府颁布《钦定藏内善后章程二十九条》，以法律形式明确和落实了清朝政府对西藏的管辖权

教师活动：简要点评学生答案并总结。

东南地区：1662 年，南明将领郑成功驱逐荷兰殖民者，收复台湾，维护了祖国的领土主权和统一，但随着郑氏家族占据台湾，不利于清朝的统治和全国的统一。1683 年，清军渡海远征，郑氏家族战败投降，清朝在台湾设置台湾府，隶属福建行省，加强了对台湾的统治，维护了祖国的统一，有利于东南沿海的安全和促进台湾地区经济的发展。

东北地区：清兵入关后，沙皇俄国乘机入侵我国黑龙江流域，占据雅克萨等地，屠杀我国居民，侵占我国领土。为集中力量解决沙皇俄国侵略，1685、1686 年清军连续对盘踞在雅克萨的俄国侵略军发动两次围攻，给俄军以重大打击，迫使沙俄政府与中国进行谈判。1689 年签订中俄边界第一个条约——《中俄尼布楚条约》，肯定黑龙江、乌苏里江、库页岛在内的领土属于中国，维护了东北边界 100 多年的安宁。

西北地区：平定蒙古贵族叛乱。清初蒙古分为漠南、漠北、漠西三大部，并臣服于清。17 世纪中期，漠西蒙古准噶尔部噶尔丹称汗后，发动叛乱，清朝历时 70 余年平定蒙古叛乱和大、小和卓的叛乱，加强了对西北地区管辖。

西藏地区：册封西藏宗教领袖达赖、班禅；设置驻藏大臣，加强管辖；并颁布法律以落实对西藏的管辖权。

材料 1　康熙元年 (1662 年) 七月派都司王维明等人前往 (台湾) 劝说，然郑经 (郑成功之子) 提出“依朝鲜例，称臣纳贡”。康熙皇帝明确指出“朝鲜系从来所有之外国，郑经乃中国之人，台湾乃中国之领土”。

——据《康熙统一台湾档案史料选辑》整理

材料 2　1689 年，中俄双方签订《中俄尼布楚条约》，作为签约一方，清朝第一次使用了“中国”这一国号，而不是“大清”这一朝号，表明清朝行使和维护的是中国的主权。

——人教版高中历史选修4《中外历史人物评说》

教师活动：指导学生依据材料及所学知识分析“中国”称号含义发生的实质性变化。

学生活动：根据材料进行归纳总结。

（2）清王朝边疆政策的基本原则

材料3　（乾隆皇帝）其于诸藩也，容之如天地，养之如父母，照之如日月，威之如雷霆，饥则哺之，寒则衣之……修其教不易其俗，齐其政不易其宜，旷然更始而不惊，靡然向风而自化。

——李兆洛《皇朝藩部要略》

教师活动：指导学生阅读材料，概括清王朝边疆政策的基本原则并指出清朝中央主管民族事务的机构名称。

学生活动：阅读材料，结合课本内容作答。基本原则就是因地制宜，尊重各民族的社会习俗和宗教信仰，优待各族上层分子。机构名称为理藩院。

教师活动：点评并总结。清朝总体以怀柔、增强民族间感情、加强民族间的团结为基本战略方针。

材料4　1624年（明天启四年），荷兰侵占中国台湾。1661年3月，郑成功亲率2.5万名兵将，从金门出发，直取台湾。盘踞台湾城的侵略军企图负隅顽抗，郑成功在该城围困敌军8个月后，下令向台湾城发起强攻，被侵占了38年之久的台湾，终于回到了祖国的怀抱。

——白寿彝《中古时代清时期》

材料5　清朝初期，康熙帝对台湾（郑氏政权）的策略主要为招抚。在此期间，清政府曾采用经济封锁手段，促其归附。随着三藩之乱的平定，清政府改变策略，以战逼和。康熙帝命施琅统兵进攻澎湖，一举攻占了澎湖列岛，歼灭了郑氏集团的军事力量。清政府乘机展开政治攻势，促使郑氏集团接受招抚条件，最终实现了台湾的和平统一。

——据白寿彝《中古时代清时期》等整理

教师活动：指导学生根据材料分析，康熙帝与郑成功收复台湾在斗争对象、策略、性质等方面的不同，以及对我们今天的借鉴意义。

学生活动：在教师的指导下，阅读材料并讨论。

不同：①打击对象不同。郑成功收复台湾打击的是外国侵略者；康熙帝收复台湾打击的是割据台湾的郑氏集团。②策略不同。郑成功收复台湾主要靠武力；康熙帝收复台湾是武力基础上的和平统一，剿抚并用。③性质不同。郑成功收复台湾属于打击外国殖民势力；康熙帝收复台湾属于消除中国内部割据。

意义：剿抚并用，尽量减少损失，减少内部自相残杀，对维护统一、增进民族团结有深远的历史意义，值得我们借鉴。

（3）清朝疆域的奠定

疆域变迁，民族凝聚力增强，推动了中华民族的形成。习近平主席说，我国是统一的多民族国家，各民族多元一体，是老祖宗留给我们的一笔重要财富。17—18世纪中期，疆域版图奠定，多民族国家巩固、统一局面和民族凝聚力空前加强。

教师活动：出示清朝疆域图，指导学生指出清朝疆域所包括的范围。

学生活动：根据教师给出的地图，按照地理方位说出清朝疆域所包括的范围。

清朝中期，疆域西跨葱岭，西北达巴勒喀什池，北接西伯利亚，东北至外兴安岭和库页岛，东临太平洋，东南到台湾及其附属岛屿钓鱼岛、赤尾屿等，南包括南海诸岛，西南抵喜马拉雅山脉，现代中国的版图至此奠定。

在清朝统一政权下，我国形成了一个以汉族为主体的，包括满、蒙、回、藏、维吾尔等50多个民族的大家庭。各族人民之间的经济、文化联系日益密切，边疆地区得到进一步开发，统一多民族的国家政权进一步得到巩固，基本奠定了今天的民族格局。由此，清朝疆域的统一和巩固不是靠帝王将相创造的，而是靠50多个民族共同努力而来，每一个民族都对祖国历史的缔造做出了贡献。

【设计意图】学生对清朝疆域的奠定缺乏必要的认识，尤其是时空概念对高一学生而言是个学习难点。在教学过程中采用史料研读的方式，通过表格形式讲解有利于学生加深对知识的理解，也可以培养学生史料实证、历史解释的能力。清朝疆域的奠定措施是本课的重点，若直接将内容告知学生，学生只是被动地接受，无法深刻理解其意义，采用小组讨论的形式，有利于发挥学生的主体性，在讨论中习得知识、深化认识。

3. 导入学习任务三：统治危机的出现

康乾盛世后期，清朝统治已经出现由盛转衰的迹象。19世纪前期嘉庆、道光两位皇帝在位时，衰象更为明显。

（1）清朝统治危机的原因

材料1　中国人口，自西汉末年达到59590000余人，其后各代，大都不及此数。元世祖至元二十八年（1291年），全国人口共有59848964人，始超过汉代。至明太祖洪武二十六年（1393年），更增至60545812人。但元朝的人口，均与汉代相差无多。至清，由于康雍乾三朝长期的安定，较明代激增五倍……至宣宗道光十四年（1834年），中国人口开始超过四万万。

——傅乐成《中国通史》

材料2　顺治时期，为了断绝东南沿海郑成功等抗清武装的物资供应，清廷厉行“海禁”，“寸板不许下水”。来华的外国商船，也只准驶泊澳门一地。……1757年（乾隆二十二年）下令封闭其他海港，只准广州一处通商，并由政府特许的“十三行”商人统一经理外商来华贸易事宜。

——朱绍侯《中国古代史》

教师活动：指导学生阅读材料，概括指出清朝统治危机的原因。

学生活动：根据材料回答清朝康乾盛世后出现统治危机的原因。

①清朝人口膨胀加剧资源危机。

②闭关锁国政策的影响。

（2）统治危机的影响

材料3　1674年（康熙十三年），江西万安、石城、太和、庐陵，福建宁化、上杭等地，都爆发了较大规模的佃农反抗斗争。1688年（康熙二十七年），江西宁都“李矮、李满、王焕英等纠佃户抗租”，“名曰佃兵”，据寨自保。

——朱绍侯《中国古代史》

材料4　南洋未禁之先，闽广家给户足，游手无赖亦为欲富所驱，尽入番岛，鲜有在家饥寒窃劫为非之患。……即禁之后，百货不通，民生自蹙。居者苦艺能之无用，行者叹至远之无方，……但能使沿海居民，富者贫，贫者困，驱工商为游手，驱游手为盗贼耳。

——蓝鼎元《鹿洲初集》卷三《论南洋事宜书》

教师活动：引导学生根据材料结合所学知识分析清朝统治危机带来的影响。

学生活动：根据材料和课本知识回答。

①人口剧增使资源危机日益显露，加上政治腐败和贫富矛盾的积累，乱象逐渐萌生，农民起义不断。

②闭关锁国政策，不仅妨碍海外市场开拓，抑制资本的原始积累，阻碍资本主义萌芽滋长，使中国失去了利用国际贸易的优势地位开辟海外市场、刺激资本扩张、推进工业化的契机；而且使中国与世隔绝，从而阻断了中国学习西方的先进科学技术之路，使中国逐渐落后于世界潮流。

【设计意图】通过材料设置，培养学生史料分析的能力，使学生明白清朝康乾盛世的背后实际上隐含着深深的危机。通过对“闭关锁国”政策后果的分析，提高学生以史为鉴，拥护今天改革开放政策、珍惜改革开放成果的自觉性，培养学生的家国情怀。

课堂小结

本节课内容分为三部分：康雍乾时期的君主专制、疆域的奠定、统治危机的出现。在教学过程中通过多种方式，如史料研读、小组合作探究、表格形式等，培养学生的核心素养如史料实证意识、时空观念的落地，家国情怀的升华。因此，我们在学习的过程中需要搜集大量的史料，做到去粗取精、去伪存真，做到真正理解在康乾盛世的背后，其实蕴藏着危机。

作业拓展

讨论闭关锁国政策的利弊得失和启示。

学生通过小组讨论得出，积极影响是对西方殖民者的侵略活动曾起过一定的自卫作用；消极影响是导致国家的闭塞，使中国错失了向西方学习先进的科学知识和生产技术的机会，是中国逐渐落伍于世界历史发展进程的原因之一。启示：封闭自守导致国家落后，对外开放促进国家强大，要坚持对外开放，加强与世界各国的政治、经济、文化交流。

设计反思与讨论

在教材处理上，根据《普通高中历史课程标准（2017 年版）》的要求，确立本课教学重点、难点加以突出、突破。

以学生为主体，尽可能发挥学生的能动作用，培养他们主动探究历史、分析问题的能力。教学不仅是增加学生知识的过程，更是提高学生能力的过程。大量引用典型的材料让学生阅读，使学生在阅读中感悟历史，认识历史，加深对课程内容的理解与掌握。

教学手段尽可能形象化，求新不等于猎奇。高中生正处在抽象思维发展的重要时期，所以应该避免一味地求新求奇、哗众取宠的做法。

体现核心素养理念。本课注重引导学生用唯物史观看待历史，以材料研读的方式培养学生史料实证能力和历史解释能力，使他们拥护今天的改革开放政策，珍惜改革开放成果，培养学生的家国情怀。

第 15 课　明清经济与文化

设计思路

《普通高中历史课程标准（2017 年版）》要求：了解明清时期社会经济、思想文化的重要变化；分析明清时期促进思想文化、科技发展的重要因素；认识明清经济文化发展的背后，与西方经济、文化相比存在的差距。

根据课标要求及教材编排，教学过程围绕四个部分展开。

经济的发展与局限：以史料研读等方式学习明清经济发展的背景、表现以及资本主义萌芽发展滞后的原因。思想领域的变化：以史料实证等方式学习明清思想领域对传统的继承与批判。小说与戏曲：通过多媒体技术呈现当时世俗文艺的发展。科技：通过自主学习使学生了解古代科技发展的成就。

对于本课内容，学生在初中阶段已学习相关知识并积累了一定的基础，但还缺乏全面系统的理解。高中阶段，学生的求知欲更为强烈，理性思维逐渐形成，但掌握的知识比较散、缺乏系统性，因此在教学中创设情境，引导学生开展史料研读，论从史出，培养和发展学生的核心素养。

教学目标

1. 运用唯物史观分析明清经济与文化发展的背景和表现，使学生形成对明清经济与文化的客观认识，掌握明清农业、手工业和商业的发展的基本史实，提高学生运用唯物史观解释历史的能力。

2. 了解陆王心学和李贽、黄宗羲、顾炎武、王夫之等的主要思想，了解《三国演义》《水浒传》《西游记》《牡丹亭》《红楼梦》等文学戏剧作品和《本草纲目》《天工开物》《农政全书》等科技著作，理解思想文化、艺术和科技成就与时代背景之间的内在联系。

3. 通过史料分析明清经济的发展与不发展、中西新文化的同与不同间的矛盾冲突，着重培养高中学生的批判性思维，培育尊重传统文化、关注国家发展的家国情怀。

4. 通过本课学习，了解中国明清时期灿烂的文化，体会中国古代劳动人民的智慧，继承中华民族的优秀文化传统，提高文化修养，弘扬民族精神，激发学生对祖国历史与文化的责任感和使命感。

重点难点

1. 重点：明清时期经济与思想文化的新发展。

2. 难点：正确认识经济领域面临的困境和思想领域出现的批判精神。

教学活动过程

导入

教师展示图片：

仇英《清明上河图》

在明朝画家仇英所画的《清明上河图》中，大家看到了怎样的社会景象？仇英在《清明上河图》中描绘了一个比六百年前北宋汴京更令人激动的城市——苏州。明朝的苏州城人流密集，商业繁荣。通过这幅描绘苏州市井生活和民俗风情的历史名画，我们可以一窥当时明朝异彩纷呈的社会经济与文化。今天让我们一起走近明清的经济与文化。

【设计意图】以明朝著名的市井风俗画导入，创设了情境，有利于学生直观感受明清时期社会经济的发展和文化繁荣，激发学生的学习兴趣。

1. 导入学习任务一：经济的发展与局限

（1）经济的新变化

材料1　谈参者，吴人也，家故起农。参生有心算，居湖乡，田多洼芜，乡之民逃农而渔，田之弃弗辟者以万计。参薄其直收之，佣饥者，给之粟，凿其最洼者池焉，周为高塍，可备坊泄，辟而耕之，岁之入视平壤三倍。池以百计，皆畜鱼，池之上为梁为舍，皆畜豕，谓豕凉处，而鱼食豕下，皆易肥也。塍之平阜植果属，其污泽植菰属，可畦植蔬属，皆以千计。鸟凫昆虫之属悉罗取，法而售之，亦以千计。室中置数十匦，日以其分投之，若某匦鱼入，某匦果入，盈乃发之，月发者数焉。视田之入，复三倍。

——李诩《戒庵老人漫笔》卷四《谈参传》

教师活动：根据材料和课本知识，思考材料中的这位地主致富的手段和传统地主的收入来源不一样的地方。

学生活动：思考回答。

教师活动：总结点评学生答案。

传统地主靠地租积累财富，而材料中的主人公是靠销售农副产品致富。类似的情况从明朝中期起逐渐增多，这显示明朝经济领域出现了一些新现象。

教师活动：指导学生阅读以下三段材料和课本知识，思考明朝经济在农业、手工业和商业等领域分别出现的新变化。

材料 2

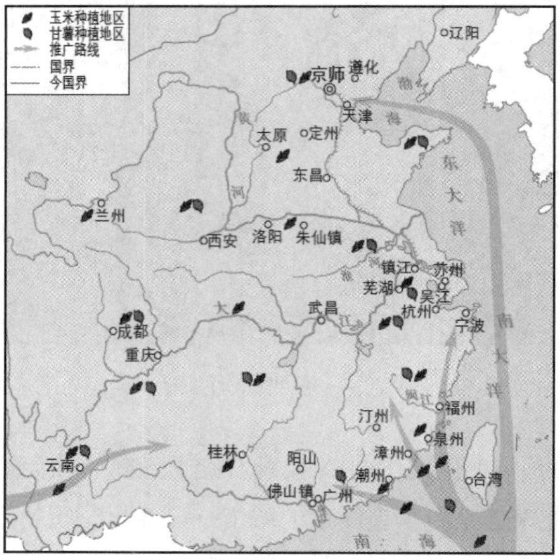

清朝前期玉米、甘薯推广种植图

材料 3　我吴市民，罔籍田业，大户张机为生，小户趁织为活。每晨起，小户百数人嗷嗷相聚玄庙口，听大户呼织，日取分金为饔飧计。大户一日之机不织则束手，小户一日不就人织则腹枵，两者相资为生久矣！

——蒋以化《西台漫记》卷四

材料 4　自明朝中期起，商品经济进入新的繁荣期。美洲等地的白银通过海外贸易大量流入，成为普遍使用的货币，促进了长途和大额贸易的发展，也有利于商业资本的集聚。一些地方的人以经商闻名，形成实力雄厚的商人群体。……在工商业发达地区和交通要冲，兴起一大批以经济功能为主的工商业市镇……

——《中外历史纲要》（上）

学生活动：根据材料及课本知识回答。

教师活动：总结明朝中后期，农业、手工业和商业等领域出现的新变化。

①农业：美洲作物玉米、甘薯等被推广种植；粮食总产量大幅度提升；多种经营与经济作物得到种植推广；出现农业生产区域分工；农产品商品化程度提升。

②手工业：私营手工业超过官营手工业占据主导地位；资本主义雇佣关系经营手段萌芽；传统与新兴手工业生产规模不断扩大；手工业商品化程度提升。

③商业：白银大量流入并实现货币化；长途贸易和大额贸易开始发展；出现商帮和会馆；工商业都会和市镇开始兴起。

（2）经济的局限

教师活动：明清时期尽管手工业和商品经济活动开始发展，但传统的小农经济在我国还占据主导地位，引导学生分析小农经济占据主导地位的原因。

学生活动：思考回答。

教师活动：点评学生回答并总结。

明清时期总体态势是小农经济占据主导地位，商品经济艰难发展，资本主义萌芽昙花一现。其阻碍因素有：经济上，自然经济依然占据主导地位；政治上，封建专制制度空前强化；思想上，传统价值观念依然占据主流地位。

【设计意图】引导学生研读史料、解释史料，树立论从史出、史论结合的史料实证意识，更好地理解明朝中后期，农业、手工业和商业等领域出现的新变化。

2. 导入学习任务二：思想领域的变化

（1）陆王心学

材料 1　此心此理，我固有之，所谓“万物皆备于我。”……宇宙便是吾心，吾心便是真理。心即理也。……发明本心……切己自反，改过迁善。

——陆九渊

材料 2　心外无物，心外无事，心外无理。

愚不肖者，虽其蒙昧之极，良知又未尝不存也。苟能致之，即与圣人无疑矣。

——王阳明

教师活动：指导学生阅读材料，根据材料概括陆九渊和王阳明的主要思想。

学生活动：阅读材料，找出材料中的关键信息，思考回答。

教师活动：对学生回答进行小结。陆九渊强调“发明本心”；王阳明强调主观能动性，以内心为准则，激励人们奋发立志。

（2）明末清初的思想活跃

材料 3　夫天生一人，自有一人之用，不待取给于孔子而后足也，若必待取足于孔子，则千古以前无孔子，终不得为人乎？

穿衣吃饭，即是人伦物理。

——李贽

材料 4　古者以天下为主，君为客。君主以天下之利尽归于己，以天下之害尽归于人。……为天下之大害者，君而已矣。

世儒不察，以工商为末，妄议抑之。夫工固圣王之所欲来，商又使其愿出于途者，盖皆本也。

——黄宗羲

材料5　人君之于天下，不能以独治也。独治之而刑繁矣，众治之而刑措矣。

孔子删述六经，即伊尹、太公救民水火之心。故曰“载诸空言，不如见诸行事”……愚不揣有见于此，凡文之不关于六经之指、当世之务者，一切不为。

——顾炎武

材料6　以天下论者，必循天下之公，天下非夷狄盗逆之所可尸，而抑非一姓之私也。

一姓之兴亡，私也，而生民之生死，公也。

国祚之不长，为一姓言也，非公义也。秦之所以获罪于万世者，私己而已矣。斥秦之私，而欲私其子孙以长存，又岂天下之大公哉！

——王夫之

教师活动：指导学生根据材料结合所学知识，分别概括李贽、黄宗羲、顾炎武、王夫之等思想家的主要思想。

学生活动：小组合作讨论，分析回答。

教师活动：总结李贽、黄宗羲、顾炎武、王夫之等思想家的主要思想。

①李贽（明朝中后期）：提倡个性自由、反正统的思想。

②黄宗羲（明末清初）：严厉抨击君主专制制度，提出“工商皆本”。

③顾炎武（明末清初）：提倡众治和经世致用。

④王夫之（明末清初）：批判专制体制，循天下之公。

材料7　王守仁这样阐述他的“良知”概念：

是非之心，不待虑而知，不待学而能，是故谓之良知。

本来面目，即吾圣门所谓良知。

——《王文成公全书》

王守仁的弟子王畿说：

信得良知过时，独往独来，如珠之走盘，不待拘管，而自不过其则也。

——黄宗羲《明儒学案》卷十二《郎中王龙溪先生畿》

材料8　李贽则将上述“良知”概念发展为“童心”，并有如下论述：

夫童心者，绝假纯真、最初一念之本心也。若失却童心，便失却真心，失却真心，便失却真人。人而非真，全不复有初矣！……夫既以闻见道理为心矣，则所言者皆闻见道理之言，非童心自出之言也。言虽工，与我何与，岂非以假人言假言而事假事、文假文乎？盖其人既假，则无所不假矣。由是而以假言与假人言，则假人喜；以假事与假人道，则假人喜；以假文与假人谈，则假人喜。无所不假，则无所不喜……更说甚么六经，更说甚么《语》《孟》乎？夫六经、《语》、《孟》，非其史官过为褒崇之词，则其臣子极为赞美之语。又不然，则其迂阔门徒、懵懂弟子，记忆师说，有头无尾，得后遗前，随其所见，笔之于书。后学不察，便谓出自圣人之口也，决定目之为经矣，孰知其大半非圣人之言乎？纵出自圣人，要亦有为而发，不过因病发药，随时处方，以救此一等懵懂弟子、迂阔门徒云耳。药医假病，方难定执，是岂可遽以为万世之至论乎？然则六经、《语》、《孟》，乃道学之口实、假人之渊薮也，断断乎其不可以语于童心之言明矣！

——李贽《焚书》卷三《童心说》

教师活动：指导学生阅读材料，结合课本内容，小组讨论陆王心学衍生出的思想解放倾向，及其对封建传统思想的影响。

学生活动：讨论回答。

教师活动：点评并小结学生答案。

陆九渊强调“发明本心”，蔑视一切权威，“宇宙便是吾心，吾心即是宇宙”“六经皆我注脚”。王守仁讲求理在吾心。他们都强调主观意志、自立精神、独立意识。“不以孔子的是非为是非”的李贽，“不以皇帝的是非为是非”的黄宗羲和顾炎武都受到陆王心学的明显影响。李贽、黄宗羲、顾炎武、王夫之等思想家挑战正统、提倡个性、批判专制、否定帝权等主张，成为近代进步思想的先声。

【设计意图】通过小组讨论，培养学生史料的分析、理解能力，提升学生史料实证意识，使学生理解陆王心学对近代进步思想形成的影响。

3. 导入学习任务三：小说与戏曲

（1）小说

教师活动：指导学生阅读课本，概括明清时期的小说成就，完成学习表格。

学生活动：分小组回答。

明清时期小说成就

书　名	作　者	成书时间	价　值
《三国演义》	罗贯中	元末明初	我国最早的一部章回体长篇历史小说
《水浒传》	施耐庵	元末明初	我国第一部以农民起义为题材的长篇小说
《西游记》	吴承恩	明朝中期	富有浪漫主义色彩的长篇神话小说
《儒林外史》	吴敬梓	明朝中期	我国古代讽刺小说的高峰
《红楼梦》	曹雪芹	清　朝	我国古典现实主义的高峰

教师活动：请学生根据所学知识，分析明清小说发展的原因。

学生活动：结合所学知识回答。

①经济：手工业和商业繁荣。

②政治：封建制度的日益腐朽、没落。

③阶级：市民阶层的进一步扩大。

④技术：印刷术的不断发展，为小说传播创造条件。

（2）戏曲

明朝时期，戏剧表演成为城乡人民重要的文化活动。不少剧作家创作了许多优秀的作品。汤显祖是明朝后期最负盛名的戏剧家。他的代表作《牡丹亭》曲文流丽，人物内心描写细致，通过杜丽娘和柳梦梅之间传奇的爱情故事，有力地批判了吃人的封建礼教，达到了极高的艺术水准。

材料1　杜丽娘：不到园林，怎知春色如许！原来姹紫嫣红开遍，似这般都付与断井颓垣。良辰美景奈何天，赏心乐事谁家院！朝飞暮卷，云霞翠轩；雨丝风片，烟波画船——锦屏人忒看的这韶光贱！

春香：是花都放了，那牡丹还早。

杜丽娘：遍青山啼红了杜鹃，荼蘼外烟丝醉软。春香呵，牡丹虽好，他春归怎占的先！

春香：成对儿莺燕呵。

——汤显祖《牡丹亭·惊梦》

教师活动：根据材料指导学生欣赏《牡丹亭·惊梦》视频片段，让学生结合视频回答该剧是属于哪个剧种及该剧种的发展历程。

学生活动：观看视频，思考回答。

《牡丹亭·惊梦》属于昆曲。昆曲原称昆腔，至今已有600多年的历史。在中国现存的300多个戏曲剧种中，昆曲的历史最为悠久，被誉为“近代百戏之祖”。2001年被联合国教科文组织列入首批“人类口头和非物质遗产代表作”。

教师活动：从明朝后期起，商人、工匠、市井游民和普通妇女经常成为小说的主人公。让学生讨论后分析这一现象与当时的社会发展的关系。

学生活动：讨论回答。

教师活动：对学生回答进行小结。

文学艺术是反映现实生活的一面镜子，因此明清小说主人公身份的变化也反映了当时社会的变化。

①经济：商品经济发达和资本主义萌芽的刺激。

②政治：专制统治的强化。

③思想：文化专制政策、礼乐纲常制度与西学东渐之风。

④社会：市民阶层的发展壮大和世俗化倾向。

【设计意图】引导学生分析明清小说的发展与整个明清时期政治、社会经济、思想文化的发展是有密切关系的。利用视频片段，激发学生学习兴趣，更好地了解《牡丹亭》和昆曲。使学生理解一定时期的思想文化是当时政治、经济的反映，培养学生的唯物史观素养。

4. 导入学习任务四：科技

（1）明清的科技著作

教师活动：请学生按课本内容，整理明清时期科技领域重要的著作。

学生活动：归纳整理。

明清时期科技著作

	著　作	作　者	领　域
本土成就	《本草纲目》	李时珍	医　学
	《农政全书》	徐光启	农　业
	《天工开物》	宋应星	工艺学
	《徐霞客游记》	徐霞客	地理和地质学
西方传入	《坤舆万国全图》	利玛窦	地　理

教师活动：根据学生回答进行小结。

明朝后期出现了几部总结性的科技著作，西方科技知识也得到一定范围的传播。

材料 1　《坤舆万国全图》向中国人展现了世界的整体轮廓（由于当时地理学知识所限，图中误将大洋洲和南极洲两片大陆绘为一体）。一些保守士大夫将此图斥为“邪说惑众”，并且攻击说：“直欺以其目之所不能见，足之所不能至，无可按听耳，真所谓画工之画鬼魅也！”

——《中外历史纲要》（上）

材料 2　从三部中国农书来看：王祯的《农书》(1313 年)、徐光启的《农政全书》(1628 年)、鄂尔泰等编的《授时通考》(1742 年)，后面两部书所开列的农具清单，几乎全是前一本书的重复。

——［美］珀金斯《中国农业的发展 1368—1968 年》

教师活动：指导学生阅读材料，以小组合作方式探究明后期以后科技的发展情况。

学生活动：合作探究并回答。

明之后的中国科技几乎停滞不前，最终落后于世界。

【设计意图】通过合作探究，让学生在讨论中认识到明清时期虽然科技方面获得了较快发展，但逐渐落后于西方潮流，从而更好地认识当时中国社会面临的危机。

课堂小结

明清之际处于中国社会第三次大转型时期，其社会也呈现出了经济活动的商品化趋势、思想观念的“异端”化趋势和文学艺术的世俗化趋势。但在盛世之下隐藏着自然经济与新经济因素的矛盾，传统社会价值与新思想文化倾向的矛盾，这也为近代中国将面临的危机埋下了伏笔。

作业拓展

问题：从明朝后期到清朝前期，欧洲传教士不仅在中国传教并介绍西方科技知识，还将中国文化介绍到西方，用拉丁文翻译了“四书”“五经”等著作。多位18世纪的欧洲启蒙思想家曾从儒家经书译本中汲取思想精华。请谈谈这一时期“中学西渐”的进程及其历史影响。

学生通过网络或书籍查找资料、人物访谈和小组合作等方式，对明清时期“中学西渐”的进程及其历史影响进行深入探究，提高学生搜集和运用史料研究历史的能力。引导学生热爱中华民族的优秀传统文化，弘扬民族精神，激发学生对祖国历史与文化的自豪感、责任感和使命感。

设计反思与讨论

在教材处理上，因本课涉及的内容非常多且碎片化，需要根据教学目标在内容上加以选择，以便更好地突破重难点。

在教学方法上，不仅充分利用合作探究的学习方法，凸显学生的主体地位，而且灵活地运用多媒体技术，活跃了课堂气氛，加深了学生对知识的理解与掌握。

本教学设计体现核心素养理念。本课教学注重培养和提高学生的历史学科核心素养，体现历史学科特点与魅力。坚持唯物史观，以材料研读的方式培养学生史料实证、历史解释的能力。通过本课学习，使学生热爱和继承中华民族的优秀文化传统，激发学生对祖国历史与文化的自豪感、责任感和使命感。

但在实际教学中，可能出现因课堂容量较大及教学节奏较快的情况，预设与生成难以实现平衡。

第五单元
晚清时期的内忧外患与救亡图存

第 16 课　鸦片战争的冲击与因应

设计思路

《普通高中历史课程标准（2017 年版）》要求：认识列强侵华对中国社会的影响，概述晚清时期中国人民反抗外来侵略的斗争事迹，理解其性质和意义；认识社会各阶级为挽救危局所做的努力及存在的局限性。

根据课标要求，教学过程围绕三部分展开。

“因”——19 世纪中期的世界与中国：以合作探究等形式理解鸦片战争爆发前中外在政治、经济、军事、外交等方面的差异，揭示战争爆发深刻的历史之“因”。“冲击”——两次鸦片战争：以史料研读等方式理解两次鸦片战争爆发的原因，从时空角度学习两次鸦片战争的过程。“应”——“师夷长技以制夷”：以辩证的态度看待林则徐、魏源、徐继畬等人应对危局所做的努力，理解他们思想的进步性和局限性。

从本课开始，进入中国近代史的学习，这段历史既是屈辱史又是抗争史，教师在教学过程中要注重对学生情感态度和价值观的引导，提升家国情怀。

教学目标

1. 讨论鸦片战争爆发前中英两国在政治、经济、军事、外交等领域的差异，并能从唯物史观的角度理解鸦片战争爆发的必然性。

2. 通过解读地图、制作年表等形式，梳理鸦片战争的主要过程，获取相关知识，增强时空观念。

3. 通过史料分析，用辩证的眼光看待鸦片战争给中国社会带来的影响，在归纳、总结的基础上进行历史解释，提高学生史料实证的能力。

4. 通过学习先进人物的事迹，培养学生热爱祖国的高尚情操，提升家国情怀。

重点难点

1. **重点**：两次鸦片战争爆发的原因和影响。
2. **难点**：19 世纪中期中国和英国的差异。

教学活动过程

导入

观看美国纪录片《人类：我们的故事》第九集中有关禁烟运动和鸦片战争的视频。根据视频并结合所学回答：

①“中国的皇帝下令禁烟”的原因。

②“英国人不肯放弃自己最赚钱的贸易”采取了什么行动？

③“中国的人口是英国的 26 倍”为何还输掉了这场战争？

④“新秩序取代了旧秩序”的具体表现。

【设计意图】以视频形式导入，易于激发学生的学习兴趣，以问题链的方式，使学生初步了解本课内容，同时带着问题学习，更能提高学习的有效性。

1. 导入学习任务一：19 世纪中期的世界与中国

教师活动：19 世纪中期的中国，处于清王朝统治之下。此时的清王朝盛世不再，逐渐走向衰弱。让学生从对比中，认识这一时期的中国与世界（以英国为代表）存在的差异。

材料 1 政治上的差异

封建君主专制制度

资产阶级君主立宪制

材料 2 经济上的差异

手工纺织

机器生产

材料 3 军事上的差异

中国士兵

英国军舰

材料 4 对外关系上的差异

广州十三行

英国东印度公司

学生活动： 合作探究。

教师活动： 对学生的回答，以表格形式总结。

鸦片战争前中英两国对比

	中　国	英　国
政　治	腐朽的封建君主专制制度，农民起义此起彼伏	资产阶级民主制度
经　济	自给自足的小农经济是主要的生产方式	完成工业革命，采用机器生产，商品经济发达
军　事	武备落后，作战能力很差，武器主要是冷兵器	装备先进，船坚炮利
对外关系	闭关锁国	殖民扩张
综　合	封建统治，危机四伏	资本主义迅速崛起

【设计意图】图片对比的形式比较直观，易于学生接受和理解；用表格形式总结，使学生更全面清晰地认识19世纪中期中国与英国存在的差异。

2. 导入学习任务二：两次鸦片战争

（1）不可避免的鸦片战争

材料1　须知"鸦片"为当年中英战争中，英方无可代替之"商品"也——其获利之丰（读者试看今日之毒贩便知），天下无双；其有助于当年英国国库之收入（national revenue），亦不可或缺；其有助于英伦之繁荣、"国民所得"之增长，与夫绅士淑女生活水准之提高，也出乎想象——试看伦敦、香港等地19世纪所建，今日仍巍然兀立之高楼大厦，有几座与鸦片无关？总之，"鸦片贸易"（opium trade）为当年英伦朝野，国脉民命，生计攸关，不可或缺之国际贸易。

——［美］唐德刚《从晚清到民国》

材料2　鸦片大量泛滥还给清政府的统治造成了严重危机。一方面，大量的白银外流，银价上涨，各地税收困难，拖欠赋税日益增多，国库储备越来越少，政府的财政陷入困境。另一方面，官吏、兵丁吸食鸦片和从鸦片走私中收受贿赂，使清政府的吏治更加腐败，军队更加丧失战斗力。……鸦片输入给中国社会和清朝统治带来的危害，不能不引起清朝政府的关注。

——王文泉、刘天路《中国近代史（1840—1949）》

材料3　他（林则徐）要求外国商人缴交他们持有的全部鸦片，在其交出之前将之拘禁在商馆里。在英国商务监督查理·懿律（Charles Elliot）的建议下，商人们最终放弃了他们的鸦片，林则徐在6月25日大张旗鼓地将这些鸦片倒入海中销毁。懿律接着要求赔偿，林则徐则以鸦片原本就是违禁物品为由拒绝了这项要求。拒绝赔偿给了英国开战的理由。

——［加］卜正民《哈佛中国史06》

材料 4 （虎门销烟）把能给我们大英帝国带来无限利益的大批的商品，全部给予销毁！这是我大英帝国的奇耻大辱！我要求议会批准政府派遣远征军去惩罚那个极其野蛮的国家！要狠狠地教训它！要迫使它开放更多的港口，要保护我们天经地义的合法贸易！

——英国外交大臣巴麦尊在议会上发表的讲话

教师活动：让学生研读四则材料，理解鸦片战争爆发的必然性。

学生活动：研读材料，交流发言。

教师活动：材料 1 强调鸦片贸易对英国的极端重要性。材料 2 强调鸦片贸易对中国的危害。如此，对于鸦片贸易英国要保护，中国则要取缔，不可协调，唯有一战。材料 3 林则徐虎门销烟并拒绝赔偿，成为鸦片战争爆发的直接原因。材料 4 揭示英国发动鸦片战争针对的并非仅仅是“鸦片”，而是要打开中国大门，开拓海外市场和原料产地，这是战争爆发的根本原因。

教师活动：有人说，如果没有林则徐的虎门销烟，英国就不会发动战争，所以林则徐才是这场战争的祸首，谈谈你的观点。

学生活动：讨论发言，各抒己见。

教师活动：肯定学生的发言。此问题涉及鸦片战争爆发的必然性，即使没有林则徐的虎门销烟，英国人为了自身利益还是会找其他理由，正如唐德刚在《从晚清到民国》里所述：“‘鸦片战争’之战与不战之权，操之于大英帝国的首相与国会。林钦差被动应变而已。他如要认真地禁烟，不管贵钦差是林则徐、张则徐，都要挨打了。”

（2）鸦片战争的过程和影响

教师活动：通过鸦片战争形势图，让学生了解 1840 年英军进攻广州，鸦片战争爆发，此后英军沿东南沿海一路北上，于 1842 年 8 月 29 日签订《南京条约》结束战争的史实。

学生活动：观看地图。

教师活动：简要介绍鸦片战争期间军民奋起抵抗的英雄事迹。结合课后学习拓展有关史料，介绍三元里人民抗英斗争和镇海保卫战等。

教师活动：继 1842 年中英签订《南京条约》后，1843 年又签订了中英《南京条约》附约，1844 年中美签订了《望厦条约》、中法签订了《黄埔条约》，让学生通过阅读课本内容，概述这些条约的内容和危害。

学生活动：思考回答。

教师活动：赞扬学生的回答并总结。

《南京条约》是中国近代史上第一个丧权辱国的不平等条约。割让香港岛，破坏了中国领土主权的完整；赔款白银 2100 万银圆，加重了人民的负担；五口通商，便利了外国资本主义势力的入侵；协定关税，严重破坏了中国的关税自主权，便利了列强向中国倾销商品和掠夺原料。

英、美、法三国通过《南京条约》附约、《望厦条约》、《黄埔条约》又获得了领事裁判权、片面最惠国待遇、通商口岸传教权、内河航行自由权等。领事裁判权破坏了中国的司法主权；片面最惠国待遇易于列强结成共同侵华的伙伴关系；通商口岸传教权是一种文化侵略；内河航行自由权使中国的内河航行权受到严重侵犯。

教师活动：让学生从政治、经济、文化等方面讨论鸦片战争对中国社会的影响。

学生活动：讨论交流。

①政治：中国的主权和领土完整遭到破坏，独立发展的道路被迫中断，被迫对外开放，沦为半殖民地半封建社会。

②经济：自然经济开始解体，被迫卷入资本主义世界市场，客观上刺激了中国民族工业的产生。

③文化：中华文明遗产被掠夺和毁坏，中国产生了向西方学习的新思想。

总之，由拥有完整主权的国家开始沦为半殖民地半封建国家。

（3）第二次鸦片战争爆发的原因

材料5　条约签订后，英国资产阶级欣喜若狂，“一想到和四万万人贸易，大家好像发了疯似的”。他们满以为打开中国大门，就能大量销售商品，获得高额利润。

——茅海建《近代的尺度：两次鸦片战争军事与外交》

材料6　而现实却是“和中国开放贸易十年后”，“其消费能力竟不及荷兰的一半”，“甚至落在巴西和土耳其之后”。

——1852年3月《密切尔报告书》

材料7　1854年，《南京条约》签订届满12年，英国政府以《望厦条约》有12年后在贸易及海面各款上稍作变通的规定为借口，联合法、美两国向清政府进行“修约”交涉。……清政府认为除减免上海外商欠税、减轻广东茶税等项准予考虑外，其余要求一概拒绝。……1856年，《望厦条约》签订满12年，美国再次提出全面“修约”的要求……英、法两国在外交上给予支持，也提出了同样的要求，但再次为清政府所拒绝。

——王文泉、刘天路《中国近代史（1840—1949）》

教师活动：根据以上材料并结合课本内容，让学生总结第二次鸦片战争爆发的原因。

学生活动：讨论分析。

教师活动：点评学生的发言并总结。

对于自然经济的抵制，英国人没有认识到，他们只是把问题归咎于开放的口岸太少，希望扩大侵略权益。而几次修约要求被清政府拒绝后，决定诉诸武力。正如黄仁宇在《中国大历史》中所说：“《南京条约》签订之后十年，感到更不满意的不是战败国而是战胜国。”因而，可以把第二次鸦片战争的原因归结为：西方列强进一步打开中国市场的需要（根本原因）；英法美等国提出修约、扩大侵略权益的要求，但遭到清政府拒绝（直接原因）。

教师活动：要求学生根据所学回答发生在1856年至1860年的这次战争叫作“第二次鸦片战争”的原因。

学生活动：讨论发言。

教师活动：小结学生发言。

第二次战争从本质上看与第一次战争是一致的，都是为了打开中国大门，开拓海外市场和原料产地，第二次战争是第一次战争的延续，故称为第二次鸦片战争。

（4）第二次鸦片战争的过程和影响

教师活动： 英国借口“亚罗号”事件，法国借口“马神甫事件”，蓄意扩大事态，引起战争。让学生通过第二次鸦片战争形势图并结合课本内容，了解第二次鸦片战争的过程。

学生活动： 讨论发言。

第二次鸦片战争的过程

时　间	事　件
1856 年	英法两国对中国发动了第二次鸦片战争，美俄两国以调停人面目出现
1858 年	清政府被迫分别与英法签订《天津条约》
1859 年	英法进攻大沽炮台，遭到清军反击，英军损失很大
1860 年 10 月	英法联军抢劫、焚毁圆明园后，进入北京城，迫使清政府签订《北京条约》，战争结束

教师活动： 第二次鸦片战争，英法通过《天津条约》《北京条约》获取了割地、赔款、开放通商口岸等大量权益，还实现了鸦片贸易合法化，俄国通过《瑷珲条约》《北京条约》，抢占黑龙江以北、乌苏里江以东 100 余万平方千米的土地，还把俄方提出的边界走向强加给中国，为此后大规模侵占中国领土制造依据。让学生根据内容并结合所学，分析第二次鸦片战争的影响。

学生活动： 讨论分析。

教师活动： 肯定学生的发言并总结。中国领土被割让，领海和内河主权、海关和外贸主权、司法主权进一步丧失，西方资本主义各国加强了对中国的政治控制和经济扩张。中国的半殖民地化程度进一步加深。

鸦片贸易合法化，使得中国人民身心受到严重摧残；引发国内大面积种植罂粟，破坏社会生产；使白银大量外流，政府财政困难，政治、经济、军事实力受到严重削弱。

【设计意图】为适应学生的接受能力，将两次鸦片战争分开讲述，在讲述战争过程时，注重对学生时空观念的培养。

3. 导入学习任务三：“师夷长技以制夷”

材料 1　在两年多时间里，中国调动了 10 多万军队，先后有 1 名总督、2 名提督、7 名总兵以及数千名士兵死于战争，但英国远征军的战死人数据英方统计却不足百人。两千年来传统的夷狄观念在他们头脑里开始动摇了。

——陈旭麓《近代中国社会的新陈代谢》

材料 2　彼之大炮远及十里内外，若我炮不能及彼，彼炮先已及我，是器不良也！

——1842 年 9 月林则徐致友人的私函

材料3　“是书何以作？曰：为以夷攻夷而作，为以夷款夷而作，为师夷长技以制夷而作。”“不善师外夷者，外夷制之；善师四夷者，能制四夷。”“夷之长技三：一战舰，二火器，三养兵练兵之法。”

——魏源《海国图志》

教师活动：鸦片战争前后，中国的思想界占统治地位的是宋学（程朱理学）和汉学（考据学），读书人大都埋首经书，远离社会现实，沉浸于“天朝上国”的迷梦中。鸦片战争的惨败，惊醒了一批先进的思想家，他们在经世致用精神的推动下，主张向西方学习，寻求国家富强之道，其代表人物有林则徐、魏源和徐继畬。让学生根据课本并结合材料概括三人的思想主张。

学生活动：讨论概括三人思想主张。

教师活动：魏源在《海国图志》书中提出“师夷长技以制夷”的思想，让学生思考、评价这一思想。

学生活动：思考发言。

教师活动：点评学生发言。从政治上看，抵御外国侵略，是爱国的；从经济上看，发展近代工业，是进步的；从文化上看，是对几千年来传统心态的一次挑战，迈出了近代中国向西方学习的第一步，成为近代中国人学习西方的口号。

局限性：具有深刻的阶级局限性和时代局限性，其思想从总体上仍属于“经世致用”的封建思想体系，不敢触动封建制度，其活动的目的也是为了维护封建统治，学习西方也仅停留于器物层面，没有上升到制度、思想文化层面。

【设计意图】学生自主讨论发言，更能深刻理解林则徐等人的思想主张。以史料研读的方式，进一步培养学生获取、分析、归纳、概括材料的能力。

课堂小结

本课内容分为三部分：19世纪中期的世界与中国、两次鸦片战争和“师夷长技以制夷”，以“因—冲击—应”的模式，将内容联系在一起。通过4组图片的对比认识中国和英国的差异，再以材料研读的方式理解鸦片战争爆发的原因和影响，在学习鸦片战争过程中注重时空维度。以学生自主探究的方式学习林则徐、魏源、徐继畬等人的思想主张，评价“师夷长技以制夷”。

作业拓展

通过本课学习，教师提供几个角度和材料，让学生发表读史感悟，言之有理即可。

角度1：中国为何战败？

材料1　在鸦片战争的整个过程里，中国以中世纪的武器、中世纪的政府、中世纪的社会来对付近代化的敌人。

——陈旭麓《近代中国社会的新陈代谢》

材料 2　清军主帅杨芳看到夷炮威力在我炮之上，认定必有邪教善术者伏其内！于是传令，遍收所近妇女溺器作为制胜法宝。他将这些马桶平放在一排排木筏上，以马桶口面对敌舰冲击，以破邪术。

——雷颐《历史：何以至此》

角度 2：清政府战后觉醒了吗？

材料 3　从民族的历史看……失败以后还不明了失败的理由力图改革，那才是民族的致命伤。……可惜道光、咸丰年间的人没有领受军事失败的教训，战后与战前完全一样，麻木不仁，妄自尊大。直到咸丰末年英法联军攻进了北京，然后有少数人觉悟了，知道非学西洋不可。所以我们说，中华民族丧失了二十年的宝贵光阴。

——蒋廷黻《中国近代史》

角度 3：传统与近代化？

材料 4　因为有这种根深蒂固的观念在一般中国人脑识里面，所以对于西方各国派来请求通商修好的专使，一概以贡使看待；对于互派公使驻京、平等交际的请求，一概严词拒绝。因为在中国历史上，除了立在周天子下面的鲁、卫等国可以称兄弟以外，汉与匈奴和亲、宋与契丹约为兄弟，都视为莫大的耻辱。现在对于这些碧眼赤须儿，又安可屈尊，把华夷的界限轻于打破呢？

——李剑农《中国近百年政治史》

设计反思与讨论

在教材处理上，根据《普通高中历史课程标准（2017 年版）》的要求，选取教学重点，即两次鸦片战争爆发的原因和影响；教学难点 19 世纪中期中国和英国的差异加以突出、突破。

在教学过程中，注重学生实际情况，采取多种教学形式，如讲述法、合作探究法，加深学生对课程内容的理解与掌握。

体现核心素养理念。注重引导学生用唯物史观看待鸦片战争爆发的必然性，以时空观念梳理鸦片战争过程，以材料研读的方式培养史料实证和历史解释能力。通过本课学习，提升家国情怀。

因为本课内容较多，在教材处理上还有待进一步完善，在实际教学中课前预设与课堂生成这两者可能达不到理想效果。

第 17 课　寻求国家出路的探索和列强侵略的加剧

设计思路

《普通高中历史课程标准（2017 年版）》要求：认识列强侵华对中国社会的影响，概述晚清时期中国人民反抗外来侵略的斗争事迹，理解其性质和意义；认识社会各阶级为挽救危局所做的努力及存在的局限性。

根据课标要求，教学过程围绕两部分展开。

寻求国家出路的探索：以史料研读、合作探究等方式比较《天朝田亩制度》和《资政新编》，洋务运动兴起和失败原因等内容。列强侵略的加剧：从时空角度学习左宗棠收复新疆、中法战争、甲午中日战争等历史事件的主要过程，以学生自主学习等方式认识 19 世纪末中华民族面临的危机。

在教学过程中，教师充分调动学生的积极性，让学生在回忆初中所学相关知识的基础上，通过教材和教师提供的文字、图片等资料自主学习，在这过程中培养学生参与意识和综合分析问题的能力，提升其核心素养。

教学目标

1. 通过对太平天国运动和洋务运动的学习，认识农民阶级和地主阶级在寻求国家出路探索中的作用与局限，理解生产方式的狭隘造成眼界的狭隘，眼界的狭隘造成思想的狭隘。

2. 通过制作年表、解读地图等形式，梳理太平天国运动、左宗棠收复新疆、中法战争、甲午中日战争等历史事件的主要过程，能在地图上找到洋务企业的地点和列强在华划分的势力范围，增强时空观念。

3. 以史料研读、问题探究等形式，学习洋务运动失败的原因、甲午中日战争的影响，培养学生史料实证和历史解释的能力。

4. 通过学习先进人物的事迹，感受他们的爱国精神，增强时代赋予我们的使命感和责任感，为新时代中国特色社会主义建设贡献力量。

重点难点

1. **重点**：甲午中日战争的影响。

2. **难点**：洋务运动失败的原因。

教学活动过程

导入

吟唎画像

《太平天国革命亲历记》

奥古斯塔斯·弗雷德里克·吟唎（Augustus Frederick Lindley，1840—1873），英国海军军官。1861 年初，加入太平军。1863 年，在九瞭洲要塞保卫战中其妻玛丽（Marie）中弹牺牲，他本人也身受重伤。1864 年，太平天国运动失败，回国疗伤。回国后，他怀着对太平天国的深情，出版了《太平天国革命亲历记》一书。该书记述了他参与太平天国运动的历史，歌颂了太平军将士业绩，抨击了英国政府对华政策。1872 年吟唎再婚时，在证书上自填“前太平军上校”，仍自认太平天国之人。1873 年 3 月 29 日，吟唎在伦敦逝世，年仅 33 岁。在死亡登记上，他的职业是：“前太平军上校”。

一个外国人为何对太平天国运动有如此深厚的感情？让学生带着好奇和疑惑进入本课“太平天国运动”的学习。

【设计意图】以“前太平军上校”——吟唎导入，在课堂开始之时就吸引学生的注意力，同时设置悬念，激发学生学习兴趣。

1. 导入学习任务一：太平天国运动

（1）太平天国运动兴亡过程

教师活动：让学生根据课本内容及“太平天国运动形势图”，了解太平天国运动的兴亡过程。

学生活动：绘制年表。

太平天国大事年表

时　间	事　件
1851 年 1 月 11 日	洪秀全、杨秀清等在广西桂平金田村发动起义，建号太平天国
1853 年	占领南京，改南京为天京，定都于此。然后，北伐、西征，军事上达到鼎盛
1856 年	天京变乱，太平天国在政治、军事上开始衰落
1864 年	天京被攻破，太平天国运动失败

（2）比较《天朝田亩制度》和《资政新编》

材料 1　《天朝田亩制度》是以解决土地问题为中心的比较完整的社会改革方案。它从根本上否定封建地主土地所有制，反映了广大农民平均分配土地的强烈愿望，发展和超越了以往农民战争提出的“均贫富”“等贵贱”和“均平”“均田”思想，但仍没有超出农民小生产者的狭隘眼界。它描绘的理想天国仍是闭塞的自给自足的自然经济，是以小农业和家庭手工业相结合的传统生活方式为基础却废除商品交换的绝对平均社会，是空想，实际也未付诸实行。

——朱志敏《中国近现代史纲要教学用书》

材料 2　《资政新篇》，这是太平天国后期重要的社会发展方案。主张政治上学习西方，制定法律、制度，“禁朋党之弊”，加强中央集权。经济上发展工矿、交通、邮政、银行等事业，奖励科技发明和机器制造，以及“准富者请人雇工”的资本主义雇佣劳动制。思想文化上设立新闻官、新闻馆，破除陈规陋俗，兴办学校、医院和社会福利事业。外交方面同外国平等交往、自由通商，但禁止鸦片输入。强调外国人“不得毁谤国法”。这份具有浓重资本主义色彩的《资政新篇》，虽得到洪秀全赞同，但限于当时的历史条件，也未能实行。

——朱志敏《中国近现代史纲要教学用书》

教师活动：让学生根据材料并结合课本内容，比较《天朝田亩制度》和《资政新篇》的异同点。

学生活动：讨论比较。

《天朝田亩制度》与《资政新篇》的异同点比较

	《天朝田亩制度》	《资政新编》
产生背景	前期：强盛时	后期：衰落时
经济主张	以小农经济为基础，消灭私有制	发展资本主义经济，主张私有制
群众基础	有广泛的群众基础	缺乏群众基础
作　用	直接推动太平天国运动的蓬勃发展	提倡资本主义，顺应了历史潮流，具有重要的时代意义
反映的特点	标志着农民战争达到最高峰	具有鲜明的资本主义色彩
结　果	反映农民追求社会财富平均的理想，并没有真正实行过	没有反映农民的迫切要求，再加上战争环境，未能付诸实施
相同点	都是太平天国颁布的政治纲领； 都有反封建的革命性； 都迫于当时的形势，没有实行	

【设计意图】通过绘制太平天国大事年表，培养学生的时空观念，通过《天朝田亩制度》和《资政新篇》的比较，让学生感受太平天国的斗争精神和与时俱进的品质。

2. 导入学习任务二：洋务运动

（1）洋务运动兴起的原因

材料 1　故灭发捻为先，治俄次之，治英又次之。

——《咸丰十年十二月初三日恭亲王奕䜣等奏》

材料 2　伏查泰西各国，明于制器尚象之理而得其用，所凭借以横行海外者，尤以轮船与火器为最。火器之得力者，尤以炸炮为最。……鸿章以为中国欲自强，则莫如学习外国利器；欲学习外国利器，则莫如觅制器之器。

——李鸿章《致总理衙门书》

教师活动：第二次鸦片战争和太平天国运动加强了清朝统治集团内部一部分官僚的危机感，他们对洋枪洋炮有了切身体会，由此掀起了一场旨在学习西方“长技”的洋务运动。根据材料并结合课本内容，分析洋务运动兴起的原因。

学生活动：讨论发言。

教师活动：总结洋务运动兴起的原因——镇压农民起义应对列强入侵，以巩固清王朝的统治。

（2）洋务运动的内容

教师活动：让学生根据课本内容概括洋务运动的内容。

学生活动：讨论回答。

教师活动：概括洋务运动的内容——兴办近代企业、创办新式学堂、建立新式海军。

洋务运动前期以“自强”为口号兴办了江南机器制造总局等一批军事工业，后期以“求富”为口号兴办了上海轮船招商局等一批民用企业，让学生在地图上找到这些企业。

创办新式学堂，培养科技人才成为洋务运动的重要内容之一。除办学堂之外，这时期还先后派遣留美幼童和官费赴欧留学生 200 余人。

从 19 世纪 70 年代到 90 年代，分别建成福建水师、广东水师、南洋水师和北洋水师，其中北洋水师为主力。

（3）洋务运动失败原因

材料 3　以中国之伦常名教为原本，辅以诸国富强之术。

——冯桂芬《校邠庐抗议》

材料 4　有了这些活动，自强运动表示着一种意志单简的目的：中国希望借西方之科技以充实军事力量而已。改革者所需要的乃是轮船与枪炮，所以他们设立的是船坞与兵工厂。所有的改革也与其他部门隔离，以免妨碍旧有法制规章。所训练的“洋务”人才，预定为中国旧式官僚手下之技术助手，所以传统教育制度不因之而更变，科举取士的程序也原封不动。

——黄仁宇《中国大历史》

材料 5　洋务运动之时，外国帝国主义已通过不平等条约获得种种特权，并依据这些特权对清朝政治、经济各方面加紧侵略控制。列强并不希望中国真正富强，而洋务派官员却主张对外“和戎”，所兴办的企业一切都依赖外国。

——朱志敏《中国近现代史纲要教学用书》

材料 6　在这种管理形态中，计划和监督由政府官员执行，而日常的管理则交由私商处理。在大多数的例子中，投资和风险由公私部门共同承担，但由官员（或更精确地说是这些官员的幕僚）来制定政策。由官员批准、筹划、监督这些计划，地方精英则提供大多数资金及管理实际建设工程。

——［加］卜正民《哈佛中国史 06》

教师活动：让学生根据材料回答洋务运动失败的原因。

学生活动：根据材料讨论分析。

教师活动：总结洋务运动失败的原因。材料 3 为洋务运动指导思想“中学为体，西学为用”的最初渊源。这一思想在一定程度上冲破了顽固守旧思想的禁锢，具有思想启蒙意义。但洋务派对西学的认识仅在器物、技术层面，没有认识到中西在政治、经济、文化上的不同。洋务派要发展近代企业，却垄断经营、压制民族资本；想要培养新式人才，却又不愿改变科举制度。综合材料 3、4，归纳出失败的第一个原因为：洋务运动具有封建性。

根据材料 5 概括出失败的第二个原因为：洋务运动对外国存有依赖性。根据材料 6 可知，洋务派兴办的企业虽具有一定的资本主义性质，但在管理上基本是封建衙门式的，概括出失败的第三个原因为：洋务企业管理的腐朽性。

【设计意图】洋务运动失败的原因是本课难点，采取材料研读的方式进行突破，让学生在材料中找寻答案，既加深了学生对问题的理解又提升了历史解释的能力。

3. 导入学习任务三：边疆危机与甲午中日战争

教师活动：教师简单向学生介绍 19 世纪 60 年代以后，中国西北、西南、东南边疆危机。

西北边疆：中亚浩罕国阿古柏勾结沙俄入侵新疆。

西南边疆：英国势力侵入西藏、云南。

东南边疆：美日侵略台湾。

（1）左宗棠收复新疆和中法战争

教师活动：通过阅读课本，了解左宗棠收复新疆和中法战争的大致过程。

学生活动：阅读课本，了解过程。

左宗棠收复新疆和中法战争的过程

	时间	过程
左宗棠收复新疆	1864 年	新疆形成内乱局面
	—	中亚浩罕国军事首领阿古柏占领南疆和北疆部分地区
	—	俄国出兵占领伊犁地区
	1875 年	清政府任命左宗棠为钦差大臣督办新疆军务
	1878 年 2 月	收复新疆南北两路
	1884 年	新疆正式建省，西北边疆度过了危机
中法战争	1883 年 8 月	法国控制了越南，把侵略矛头对准了中国
	1883 年底	中法战争打响
	1884 年 8 月	法国偷袭马尾军港，炮毁福州造船厂
	1885 年 3 月	镇南关大捷导致法国内阁倒台。这时，清廷下达停战令
	1885 年 6 月	签订中法《越南条款》，承认法国占领越南

（2）甲午中日战争

教师活动：让学生根据课本内容结合“甲午中日战争形势示意图”，了解甲午战争过程。

学生活动：讨论发言。

教师活动：点评学生发言并总结战争过程。

① 1894 年 7 月丰岛战役：甲午战争第一战，中日相互宣战。

② 1894 年 9 月平壤战役：清军大败。

③ 1894 年 9 月黄海海战：重创日本舰队，北洋舰队也遭到重大损失。战后，李鸿章“避战保船”，失去制海权。

④ 1895 年 2 月威海卫战役：北洋舰队覆灭。

⑤ 1895 年 4 月签订《马关条约》：战争结束。

教师活动：让学生探究甲午中日战争的影响。

材料 1　整体而言，中日甲午战争是中国帝制史上的重要分水岭，更甚于通常被赋予此意义的鸦片战争。如同佩因（S.C.M.Paine）所论：“自此役后，清朝外交政策的焦点都在平复其结果，而日本外交政策的焦点则是确认其结果。”而更广泛地说，与过去几十年间积极地在边疆展示国威相比，这场战争首次向全世界展示了清帝国令人难以置信的脆弱。中国表露的脆弱所产生的权力真空，形成一股帝国主义的洪流袭击整个东亚，比此前更具破坏力。这场战争对于清朝人民来说也同样震惊，对其中大部分的人而言，败在日本手下是难以置信的。输了如此关键的战争，败给那个微不足道、过去鄙视的邻居，向许多人阐明了不计任何文化代价进行日式西化有绝对的必要性。其中一个结果是送留学生出国到日本及西方学习的计划更为强化。

——［加］卜正民《哈佛中国史 06》

学生活动：学生分小组合作探究。

教师活动：肯定学生的发言，总结影响。

①对中国的影响：宣告了洋务运动的破产。外国资本主义对中国侵略进入了一个新阶段。经济上，由以商品输出为主进入以资本输出为主的阶段；政治上，帝国主义列强掀起瓜分中国的狂潮，使中国社会半殖民地化程度大大加深。推动了中华民族的普遍觉醒，大大加快了中国近代化的步伐。

②对日本的影响：日本国力加强，加快吞并朝鲜的进程。

③对远东地区的影响：日本国际地位上升，中国国际地位下降，加剧帝国主义列强在远东的争夺。

（3）台湾人民反割台斗争

教师活动：《马关条约》割台湾及澎湖列岛给日本，台湾民众掀起反割台斗争。让学生了解反割台斗争的时间、两支主力和意义。

学生回答：

①时间：1895 年 5—10 月。

②两支主力：台湾义勇军和刘永福领导的黑旗军。

③意义：重挫了日本占领军，表明了台湾人民不屈服于日本占领的坚强意志。

教师活动：让学生结合材料，感受台湾人民誓死不屈的精神。

材料 2　四百万人同一哭，去年今日割台湾。

——丘逢甲

愿吾血随吾台俱尽，吾头与吾台俱碎。

——徐骧

愿人人战死而失台，绝不拱手而让台。

——台湾人民发布的檄文

【设计意图】注重时空观念，理顺左宗棠收复新疆、中法战争和甲午中日战争的过程。以问题探究的形式让学生理解甲午中日战争的影响，培养学生团队协作能力。通过学习台湾人民反割台斗争，让学生感受台湾民众反对帝国主义侵略，维护祖国领土主权完整的爱国精神。

4. 导入学习任务四：瓜分中国的狂潮

（1）列强瓜分中国的原因

教师活动：让学生通过讨论，分析列强掀起瓜分中国狂潮的原因。

学生活动：讨论发言。

教师活动：赞赏学生对此问题的分析，总结原因。

①19世纪末，殖民地已成为帝国主义国家赖以生存的基础，随着资本输出的日益增长，对海外殖民地的掠夺加剧。

②日本强迫清政府签订《马关条约》刺激和加剧了列强对中国的争夺，从而掀起瓜分中国的狂潮。

（2）清政府向欧洲大借款

材料1　在甲午战争后3年多的时间里，清政府先后3次向列强借款。……第一次是向俄法集团所借的“俄法洋款”……年息4厘，借款按94.125%折扣交付……清政府除了以海关税收收入做担保，还声明决不允许他国享有管理或监督中国税收等项权利。……第二次是向英德集团所借的“英德洋款”……年息5厘，借款按94%折扣交付……以海关收入为担保。……第三次是1898年3月1日再次向英德集团续借的“英德洋款”……年息4厘半，借款按83%折扣交付……清政府以苏州、松沪、九江、浙东等地的货厘及宜昌、鄂岸盐厘为担保。

——王文泉、刘天路《中国近代史（1840—1949）》

教师活动：根据材料，认识清政府向欧洲大借款的危害。

学生活动：讨论总结危害。

这些借款不仅利息重，折扣大，而且都附加政治条件，帝国主义列强由此进一步控制了中国的海关和部分内地厘金、盐税、外贸和交通运输等，这样就可以干预中国的财政大权，影响清政府的决策。

（3）划分势力范围和强占租借地

教师活动：根据课本内容和“时局图”“19世纪末帝国主义列强在华划分势力范围示意图”，完成“19世纪末列强瓜分中国简表”。

19世纪末列强瓜分中国简表

国　别	强占的租借地	划分的势力范围
德　国		
俄　国		
法　国		
英　国		
日　本		

学生活动：共同完成表格。

教师活动：在此基础上，让学生认识强占租借地和划分势力范围的危害，即中华民族陷于从半殖民地沦为殖民地的严重危机之中。

【设计意图】本部分学习，让学生深刻感受在19世纪末中华民族面临的危机，增强学生对国家民族的历史使命感和社会责任感，为中华民族的伟大复兴而努力学习。

课堂小结

本课内容围绕两条主线展开：寻求国家出路的探索和列强侵略的加剧。前者包含“太平天国运动”和“洋务运动”两目，比较了《天朝田亩制度》和《资政新编》的异同点，探讨了洋务运动失败的原因。后者包含“边疆危机与甲午中日战争”和“瓜分中国的狂潮”两目，理顺了甲午中日战争等历史事件的过程和列强瓜分中国的具体情况，着重分析了甲午中日战争的影响。

作业拓展

查阅相关资料，了解美国“门户开放”政策提出的背景、内容、实质和影响。

设计反思与讨论

在教材处理上，根据《普通高中历史课程标准（2017 年版）》的要求，选取教学重点中日甲午战争的影响和教学难点洋务运动失败的原因加以突出、突破。

在教学过程中，尊重学生的主体地位，以合作探究等形式提高了学生的学习积极性，加深了学生对课程内容的理解与掌握。

体现核心素养理念。注重引导学生运用唯物史观看待太平天国运动和洋务运动的作用和局限，以时空观念梳理左宗棠收复新疆、甲午中日战争等过程，以材料研读的方式理解洋务运动失败的原因、甲午中日战争的影响等，培养学生的史料实证和历史解释能力。通过学习，让学生知道中华民族曾经面临的危机，感受无数先辈为国家前途、民族未来进行的不懈探索，提升家国情怀。

因为本课内容较多，在教材处理上还需斟酌完善。在实际教学中如何更好地引导学生进行自主学习，还需进一步思考。

第 18 课　挽救民族危亡的斗争

设计思路

《普通高中历史课程标准（2017 年版）》要求：认识列强侵华对中国社会的影响，概述晚清时期中国人民反抗外来侵略的斗争事迹，理解其性质和意义；认识社会各阶级为挽救危局所做的努力及存在的局限性。

根据课标要求，教学过程围绕四个部分展开。

戊戌维新运动：以史料研读的方式，学习康有为“托古改制”的思想。义和团运动：通过学习义和团运动兴起的原因，“扶清灭洋”口号的理解和对义和团运动的评价，感受中国人民不畏强暴的牺牲精神。八国联军侵华战争：利用互联网，采用微博教学，让学生感知八国联军的罪行。民族危机的加深：通过合作探究等方式，让学生认识 19 世纪末中华民族面临的危机，增强其使命感和责任感。

在教学过程中，应充分调动学生的积极性，鼓励自主学习、合作探究。教师还需引导学生注重历史的横向、纵向比较，认识列强对华侵略的阶段特征和逐步加深的过程。鼓励学生将历史与现实相结合，认识先进人物为挽救民族危亡所做努力的开拓性及时代局限性，弘扬爱国精神。

教学目标

1. 用唯物史观指导分析维新变法和义和团运动失败的必然性，认识资产阶级维新派、农民阶级在挽救民族危亡中所起到的作用和局限性。

2. 通过制作年表、解读地图等形式，梳理八国联军侵华的主要过程，增强时空观念。进入“时空隧道”宏观把握列强侵华的过程以及侵华的危害，把握向西方学习的渐进历史过程。

3. 采用研读史料、合作探究等形式，学习康有为“托古改制”的思想、《辛丑条约》的危害等知识，指导学生掌握论从史出、史论结合的研究方法，培养学生形成独立思考的习惯，提升历史思维能力。

4. 感受“戊戌六君子”和义和团战士为挽救民族危亡的牺牲精神，形成“国家兴亡，匹夫有责”的历史使命感和社会责任感。

重点难点

1. **重点：**《辛丑条约》的影响。

2. **难点：**康有为“托古改制”的思想。

教学活动过程

导入

教师展示材料：一封沉痛的“劝降书”。

前三十载，我日本之国事，遭若何之辛酸，厥能免于垂危者，度阁下之所深悉也。当此之时，我国实以急去旧治，因时制宜，更张新政，以为国可存立之一大要图。今贵国亦不可不以去旧谋新为当务之急，亟从更张，苟其遵之，则国可相安；不然，岂能免于败亡之数乎？与我日本相战，其必至于败（亡）之局，殆不待龟卜而已定之久矣……

——伊东祐亨给丁汝昌的劝降书

此劝降书虽充斥着侵略者的骄横狂妄，但对大清国也是一次极大的震撼。自此以后，国人觉悟到“政治改革”远比“技术改革”重要，变法图强的主张日益高涨，不可抗拒。康梁师徒，风云际会，一马当先掀起了戊戌维新运动。

【设计意图】以甲午战争期间敌方主将的劝降书导入，得出“政治改革”远比“技术改革”重要的论点，自然引入戊戌维新运动。

1. 导入学习任务一：戊戌维新运动

（1）公车上书

教师活动：解释“公车上书”。

公车是汉代负责接待臣民上书和征召的官署名，后也代指举人进京应试。

公车上书是指清光绪二十一年（1895 年），康有为与梁启超联合各省举人上书光绪，反对清政府签订丧权辱国的《马关条约》事件。

教师活动：让学生了解公车上书的影响。

“公车上书”虽未送达光绪皇帝，但拉开了维新运动的序幕，被认为是资产阶级维新派登上历史舞台的标志，也被认为是中国群众政治运动的开端，康有为自此也逐渐确立了戊戌维新运动领袖的地位。

（2）康有为“托古改制”的思想

材料 1　《新学伪经考》所谓“新学”不是“新旧”的新，是“新莽”的新；说《周礼》《逸礼》《左传》及《诗》之毛传，凡刘歆所争请立学官的，都是刘歆的伪经……这部书的作用，就是想把陈旧古典的封面，粘上一纸“维新变法事例”的签条，借大成至圣孔子先师的牌位，镇服反抗变法的人。这便是他维新运动思想上的基础。

——李剑农《中国近百年政治史》

材料 2　孔子是旧中国的思想中心。抓住了孔子，思想之战就成功了。

——蒋廷黻《中国近代史》

教师活动：让学生根据材料并结合所学概括康有为思想的主要内容和意义。

学生活动：讨论发言。

①内容：认为被历代统治者奉为神圣的古文经都是“伪经”；借孔子宣传维新变法理论；借用进化论观点论证君主立宪符合社会发展潮流。

②意义：两部著作将孔子树立成改革家，从根本上动摇了“恪守祖训”的观念，为变法维新奠定了理论依据，起到了思想解放的作用。

教师活动：引导学生合作探究“康有为借孔子名义进行维新宣传的原因和其思想的显著特点”。

学生活动：合作探究。

原因：经济上，自然经济占主导（根本原因）；政治上，封建势力强大；思想上，儒家思想仍占统治地位；与自身经历、学问素养有关。

思想显著特点：将西方资本主义政治学说同儒家思想相结合。

教师活动：让学生比较康有为、梁启超等资产阶级维新派与林则徐、魏源等地主阶级抵抗派，曾国藩、李鸿章等地主阶级洋务派有何异同。

学生活动：讨论发言。

教师活动：肯定学生发言并总结。

①同：都主张向西方学习，都未能真正改变中国落后的现状。

②异：地主阶级抵抗派主张“师夷长技以制夷”，向西方学习技术；地主阶级洋务派在“自强”“求富”口号下，也主张向西方学习技术且付诸实践；资产阶级维新派，向西方学习由“器物”层次上升到“制度”层次。

（3）戊戌维新运动的经过、意义和失败原因

教师活动：让学生通过课本内容，了解戊戌维新运动的经过。

学生活动：阅读课本，了解经过。1898 年 6 月 11 日，颁布“明定国是”诏书，维新变法开始。此后的 103 天里，光绪皇帝先后发布上百道变法诏令，涉及政治、经济、军事、文化、教育等方面除旧布新的举措。9 月 21 日，慈禧太后发动戊戌政变，囚禁光绪皇帝，再度临朝训政，康梁被迫逃亡海外，戊戌维新运动失败。

教师活动：让学生知道戊戌维新运动失败了，其改革措施除京师大学堂（北京大学前身）得以幸免外，其余全部被废止。但戊戌维新运动，对推动中国民族资本主义的发展和新思想的传播起到了积极作用，在一定程度上冲击了旧式官僚体制。

学生活动：思考戊戌维新运动失败的原因。由于守旧势力仍然很强大，而维新派缺乏可靠社会基础，没有严密的组织，又把希望寄托于并未完全掌握实权的皇帝身上，导致这场运动未能实现预期的目标，以失败告终。

（4）戊戌六君子

教师活动：感受“戊戌六君子”为挽救民族危亡的牺牲精神。

材料3　各国变法，无不从流血而成。今中国未闻有因变法而流血者，此国之所以不昌也。有之，请自嗣同始。

——谭嗣同

青蒲饮泣知何补，慷慨难酬国士恩。欲为君歌千里草，本初健者莫轻言。

——林旭

今八股已废，人才将辈出，我辈死，中国强矣。

——康广仁

【设计意图】采用研读史料、问题探究等形式，突破本课难点——康有为“托古改制”的思想，提高学生史料解读和团队合作的能力。通过学习“戊戌六君子”，培养学生的爱国精神，提升家国情怀。

2. 导入学习任务二：义和团运动

（1）义和团运动兴起的原因

材料1　从鸦片战争到中日战争，继之以德取胶州、俄索旅大等，累次受外国暴力的压迫，虽以神明华贵的民族，对于这种压迫却是无可奈何。

——李剑农《中国近百年政治史》

材料2　最恨和约，误国殃民，上行下效，民冤不伸，原忍至今，羽翼洋人，趋炎附势，肆虐同群。

——沈云龙《拳匪纪事》

材料3　19世纪末，洋教遍布山东。甲午中日战争期间，帝国主义侵略势力深入山东，教会活动更加猖獗。……每因教民肆虐太甚，乡民积怨不平，因而酿成巨案。该国主教只听教民一面之词，并不问开衅之由，小则勒索赔偿，大则多端要挟，必使我委曲迁就而后已。……民教争讼中，清政府“袒教抑民”导致民冤不伸。

——《义和团档案史料》

教师活动：让学生根据课本内容并结合材料，概括义和团兴起的原因。

学生活动：研读课本和材料，概括义和团兴起原因。

①材料1：中日甲午战争后，帝国主义列强掀起瓜分中国的狂潮，民族危机日益深重，民族矛盾空前激化。（根本原因）

②材料2：戊戌变法失败后，国事垂危，中国人民无法指望清政府承担反帝重任，只能挺身而出。（客观原因）

③材料3：山东人民的反洋教斗争。最终由山东冠县起义揭开了义和团反帝爱国运动的序幕。（直接原因）

（2）“扶清灭洋”口号的理解

教师活动：让学生分组讨论，理解“扶清灭洋”口号。

学生活动：讨论发言。

教师活动：肯定并总结学生的发言。

①体现了反帝的爱国性质，反映了帝国主义和中华民族的矛盾是最主要的矛盾。

②是对帝国主义掀起瓜分狂潮的有力回击。

③“灭洋”始终是第一位，“清”不能理解为清政府，应该是中华民族。

④它具有朴素的爱国主义色彩，又带有笼统的排外主义倾向，这是农民阶级局限决定的。

⑤“扶清”使义和团放松了对清政府的警惕，这是它最后失败的一个因素。

（3）评价义和团运动

材料 4　中国民众尚含有无限蓬勃生机……无论欧美日本各国，皆无此脑力兵力可以统治此天下生灵四分之一也。……故瓜分一事，实为下策。

——《瓦德西拳乱笔记》

材料 5

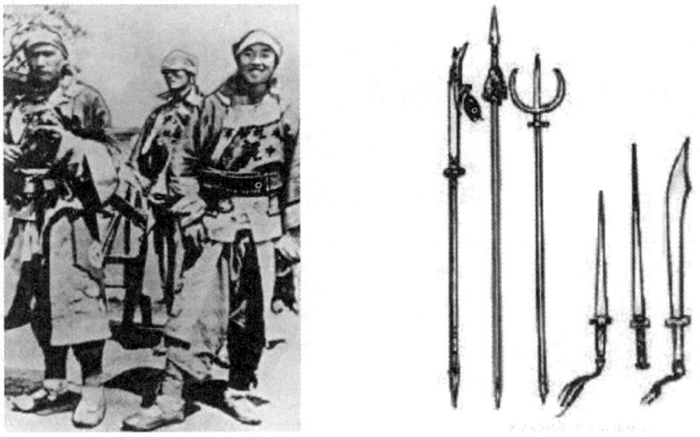

义和团战士和使用的武器

材料 6　升黄表，焚香烟，请来各等众神仙。神出洞，仙下山，扶助人间把拳玩；兵法易，助学拳，要摈鬼子不费难。挑铁道，把线砍，旋再毁坏大轮船；大法国，心胆寒，英吉、俄罗势萧然。一概鬼子全杀尽，大清一统庆升平。

——《义和团揭帖》

教师活动：让学生根据材料评价义和团运动。

学生活动：讨论发言。

教师活动：肯定并总结学生的发言。

①性质：农民阶级的反帝爱国运动。

②历史意义：展现了中国人民不畏强暴的牺牲精神，粉碎了帝国主义瓜分中国的美梦。

③失败原因：中外反动势力过于强大，斗争手段、装备落后；放松了对清政府的警惕。

④局限性：一为迷信，二为反对一切外国事物，三为对清王朝的愚忠。

【设计意图】对义和团运动兴起的原因和历史评价采取材料研读的方式进行教学，让学生掌握论从史出、史论结合的研究方法，提升其历史解释的能力。通过对义和团运动的学习，感受中国人民不畏强暴的牺牲精神。

3. 导入学习任务三：八国联军侵华

（1）八国联军侵华原因

教师活动：让学生知道八国联军是哪八国，侵华的借口和根本原因。

①八国联军：大英帝国、美利坚合众国、法兰西第三共和国、德意志帝国、俄罗斯帝国、日本帝国、意大利王国、奥匈帝国。

②借口：救护驻华使馆，助中国剿匪。

③根本原因：扩大在华利益，图谋瓜分中国。

（2）八国联军侵华过程

教师活动：让学生根据课本内容并结合“八国联军侵华战争形势图”，了解八国联军侵华过程。

学生活动：完成八国联军侵华过程大事年表。

八国联军侵华过程大事年表

事　件	历史事件
1900 年 6 月 10 日	英国海军中将西摩尔率领联军向北京进发，在廊坊遭顽强阻击，被迫退回天津
1900 年 6 月中旬	八国联军攻陷大沽炮台后，向天津进发，义和团和清军奋起投入天津保卫战
1900 年 6 月 21 日	慈禧太后做出向各国“宣战”的决定
1900 年 7 月 14 日	天津陷落
1900 年 8 月中旬	北京失陷，慈禧太后和光绪皇帝仓皇西逃，途中发布铲除义和团的谕旨，并指定代表与列强议和
1900 年 12 月	列强向清政府提出《议和大纲》，后又订立详细条款
1901 年 9 月 7 日	清政府与八国及西、荷、比三国共十一国签订《辛丑条约》，战争结束

（3）八国联军侵华罪行

掠夺

浩劫

杀戮

奸淫

人民日报微博于2018年8月14日发布一篇名为《勿忘国耻！118年前的今天：八国联军攻陷北京》的文章，用图片加文字的形式讲述八国联军犯下的骇人听闻的罪行。

教师活动：微博教学，让学生感知八国联军犯下的罪行。

（4）东南互保

材料1　（1900年）6月26日，刘（坤一）、张（之洞）授权盛宣怀和上海道台余联沅同各国驻上海领事正式会商。盛宣怀提出《东南保护约款》9条……约款的基本精神是以保护各国在华利益的保证，换取列强暂不派兵进入长江的允诺，以避免战争的爆发。……此后，刘坤一、张之洞等联络两广总督李鸿章、浙江巡抚刘树棠和闽浙总督许应骙等，把互保的范围扩大到整个东南地区，形成了东南互保的局面。西南的四川以及北方的陕西、山东两省实际上也执行着互保的原则。

——王文泉、刘天路《中国近代史（1840—1949）》

教师活动：让学生根据材料回答“东南互保”的影响。

学生活动：讨论发言。

教师活动：肯定并总结学生的回答。由于实行东南互保，中国的南方地区基本没有发生战事，保护了这一地区的社会经济，而且增强了汉族地方督抚的实力和影响，提高了他们在清朝统治集团中的地位。东南互保，表明地方势力不断强大，中央威信不断下降，清王朝统治摇摇欲坠，同时也导致了民国多年的割据局面。

【设计意图】以大事年表的形式，更能让学生清晰了解八国联军侵华的过程，增强他们的时空观念。微博教学容易吸引学生的注意力，能使学生对八国联军犯下的罪行有更深刻的认识。

4. 导入学习任务四：民族危机的加深

（1）《辛丑条约》的内容和影响

材料 1

第二款 惩办伤害诸国国家及人民之首祸诸臣。……将诸国人民遇害被虐之城镇，停止文武各等考试五年。

第六款 ……大清国大皇帝允定，付诸国偿款海关银四百五十兆两。

第七款 大清国国家允定，各使馆境界，以为专与住用之处，并独由使馆管理，中国民人，概不准在界内居住，亦可自行防守……中国国家应允，诸国分应自主，常留兵队，分保使馆。

第八款 大清国国家应允将大沽炮台及有碍京师至海通道之各炮台，一律削平，现已设法照办。

第十款 ……以永禁止或设或入与诸国仇敌之会，违者皆斩。

第十二款 ……降旨将总理各国事务衙门，按照诸国酌定，改为外务部，班列六部之前。

——《辛丑条约》（节选）

教师活动：让学生以合作探究的方式，概括《辛丑条约》的内容和影响。

学生活动：合作探究。

《辛丑条约》的内容及影响

内　容	影　响
赔款 4.5 亿两白银，本息共计 9.82 亿两	人民更加贫困，经济陷于崩溃边缘
划使馆界	“国中之国”，成为列强侵华大本营
拆炮驻兵	从军事上完全控制清政府，便于镇压反帝运动
惩办“首祸诸臣”，限制科举考试，严禁反帝	清府成为列强帮凶，洋人的朝廷
设外务部	便于清政府能按侵略者意旨实行卖国的外交政策

（2）中国沦为半殖民地半封建社会的过程

学生活动：根据教师提问，回答中国是如何一步步沦为半殖民地半封建社会。

教师活动：肯定学生的发言，总结过程。

①第一次鸦片战争和《南京条约》等第一批不平等条约的签订——中国开始沦为半殖民地半封建社会。

②第二次鸦片战争和《天津条约》《北京条约》等的签订——中国的半殖民地半封建化程度加深。

③甲午中日战争和《马关条约》的签订——大大加深了中国社会的半殖民地半封建化程度。

④八国联军侵华和《辛丑条约》的签订——中国完全沦为半殖民地半封建社会。

【设计意图】通过自主解读材料的方式，让学生认识到清政府的腐朽无能，列强的侵略本性及《辛丑条约》的签订对中国造成的极大危害，增强学生的历史使命感和社会责任感，从而努力学习，报效祖国。

课堂小结

本课分为戊戌维新运动、义和团运动、八国联军侵华和民族危机的加深等四个学习任务。根据教材内容，从公车上书，康有为“托古改制”的思想，戊戌维新运动的经过、意义和失败原因，戊戌六君子等四个方面讲授戊戌维新运动。从兴起原因、口号的理解、评价等三方面学习义和团运动。从原因、过程、罪行和东南互保等方面讲述八国联军侵华。从《辛丑条约》的内容和影响，中国沦为半殖民地半封建社会的过程等方面分析民族危机的加深，以此突出课题“挽救民族危机的斗争”。

作业拓展

关于“公车上书”。康有为回忆，“一昼二夜草万言书，请拒和、迁都、变法三者……并日缮写……遍传都下，士气愤涌，联轨察院（都察院）前里许，至四月八日投递，则察院以既已用宝（光绪帝批准和约），无法挽回，却不收。”而茅海建先生查阅清朝军机处档案，发现康有为“上书”当日，都察院代奏了官员举人的上书共计 15 件，并无康有为的上书，因此认为“康有为组织的十八行省公车联名上书，并非都察院不收，而是康有为根本没有去送。”

问题：谈谈你对材料的理解。史料是史学研究的基础，我们应如何正确使用史料。

设计反思与讨论

在教材处理上，根据《普通高中历史课程标准（2017年版）》的要求，选取教学重点《辛丑条约》的影响和康有为“托古改制”的思想加以突出、突破。

在教学过程中，尊重学生的主体地位，以合作探究、微博教学等形式提高学生的学习积极性，加深学生对课程内容的理解与掌握。

体现核心素养理念。注重引导学生用唯物史观分析维新变法和义和团运动失败的必然性；以时空观念梳理八国联军侵华的过程；以材料研读的方式学习康有为“托古改制”的思想、《辛丑条约》的危害，培养史料实证和历史解释能力。通过学习，感受“戊戌六君子”和义和团战士为挽救民族危亡勇于牺牲的精神，形成“国家兴亡，匹夫有责”的历史使命感和社会责任感，提升家国情怀。

因本课包含内容较多，教材处理还需进一步完善，在实际教学中如何更好地处理教材和补充材料的关系，如何更好地提升学生核心素养能力，还需进一步思考。

第六单元
辛亥革命与中华民国的成立

第 19 课　辛亥革命

设计思路

《普通高中历史课程标准（2017 年版）》要求：理解辛亥革命与中华民国建立对结束中国帝制、走向民主共和的意义。

根据课标要求及教材编排，教学围绕三部分展开。

辛亥革命的背景：从社会、政治、组织基础角度分析辛亥革命爆发的背景。辛亥革命的过程：武昌起义与中华民国的建立。辛亥革命的意义：从政治、思想、经济、习俗等角度理解辛亥革命对中国近代化的影响。

本课内容，学生初中阶段已详细学习，与初中不同的是高中生处于由形象思维向逻辑思维发展的阶段。因此在系统把握本课教学内容的同时，注重引导学生对辛亥革命爆发原因及影响进行深层次思考，培养学生史料实证、历史解释等素养。

教学目标

1. 创设情境，通过孙中山、邹容两位青年的职业选择，将学生拉回 19 世纪末 20 世纪初的时空情境，由表及里地理解辛亥革命爆发的深刻背景。

2. 培养学生图示法、表格分析法等几类处理史料的能力。并以史料为依据，描述辛亥革命的过程，使学生理解武昌起义、中华民国成立、清帝退位、《中华民国临时约法》之间的逻辑联系，揭示南北议和的深层原因。

3. 通过史料分析及处理、合作交流，使学生辩证、历史地评价辛亥革命的影响，认识到辛亥革命对中国结束封建君主专制、走向民主共和的深刻意义，也理解其最终目标未能达成的深层原因。体会孙中山等革命者前赴后继的献身精神和首创精神，感受他们追求民主与自由的高尚情怀，体会民主的来之不易，激发学生捍卫民主的使命感。

重点难点

1. **重点**：辛亥革命的过程及意义；中华民国成立基本史实。
2. **难点**：辛亥革命和中华民国建立；如何结束中国帝制，建立民主共和政权。

教学活动过程

导入

1892 年，26 岁的孙中山在澳门挂牌行医，由于他医德高尚，医术高明，中外求诊者很多，因而受到葡萄牙籍医生的排挤，他只好到广州行医。在广州，他遇到陆皓东等一批志同道合的朋友，他认识到，做一个医术高明的医生，只能为一小部分人治病，不能救国；要做一个医治整个中国的医生，就必须改革中国的政治。几年后，他由一位医生变成一位职业革命者。

——据人教版高中历史选修 4《中外历史人物评说》整理

我中国欲独立，不可不革命……革命者，天演之公例也；革命者，世界之公理也。

——邹容《革命军》

教师活动：向学生提问：两位青年的职业选择？革谁的命？为什么革命？如何革命？革命结果如何？依据材料，引导学生回答。

【设计意图】以两位青年代表的职业选择导入，引导学生将两位人物的职业选择放入时空情境下理解，一是拉近学生与历史的距离，展现历史的温度，感受他们的爱国情怀，二是利用问题链的设计，为学生理解本课知识点之间的关系做铺垫，搭建起本课框架，使学生由表及里，逐渐深入地理解本课知识。

1. 导入学习任务一：辛亥革命的背景

（1）革命爆发的社会、政治背景

材料 1　清末新政主要包括下列内容：

其一，改革官制，改总理各国事务衙门为外务部，新设商部、学部和巡警部等中央机构；其二，编练新军，拟在全国编练新军 36 镇，并要求各省设立督练公所；其三，倡导创办工商企业，颁布了一系列工商业规章和奖励实业的办法；其四，推行教育改革，废除科举，兴办学堂，建立起一套较为完整的学校制度。

——《中外历史纲要》（上）

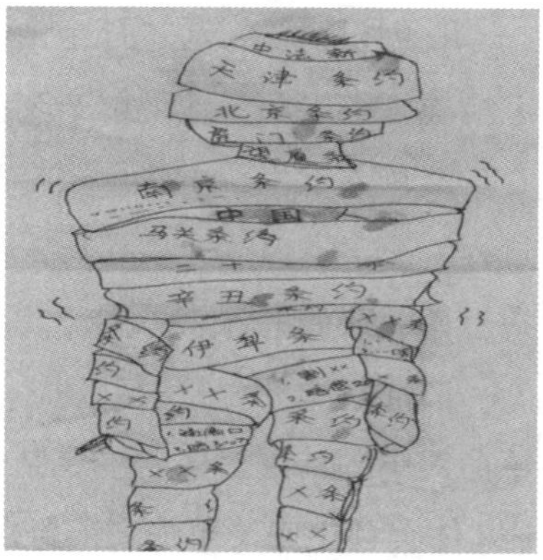

病入膏肓的清政府

材料 2　君上大权

一、大清皇帝统治大清帝国，万世一系，永永尊戴。

二、君上神圣尊严，不可侵犯。

附臣民权利义务

一、臣民中有合于法律命令所定资格者，得为文武官吏及议员。

二、臣民于法律范围以内，所有言论、著作、出版及集会、结社等事，均准其自由。

——1908 年《钦定宪法大纲》

教师活动：提出问题并引导学生根据材料回答问题。根据材料 1，概括清末新政的内容，并思考新政的作用？根据材料 2，指出《钦定宪法大纲》规定的政体？思考预备立宪能否成功？综合上述图文材料并结合课文，思考辛亥革命爆发背景。

学生活动：思考分析。据上图，可知 19 世纪末 20 世纪初伴随着一系列侵华条约的签订，民族危机深重，尤其是《辛丑条约》的签订，使中国完全沦为半殖民地半封建社会。据材料 1，可知 1901 年开始的清末新政涉及官制、军事、商业、教育等方面，一定程度上推动了中国社会发展。但由于政权掌握在权贵手中，无法为中国找到真正的出路，也使越来越多人认识到只有推翻这个政府，中国才有希望，为革命准备了条件。根据材料 2，可知中国依然为君主专制国家，从而理解“皇族内阁”诞生的必然性，立宪派由此认识到清政府实无诚意推行立宪，转而支持革命。

（2）革命爆发的组织基础

教师活动：阅读课本，思考为进行革命，当时的人们做了哪些准备。

学生活动：思考回答。成立兴中会、同盟会等组织。

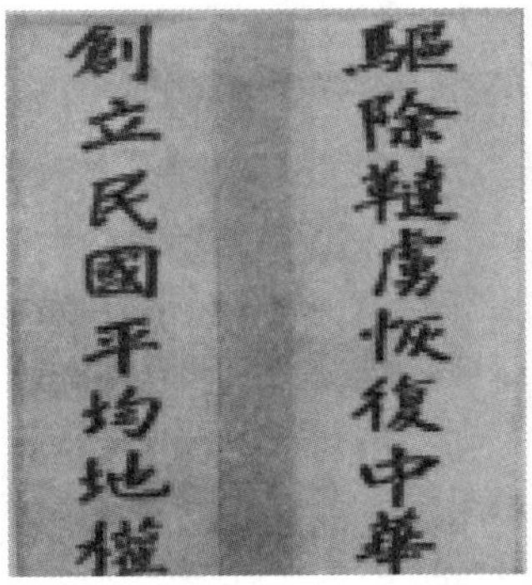

同盟会纲领

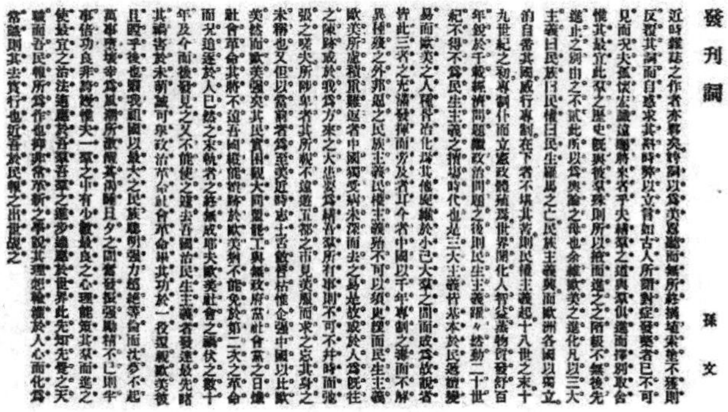
發刊詞
孫文

《民报》发刊词

教师活动：阅读《民报》发刊词的内容，归纳它阐发了哪些内容？综合两图，思考同盟会纲领和三民主义之间的关系。

学生活动：思考回答。民报发刊词中，孙中山就目前的知识分子现状做了分析，同时又分析了欧美各国推行三民主义使国家强盛的事实以及三民主义在当时中国可以实现的途径，表达了他对推行三民主义的愿望。同盟会纲领被概括为三民主义。

教师活动：引导探究，如何理解三民主义提出后，近代中国比较完全意义上的民族民主革命开始了？

学生活动：讨论发言。统一的政党——作为全国性的资产阶级革命政党，同盟会成立后，便于统一领导全国革命。明确的纲领——三民主义是较为完整的资产阶级革命纲领。公认的领袖——孙中山被推举为总理。

【设计意图】通过分析图文史料，认识辛亥革命爆发是在特定时空条件、各种因素综合之下发生的，引导学生描述并揭示表象原因背后的深层因果关系，从而对辛亥革命爆发背景有全面、客观的认识。

2. 导入学习任务二：辛亥革命的过程

（1）“辛亥革命”的概念界定

狭义：1911 年武昌起义。

广义：1894 年兴中会成立到 1912 年袁世凯窃取革命果实期间，中国所发生的为实现资产阶级民主而进行的一系列斗争。

（2）夺取政权：武昌起义

教师活动：播放视频，请学生思考武昌起义爆发的直接原因、时间、主要参与力量及结果。

学生活动：观看视频并思考问题。

根据视频获取信息，可知武昌起义爆发的直接原因是：四川保路运动发展成武装起义后，清政府抽调部分湖北新军入川镇压，革命党人决定在武昌发动起义。1911 年 10 月 10 日晚，湖北新军中的革命党人发动武装起义，次日占领武昌，后成立湖北军政府。

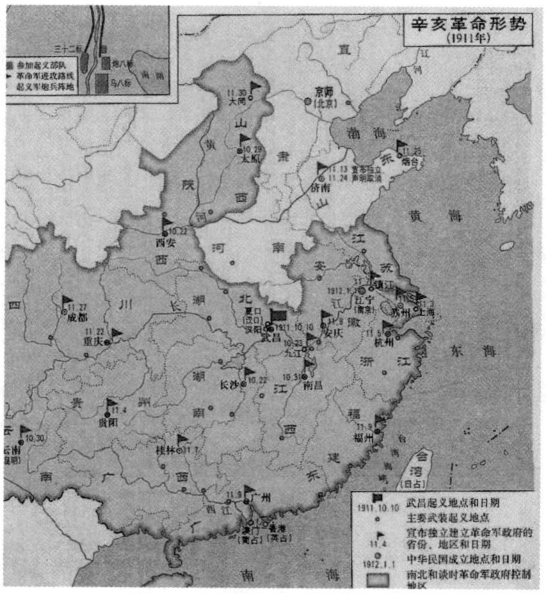

辛亥革命形势图

教师活动：请学生根据辛亥革命形势图分析辛亥革命的影响。

学生活动：思考分析。

武昌起义胜利后的两个月内，湖南、广东等 14 个省和上海纷纷宣布脱离清政府独立，清朝统治土崩瓦解，但独立省份主要集中在南方地区。

【设计意图】通过视频，直观、生动、简洁地了解武昌起义的过程，加深学生对武昌起义的印象。通过地图，帮助学生落实武昌起义影响的时空范围。

（3）建立政权：中华民国的成立

教师活动：武昌起义后，革命形势一片大好，但也蕴藏着众多危机。当务之急是统一中国，并彻底推翻清政府的统治。因此革命党人一面建立新的政权以稳定形势，另一面和掌握清政府军政大权的袁世凯议和。请学生根据材料和课本，整理中华民国成立史实，并探究南北议和原因。

中华民国成立史实

时　间	1912 年 1 月 1 日
总　统	孙中山（临时大总统）
定　都	南京
政　府	南京临时政府
国　旗	五色旗
纪　年	中华民国纪年，1912 年为民国元年
性　质	资产阶级革命派为主体的政府
法令措施	移风易俗、保护民族资本主义发展等

教师展示材料：

材料 1　据胡汉民回忆，“安徽都督孙毓筠以专使来，言需饷奇急，求济于政府。孙先生即批给二十万，余奉令至财政部，则金库仅存十洋”。

——朱育和等《辛亥革命史》

材料 2　“且今日中国如能以和平收革命之功，此亦足开世界未有之先例，何必以兵。”

——《孙中山全集》第 1 卷

材料 3　列强确定的反革命策略是：一方面承认南北双方为交战团体，表示“严守中立”，无意介入中国内战；一方面积极扶植袁世凯，企图在清朝瓦解后，从中国内部找到一个新的支撑点，插手中国政局，最后窒息并扼杀刚刚诞生的共和国。

——刘仁坤、刘兴华《同盟会分化与“南北议和”》

材料 4　辛亥革命爆发后，孙氏和袁氏的政治博弈不单是他们两人的较量，而是与其所属的政治集团密切相关。……辛亥革命前同盟会已经开始走向涣散和退化，在获得初步的胜利后，这个组织更是分崩离析，“意见不相统属，议论歧为万途”……相比之下，袁氏不但被任命为内阁总理大臣，而且牢牢掌握着北洋军。北洋六镇是“只知有袁宫保，不知有大清朝”，唯袁氏马首是瞻。

——王高位、葛喜梅《孙中山让位于袁世凯原因新探》

教师活动：请学生根据材料思考南北议和的原因及结果。

学生活动：思考分析。

据材料1，可知南京临时政府成立之初，财政极为困难，继续北伐缺乏资金。据材料2，可知孙中山从中华民族的整体利益出发做出议和决策；据材料3，可知列强采取假“中立”政策，实际上扶植袁世凯，为插手中国政局铺垫；材料4，可知革命派内部出现了严重的政治分化，且孙中山和袁世凯的社会影响差异大。最后在内外胁迫下，革命势力做出让步，孙中山发表声明，表示只要清帝退位，袁世凯赞成共和，即举袁世凯当大总统。

教师活动：1912年2月12日清政府颁布《清帝逊位诏书》，宣告统治中国260多年的清王朝结束。2月15日，南方的临时参议院选举袁世凯为临时大总统，辛亥革命的成果，就这样落到北洋军阀首领袁世凯手中。革命势力对袁世凯的妥协退让，最终导致了辛亥革命的失败。

（4）巩固政权：《中华民国临时约法》的颁布

材料5

第二条 中华民国之主权属于国民全体。

第五条 中华民国人民一律平等，无种族、阶级、宗教之区别。

第六条 国民享有人身、言论、著作、集会、结社、选举以及被选举等自由权利。

第十六条 中华民国之立法权以参议院行之。

第二十九条 临时大总统代表临时政府，总揽政务。

第四十五条 国务院于临时大总统提出法律案、公布法律及发布命令时，须副署之。

第五十一条 法官独立审判，不受上级官厅之干涉。

——《中华民国临时约法》

教师活动：革命党人虽让位于袁世凯，但也积极采取手段保护共和成果，他们通过法律手段限制袁世凯。《中华民国临时约法》条款中哪项内容是为限制袁世凯所设？与《钦定宪法大纲》相比，《中华民国临时约法》有何进步之处？概括临时约法内容并分析影响。

学生活动：思考分析。据材料5第四十五条，可知这是责任内阁制，是对袁世凯行使权力的限制。比较第二条“中华民国之主权属于国民全体”和《钦定宪法大纲》中“大清皇帝统治大清帝国，万世一系，永永尊戴”，可知《中华民国临时约法》规定了主权在民，否定了君主专制，这是它的进步之处。据材料5第五、六条和《钦定宪法大纲》中臣民权利义务一、二条对比，可知《中华民国临时约法》确立了人民的自由平等权利，否定等级制度政权，是它的另一进步之处。据材料5第十六、二十九、五十一条，可知《中华民国临时约法》确立了中华民国三权分立政体。进而可得知《中华民国临时约法》从法律上确立了主权在民、自由平等、三权分立及责任内阁制，用法律手段宣告了君主专制制度的灭亡和民主共和政体的确立，作为中国第一部资产阶级宪法，它的颁布是中国近代史上民主化进程的一座丰碑！

【设计意图】通过夺取政权、建立政权、巩固政权三个部分将武昌起义、中华民国成立、清帝退位及《中华民国临时约法》等知识之间的关系自然衔接，有利于学生对知识的系统理解与把握，避免了知识的碎片化。利用表格，直观把握民国成立的相关史实。通过史料探究南北议和的原因，利用参议院颁布的《中华民国临时约法》和清政府制定的《钦定宪法大纲》的对比，使学生深入思考《中华民国临时约法》的意义，培养学生学习、研究历史的思维能力。

3. 导入学习任务三：辛亥革命的影响

材料1　孙中山以其“三民主义”努力启迪人民的政治文明意识，使人民认识到社会进化是不可抗拒的世界历史潮流，从政治制度变革的角度向国民灌输了鲜明的政治文明意识。这以后，尽管出现了袁世凯、张勋等独夫民贼，但都被中国人民一个个赶下了台，落了个身败名裂的下场。中国是一个有几千年封建专制统治的国家，辛亥革命把皇帝赶下了台，民主权威和政党权威代替传统的君主权威和清官权威，多元化主体参与政治的局面初步形成。辛亥革命推翻帝制后，改变了封建专制的政治运作系统，同时借鉴西方资产阶级“三权分立”学说，为中华民国设计了一套制度架构。对于如何推进中国现代民主政治进程，孙中山提出和平渐进、稳定有序的思路。辛亥革命斗争实践中，孙中山坚持必须用暴力推翻清王朝的腐朽政权，建立新的革命政权，同时又竭力主张和平建国、渐进改革。……各个方面来看，辛亥革命应该是中国近代政治文明的伟大开端。

——据张全省、马小茹《辛亥革命与中国近代政治文明的开启》整理

材料2　民国初年，全国报纸总数高达500余家，不少报纸以“民主”“民权”“民国”和“国民”命名；全国报纸发行总数达4200万份，读报纸虽限于少数人，但报纸发表之意见，有公众的或私人的议论，几乎下等之苦力，亦受其宣传。

——陈玉申《晚清报业史》

材料3

1910—1914年机制面粉业和火柴工业新设厂数统计表

	1910年	1911年	1912年	1913年	1914年
机制面粉业	3	2	5	13	7
火柴工业	3	1	4	12	10

——中国科学院经济研究所《旧中国机制面粉工业统计资料》、
青岛市工商局史料组《中国民族火柴工业》

材料4　新教育兴，旧教育灭……新礼服兴，翎顶补服灭；剪发兴，辫子灭……天足兴，纤足灭……阳历兴，阴历灭；鞠躬礼兴，拜跪礼灭。

——1912年3月5日《时报》载文《新陈代谢》

材料5　民国三年，戴季陶遇见一个老农，因戴氏身着日本服装，老农遂问其国籍。戴称“予中华民国人也”。老农“忽作惊状，似乎不解中华民国为何物者”。当戴氏告诉老农“你也是中华民国人”时，老农茫然恍然，连声说“我非革命党，我非中华民国人”。

——《戴季陶集》

材料6　革命派奋斗的目标未能实现，中华民国的政权为清朝大臣袁世凯所夺取……由于资

产阶级革命派的软弱，不敢提出反对帝国主义的战略方针。临时大总统孙中山发布的对外宣言，对于革命以前清政府与列强签订的所有不平等条约，均认为有效，对于革命以前清政府让与各国的一切特权，均照旧尊重……近代中国的历史使命是两个：一是反对帝国主义反对封建主义，另一个是推动中国的近代化。这两个历史任务，辛亥革命都未能完成。

——《实事求是地研究和评价辛亥革命——访中国社会科学院近代史所张海鹏研究员》

教师活动：请学生根据材料分析辛亥革命的影响。

学生活动：思考回答。

据材料 1，可知辛亥革命实现了中国传统政治文明意识的内在超越，促使民主共和观念深入民心；政治文明的主体发生了根本改变，国家主权由君主转向国民全体；构建了近代中国民主政治大厦的基本框架，创建中华民国，颁布《中华民国临时约法》，促成了中国近代政治文明制度的建立；审视了中国传统政治行为，对中国近代政治文明做出了合理选择。据材料 2，可知民主参政议政意识的提高。据材料 3，可知辛亥革命为民族工业的发展扫除了障碍，推动了民族工业的发展。据材料 4，可知辛亥革命促进社会风俗焕然一新。据材料 5，可知普通民众的国民意识尚未觉醒。据材料 6，辛亥革命的目标最终未能达成，反帝反封建的历史任务也没实现，从这个角度来看是失败的。应辩证地、历史地去评价辛亥革命。

【设计意图】以史料为依据，以理解为基础，对辛亥革命进行理性分析和客观评判。

课堂小结

本节课我们主要学习三个内容：资产阶级民主革命的兴起、武昌起义与中华民国的建立、辛亥革命的历史意义。以大问题链“革谁的命——为什么革命——如何革命——革命结果”将三个部分之间的关系明确，以“夺取政权——建立政权——巩固政权”小问题链突破如何革命即革命过程，从而将琐碎知识有效整合。通过探究突破南北议和的原因和辛亥革命的评价，以此深入理解辛亥革命的演变及影响。

作业拓展

你认为《中华民国临时约法》与 1787 年美国宪法相比是机械模仿还是超越？请说明你的理由。

学生通过概括两部法律的内容，比较它们的异同，既能深入理解两部法律，又能感受人类法制的进步，培养学生史料实证、历史解释等素养。

设计反思与讨论

教材处理上，因本课涉及知识点多且琐碎，借大问题链套小问题链的设计，充分利用教材正文和历史纵横资料，重点突破辛亥革命爆发的原因和评价，并补充资料，突破难点即南北议和的原因。

在教学方法上，采用图示法、表格法等多种形式，利用多媒体和史料创设情境，并采取小组合作探究的方式，充分发挥学生主体作用，加深学生对知识的理解与掌握。

本课设计注重培养学生学科核心素养，注重在时空观念基础上，培养学生史料实证、历史解释的能力，通过创设情境感受孙中山、邹容等人的革命精神，感悟近代中国民主进程的不易，涵养为民族事业奋斗终生的家国情怀。

在实际教学中可能出现史料分析处理困难，这会对学生学习信心造成一定影响，教师在课堂中要注重培养学生史料实证素养，教会学生处理史料的方法，这是一个长期积累的过程，需要教师持之以恒的努力。

第 20 课　北洋军阀统治时期的政治、经济与文化

设计思路

《普通高中历史课程标准（2017 年版）》要求：了解北洋军阀的统治及特点；通过了解民国初年社会经济、思想观念、生活习俗的变化，认识其变化的原因及影响。

根据课标要求及教材编排，教学围绕三部分展开。袁世凯复辟帝制与护国战争：了解袁世凯复辟帝制的过程及其与护国战争之间的因果关系。北洋时期的军阀割据：通过图片落实各军阀派系割据地域。民国初年经济、社会生活、思想文化（新文化运动）的新气象：通过史料研读，分析该时期不同领域出现的新气象。

本课内容，学生初中阶段已有学习，且学生对该部分知识有一定的兴趣。但本课内容知识点琐碎不利于学生掌握，所以教学时应注重按照时空搭建知识体系，挖掘知识点深层联系，培养学生唯物史观及历史解释等素养。

教学目标

1. 通过罗列、分析表格，直观掌握袁世凯复辟帝制过程，同时归纳得出袁世凯统治的特点是对内独裁、对外出卖国家主权，引导学生认识到违背历史潮流的行为最终会受到惩罚，涵养唯物史观和顺应时代潮流的精神。

2. 通过地图落实北洋时期军阀混战割据局面，描述各派军阀割据地区，理解混战割据的影响，在时空情境下理解史事。

3. 通过史料研读，分析民国初年经济、社会生活、思想文化的表现，同时通过探究合作理解经济、思想文化及政治生活的互相影响，引导学生辩证地、全面地看待问题。

重点难点

1. 重点：北洋军阀统治时期的政治、经济与文化。

2. 难点：北洋军阀统治时期政治、经济与文化相互间的关系及影响。

教学活动过程

导入

材料 见过辛亥革命，见过二次革命，见过袁世凯称帝、张勋复辟，看来看去，就看得怀疑起来，于是失望、颓唐得很了。

——鲁迅《南腔北调集·〈自选集〉自序》

教师活动：这段文字反映了哪个时期的情境？并简述当时的背景。

【设计意图】通过文学作品创设时空情境，渲染气氛，反映北洋军阀统治时期，军阀混战，百姓生活无望的场景，为本课学习搭建时空框架。

1. 导入学习任务一：袁世凯复辟帝制与护国战争

（1）袁世凯复辟帝制

材料1 承认日本继承德国在山东的一切特权，进一步扩大日本在南满和蒙古的权益；规定中国沿海港湾、岛屿不得租借或割让他国；中国政府须聘用日本人为顾问……

——《中外历史纲要》（上）

1914年底，袁世凯在北京祭天

教师活动：提出问题并引导学生回答。根据图片及材料，结合课文概括袁世凯复辟帝制过程。根据材料分析日本提出“二十一条”的目的。思考袁世凯接受“二十一条”的原因。

学生活动：思考回答。

通过课本，可知袁世凯一直在为复辟帝制做准备。① 1912年3月正式就任大总统，解散国民党。②下令解散国会。③ 1914年5月废除《中华民国临时约法》，另颁布《中华民国约法》，改责任内阁制为总统制。④ 1914年底修改总统选举法，规定大总统可以连任，可指定继承人。⑤接受旨在灭亡中国的“二十一条”大部分内容。⑥ 1915年末，袁世凯下令以1916年为“中华帝国洪宪元年”，准备在元旦举行登基大典。“二十一条”实质上是将中国的部分领土、政治、军事、财政等置于日本控制之下，实现日本对中国的独占。袁世凯接受了除“中国政府须聘用日本人为顾问”外的全部内容，实际上是为了换取日本的支持。据此可知袁世凯为复辟帝制对内逐步实行独裁统治，对外出卖国家主权。

（2）护国战争

材料 2　万户涕泪，一人冠冕，其心尚有“共和”二字存耶？既忘共和，即称民贼。……戮此民贼，以拯吾民。

——孙中山《讨袁宣言》

教师活动：材料“一人冠冕”指的是什么事件？孙中山对此事件采取了什么措施？

学生活动：思考回答。

“一人冠冕”指的是袁世凯复辟帝制，此事件引起了各界人士的反对。孙中山号召爱国豪杰共同奋起，维护共和制度。1915 年底，蔡锷、李烈钧、唐继尧联名宣告云南独立，组织护国军出兵讨袁，护国战争爆发。1916 年 3 月 22 日，袁世凯被迫宣布取消帝制。

教师活动：提出问题并引导学生回答。袁世凯复辟帝制的失败说明了什么？

学生活动：思考回答。

袁世凯复辟帝制的失败，说明违背历史发展潮流必将遭到历史惩罚；也说明了辛亥革命后民主共和的观念深入人心。

2. 导入学习任务二：北洋时期的军阀割据

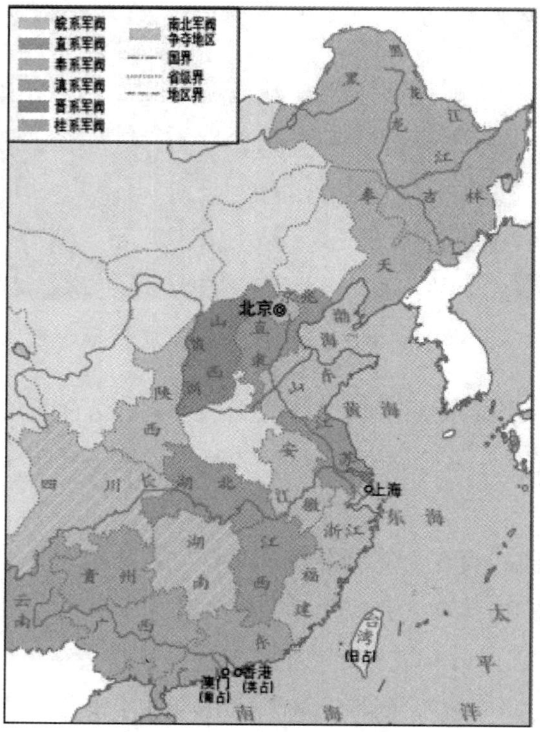

北洋军阀统治时期军阀割据示意图

教师活动： 请学生根据课本第 131 页北洋军阀统治时期军阀割据示意图和课本正文，完成下列表格。

学生活动： 完成表格。

军阀派系及势力范围

派　系	代表人物	势力范围
直　系	冯国璋、曹锟	江苏、江西、湖北
皖　系	段祺瑞	北京政府、安徽、浙江、山东、福建
奉　系	张作霖	东　北
滇　系	唐继尧	云南、贵州
桂　系	陆荣廷	广东、广西
晋　系	阎锡山	陕　西

教师活动： 请学生思考出现上述现象的原因及该现象带来的影响。

学生活动： 思考回答。

袁世凯死后，北洋军阀中找不出一个能统驭整个北洋派的人。内部出现纷争，很快发展为军阀混战、割据的局面。

材料 1　顾吾国之大患，莫大于武人之争雄，南与北如一丘之貉，虽号称护法之省，亦莫肯俯首法律及民意之下……内既不能谋各省之统一，外何以得友邦之承认。

——孙中山《辞大元帅职通电》

教师活动： 请学生根据材料，概括孙中山的主张。

学生活动： 思考回答。孙中山认为军阀混战是阻碍民主共和和国家统一的重要因素，他主张联合被压迫民族反抗帝国主义，并认为工农是中国革命的重要力量。

材料 2　北洋政府时期是中国近代史上的一段充满争议的历史。长期以来，官方主流的看法是“北洋军阀反动统治”；如果从大历史视角观察，中华民国是中国历史的正统，故而有少数中性的表述是“北洋军阀统治时期”或“北洋时期”；近年来史学界认为这一时期是近代中国从传统社会向现代社会转型当中的一个特殊阶段，现代化正是在这种新旧交替和冲突中向前发展。

——据马勇《重寻近代中国》整理

教师活动： 请学生任选其中一种观点或者自拟观点，运用相关史实进行阐释说明，要求观点明确、史论结合、论证充分。

学生活动： 小组探究。

观点一：北洋军阀统治时期是近代中国历史上的黑暗反动时期。

①政治上：北洋军阀推行专制独裁统治，摧毁资产阶级民主制，如袁世凯复辟帝制，段祺瑞拒绝恢复《中华民国临时约法》和国会等，是对历史的极大反动；为争权夺利展开混战，如直皖战争、直奉战争等，给中国人民带来巨大灾难。

②经济上：连年不息的军阀混战给国民经济带来了浩劫；北洋军阀的横征暴敛，吞没了大量的社会财富，严重破坏了工农业的再生产；北洋军阀凭借反动政权竭力维护封建买办的生产关系，严重地束缚了社会生产力的发展。

③外交上：北洋军阀推行媚外政策，如袁世凯同日本签订“二十一条”，疯狂出卖国家权益，极大地阻碍了民族经济的发展。

④思想上：袁世凯为复辟帝制，推行复古尊孔逆流，竭力维护封建专制统治。

观点二：北洋军阀时期历史是向前发展的。

①政治上：北洋军阀时期尽管推行专制独裁统治，但形式上一直维持着中华民国的民主体制，这有利于中国政治民主化的发展。资产阶级维护民主共和的斗争、新民主主义革命的崛起，为民主政治的发展创造了条件。

②经济上：初步建立现代经济法制体系，发布许多经济法规，解除对工商业者的种种束缚，对工矿企业采取保护和优惠政策，还鼓励利用外资，民族资本主义经济获得迅速发展，工业化进程得到进一步推进。

③军事上：训练、装备一支新式军队，有利于推动军事近代化，增强国防实力。

④外交上：出席巴黎和会，拒绝在和约上签字，捍卫了国家主权。后来在华盛顿会议上中国收回山东主权，赎回胶济铁路。总的来说，北洋政府在外交上表现出了妥协与抗争的两面性，挽回了一些国家主权，为后来南京国民政府废除不平等条约奠定了一定基础，一定程度上提高了中国的国际地位。

⑤思想上：民主共和观念深入人心、新文化运动的兴起、马克思主义的传播、新三民主义的提出，促进了民主思想的发展。

⑥社会生活上：“断发易服”和“废止缠足”等法令的颁布，有利于社会的进步。

观点三：综合前两种观点即可。

【设计意图】通过图片及表格落实军阀混战格局，强化学生的时空素养。通过合作探究，理解北洋军阀统治时期的政治、经济、文化状况，并理解其统治特点。

3. 导入学习任务三：北洋军阀统治时期的经济与文化

（1）民族工业的短暂春天

材料 1　据不完全统计，从 1912 年到 1919 年，短短 8 年多的时间，就新建近代工矿企业 470 多家，投资资金近 1 亿元……8 年间，中国近代民族工业新增资本在 1.3 亿元以上，相当于 1911 年辛亥革命前中国近代民族工业全部投资的总额……据严中平等人统计……1913 年，中国使用蒸汽机动力为 4.3 万马力，1918 年增加了 1 倍，为 8.2 万马力，同时期全部机械动力也增加了 1 倍多。1913 年，近代民族资本主义经济占当时全国工农业总值的 11%，1918 年为 18%。这段时期成为中国近代民族工业发展最辉煌的时期。

——韩小林《论辛亥革命与中国民族资本主义的发展》

材料2 1912—1916年间，北京政府颁布的有关发展实业的条例、章程、细则、法规等达86项之多……有关工商业方面的重要法令有：《暂行工艺品奖励章程》《公司条例》《公司注册规则》《商人通例》《商业注册规则》《商会法》《商标法》……

——张静如、刘志强《北洋军阀统治时期中国社会之变迁》

教师活动：材料2反映了1912—1916年中国民族企业发展的什么特点？综合上述材料并结合课本，思考民族工业短暂春天出现的原因。引导学生依据材料思考。

学生活动：思考回答。

根据材料1，可知民族工业发展达到最辉煌时期，呈现出新建近代工矿企业、投资资金显著增加，机械动力使用更为普遍，在全国工农业总值中比重增加等特点。据材料2，可知北洋政府颁布发展实业的法例促进民族工业发展。此外，在中华民国建立、南京临时政府的成立、国内反对“二十一条”而掀起的抵制日货、提倡国货运动及外部列强因“一战”放松对中国的侵略等综合因素影响之下，民族工业发展迎来最辉煌时期。

（2）新文化运动

材料3 晚清以降，国人科技意识因“师夷”而增长。康有为、梁启超等人冲决专制制度和伦常之网罗，接引“西学”以启蒙。进入民国，各主要报刊加入对《临时约法》的大讨论，民主与科学思想得以倡扬。北洋军阀上台，妄图复古倒退，陈独秀等奋起反击，掀起了新文化运动。关于新文化运动的起因，有学者侧重于从晚清以来西学东渐的演变历程来分析，也有的侧重于从1915年前后各种主客观因素来分析。

——据李侃等《中国近代史》整理

教师提问：阅读材料，关于新文化运动的起因，你侧重于哪一种观点？试结合相关史实扼要论述。引导学生解读材料、自主探究。

学生活动：小组讨论。

侧重一：“师夷长技”促进了对西方先进技术的学习。维新派传播西方资产阶级的社会政治学说和自然科学知识。革命派提出民主革命思想，辛亥革命和《临时约法》促进了民主与科学思想的传播。侧重二：民国的建立，促进民主与科学思想的传播。民族资本主义进一步发展。北洋军阀妄图复辟帝制。新式学堂和留学风气促进了先进知识分子对西方民主和科学思想的吸收，这些知识分子成为新文化运动的领军人物。北京大学提倡的“兼容并包，思想自由”，推动了新文化运动的发展。由此，我们可以发现北洋政府统治时期，政治、经济、文化各方面因素互相作用，交叉影响，形成复杂局势。

材料4 吾国之社会，其隆盛耶？抑将亡耶？……予所欲涕泣陈词者，惟属望于新鲜活泼之青年，有以自觉而奋斗耳！……青年乎！其有以此自任者乎？……谨陈六义……

一、自主的而非奴隶的……二、进步的而非保守的……三、进取的而非退隐的……四、世界的而非锁国的……五、实利的而非虚文的……六、科学的而非想象的……

——陈独秀《敬告青年》

材料5 吾国今日道德之根本问题，乃在革除昔日一本不易旧道德之观念，而建设今日因时制宜新道德之标准。就目前之情势观之，应规定者约有三事：（一）注重人道主义，以平等博爱诸德实行之；（二）发达个人之制己心；（三）主张极端之自由思想。

——吴康《论吾国今日道德之根本问题》

材料6 在新文学以前，文学的等级观念、社会的等级观念是根深蒂固的。文学中文言文为尊，白话文是平民文学，是次等的。与之相对应的是由此划分的社会等级——士大夫、知识者和平民百姓。在新文化运动中，《新青年》的斗士们深刻地批判了文言文的封建贵族化本质，主张建立一种全社会和全民族共通的“国语的文学”。“五四新文学”的革命性成果之一，就是将特权阶层独占的文学权利还到了最广大的社会平民手中。

——张烨《文言与白话的千年之争》

教师活动：根据材料4并结合所学知识，指出陈独秀期望培育的“新青年”，“新”在哪里，体现了怎样的时代精神？据材料5，作者所说的“旧道德观念”指的是什么？作者所提出的“新道德标准”的思想来源又是什么？根据材料6并结合所学知识，指出新文化运动时期“新文学”的代表人物有哪些？概括“新文学”的主要特点，并分析文学革命的作用。综合上述材料概括新文化运动的内容。

学生活动：小组合作。

材料4“新”在成为自主的、进步的、开放的、富于进取和科学精神的新青年。集中体现了民主与科学的时代精神。据材料5，可知“旧道德观念”指的是儒家传统道德（或三纲五常）。“新道德标准”的思想来源是西方资产阶级启蒙思想。据材料6并结合所学，可知“新文学”的代表人物有陈独秀、胡适、鲁迅。主要特点是形式上白话文代替文言文，内容上反对封建思想。作用是为新思想的传播与普及提供文化载体，有利于解放人们的思想，促进新文化运动的发展。综合上述材料，新文化运动前期的主要内容是提倡科学与民主，反对愚昧与专制；提倡新道德，反对旧道德；提倡新文学，反对旧文学。

材料7 在新文化运动的推动下，一批受过新思想熏陶的青年男女，开始反对包办婚姻，主张婚姻自主。社会上出现了许多抗婚、逃婚、离婚等现象。婚礼也由中式开始效仿西方的新式婚礼。

——《上海妇女志》

材料8 1920年2月2日，北洋政府教育部发布第53号训令《通令采用新式标点符号文》，中国第一套法定的新式标点符号从此诞生。1920年4月，教育部又发一个通告，明令国民学校其他各科教科书，亦相应改用语体文。从此，白话文占据教育这块高地，白话文之运动取得阶段性胜利。

——刘祥英《五四新文化运动》

材料9 作为思想启蒙的五四新文化运动……批判的矛头直指以封建统治者意识形态出现的儒家学说。但必须注意，这种批判是在民族危亡时进行的，它不是纯粹意义上的一般学术批判，而是以文化为切入点，以实现民众启蒙、民族独立和国家解放为目的的社会运动。这就决定了这种批判不可避免地带有强烈的偏激色彩和以偏概全的倾向，但这种倾向恰恰是五四知识分子“天下兴亡，匹夫有责”的政治责任和自觉担当意识。

——沈永刚《论五四新文化运动对中国传统文化的批判和传承》

教师活动：综合上述材料并结合课本分析新文化运动的影响。

学生活动：思考回答。

据材料 7 可得新文化运动推动了婚俗的变化，促进了思想解放。据材料 8 可得新文化运动是一场文化转型运动，为中国文化的发展提供了新的模式。据材料 9 得出新文化运动带有强烈的偏激色彩和以偏概全的局限性。此外，新文化运动是辛亥革命在思想文化领域中的延续和发展；弘扬民主、科学精神，对自然科学的发展起推动作用；后期宣传了马克思主义，为五四运动奠定了基础。

教师活动：根据图片并结合所学概括北洋军阀统治时期习俗风尚的变化。

20 世纪二三十年代穿着高跟鞋的女性

辛亥革命后政府实行剪发令

学生活动：思考分析。

习俗风尚的变化，主要为使用阳历、剪辫易服、废除缠足、革除“大人”“老爷”等官场称呼。

课堂小结

本课通过史料研读方式学习了北洋军阀统治时期政治、经济、思想文化的发展，北洋军阀政治上对内独裁统治，对外出卖国家主权；经济上民族工业在内外因素共同影响下迎来短暂春天；思想文化领域掀起新文化运动，同时习俗风尚也有了改变。通过合作探究得出北洋军阀统治的特点和新文化运动爆发的背景。

作业拓展

新文化运动与启蒙运动传播科学的异同之处，并分析造成不同的原因。

学生主动搜集、处理史料，在掌握新文化与启蒙运动知识的基础上，探究两者关系，有利于培养学生历史解释素养。相同之处是都以科学思想为武器反对迷信与专制；都崇尚科学精神。不同之处是启蒙思想家把科学思想加以改造并融会贯通，为实现民主服务；新文化运动分为两大阵营，即人文主义思想家和自然科学家，其传播侧重点各有不同。原因可结合启蒙运动的目标和新文化运动的目标以及时代特征来回答。

设计反思与讨论

在教材处理上，根据《普通高中历史课程标准（2017 年版）》的要求，选取教学重点北洋军阀统治时期的政治、经济、思想文化发展状况加以突破。

在教学方法上，方式灵活多样，尤其是小组合作探究学习，学生参与热情高，有利于学生对课程内容的理解与把握，彰显学生主体地位。

教学设计紧扣学科核心素养理念，通过文学作品、地图等方式搭建时空框架，以史料研读为基础培养学生历史解释能力，通过本课学习认识到顺应时代发展潮流的重要性，涵养学生家国情怀。

本课合作探究有一定难度，综合性较强，在实际教学中可能影响学生的参与度。教师要做好铺垫，引导学生合作探究。

第七单元
中国共产党成立与新民主主义革命的兴起

第21课　五四运动与中国共产党的诞生

设计思路

《普通高中历史课程标准（2017年版）》要求：认识五四爱国运动与中国共产党成立对中国革命的深远影响；认识国共合作领导国民革命的历史作用。

根据课标要求及教材编排，教学围绕三部分展开。

五四运动和马克思主义的传播：五四运动发展概况及其影响，马克思主义传播与五四运动之间的关系。中国共产党的诞生：通过史料研读理解一大纲领和共产党诞生对中国革命的意义。国共合作与国民革命：多角度思考国共合作的原因，进而理解国民革命的开展及失败。

本课内容，学生初中已学习并积累了一定知识基础，且学生从小受到这些知识的熏陶，无论是影视作品还是文学作品，资料都很丰富。但这些知识的累积大多停留在表象，缺乏对表象背后本质的深入理解。因此本课在设计时除了注重系统把握知识外，还要注重对学生历史思维能力的培养。

教学目标

1. 通过历史图片创设情境，辅助学生理解五四运动的背景及发展概况。通过对表格的分析，理解五四运动前后两个阶段主力的变化，进而理解无产阶级对中国民主革命的意义，感受当时民众为拯救民族危机、捍卫民族尊严而迸发的爱国热情。

2. 借助历史图片再现一大召开的背景及过程，辩证看待一大纲领的进步性及局限性，感受中国共产党的革命首创精神及百折不挠的精神，涵养学生敢为人先、坚定理想的家国情怀。

3. 运用唯物史观分析国共合作的背景，帮助学生理解其与国民大革命的因果关系，并全面、客观地看待国民大革命产生的影响，提高学生运用唯物史观解释历史的能力。

重点难点

1. **重点**："五四"爱国运动、中国共产党成立及国民革命的基本史实。

2. **难点**：五四运动、中国共产党及国民革命之间的联系及其对中国革命的深远影响。

教学活动过程

导入

青年朋友们、同志们！五四运动，爆发于民族危难之际，是一场以先进青年知识分子为先锋、广大人民群众参加的彻底反帝反封建的伟大爱国革命运动，是一场中国人民为拯救民族危亡、捍卫民族尊严、凝聚民族力量而掀起的伟大社会革命运动，是一场传播新思想新文化新知识的伟大思想启蒙运动和新文化运动，以磅礴之力鼓动了中国人民和中华民族实现民族复兴的志向和信心。

——2019 年 4 月 30 日习近平在纪念五四运动 100 周年大会上的讲话

教师活动：讲话中所指的民族危难是什么？青年知识分子和广大人民群众以何种方式参与了革命？引导学生依据材料分析。

学生活动：思考回答。

2019 年是五四运动 100 周年，也是中华人民共和国成立 70 周年。这个特殊的时刻，我们共同缅怀五四先驱崇高的爱国情怀和革命精神，总结党和人民探索实现民族复兴道路的宝贵经验，这对发扬五四精神，激励中华儿女特别是新时代的中国青年为实现中国梦而奋斗具有重大而深远的意义。

【设计意图】以习总书记的讲话导入，引导学生关注历史，将历史与实际相结合，激发学生学习兴趣。

1. 导入学习任务一：五四运动与马克思主义的传播

教师活动：学生们为什么聚集在天安门前游行示威？结果如何？

学生活动：思考回答。1919 年巴黎和会外交失败的消息传到国内，各界人士群情愤慨，爱国学生走上街头游行示威，高喊着"还我青岛""取消二十一款"等口号。但学生的爱国行动却遭到北洋军阀政府的镇压，部分爱国学生被捕，这使得从北京开始的学生爱国行动被迅速推向全国。

北京学生在天安门前游行示威

五四运动的两个阶段

	时　间	中　心	主　力	斗争形式	口　号
第一阶段	5 月 4 日	北　京	学　生	罢　课	外争国权、内惩国贼
第二阶段	6 月初	上　海	工人阶级	工人罢工、商人罢市、学生罢课	

材料 1

北洋政府释放被捕学生

國內專電
◎免曹（汝霖）令已下
◎曹陸章皆免職 曹並辭去交通銀行總理 避往湯山（北京十一日專電）
◎免章（宗祥）命令頃（十日）亦蓋印（北京十日[illegible]）
◎曹（汝霖）陸（宗輿）即日罷免（北京十日[illegible]）

北洋政府罢免曹、陆、章声明

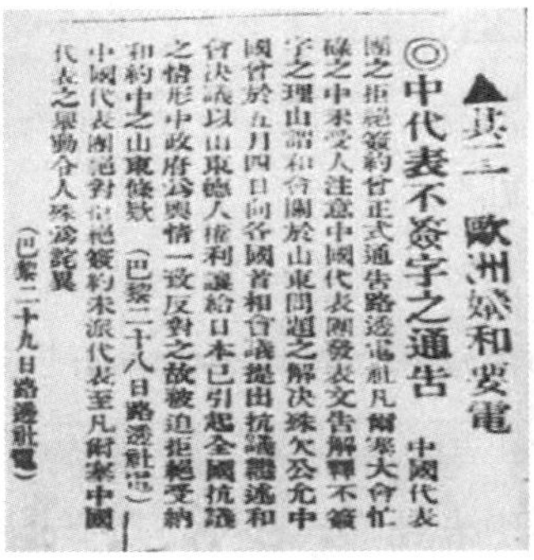

▲其二 歐洲媾和要電
◎中代表不簽字之通告
中國代表團之拒絕簽約曾正式通告路透電社凡爾賽大會忙碌之中未受人注意中國代表團發表文告解釋不簽字之理由謂和會關於山東問題之解決殊欠公允中國曾於五月四日向各國首相會議提出抗議謂和會決議以山東德人權利讓給日本已引起全國抗議之情形中政府與輿情一致反對之故被迫拒絕受納和約中之山東條款（巴黎二十八日路透社電）
中國代表團絕對拒絕簽約未派代表至凡爾賽中國代表之舉動令人殊為詫異（巴黎二十九日路透社電）

路透社电报

教师活动：引导学生根据图片概括五四运动初步结果。

学生活动：思考回答。北洋政府释放了被捕学生，罢免了曹汝霖等人的职务，参加和会的中国代表拒绝在和约上签字，五四运动取得初步成果。

材料 2　学生罢课半月，政府不惟不理，且对待日益严厉，乃商界罢市不及一日，而北京被捕之学生释；工界罢工不及五日，而曹、章、陆去。

——1919 年 6 月 12 日《上海学联告同胞书》

教师活动：引导学生根据材料思考五四运动能取得这些成果的主要原因。

学生活动：思考回答。

材料 2 中突出了工人罢工在斗争中起到的主力作用，无产阶级登上政治舞台，开始领导中国革命。这也是五四运动区别于之前革命的不同之处，从此以工人阶级为领导的新民主主义革命开始了。

材料 3　五四运动，以彻底反帝反封建的革命性、追求救国强国真理的进步性、各族各界群众积极参与的广泛性，推动了中国社会进步，促进了马克思主义在中国的传播，促进了马克思主义同中国工人运动的结合，为中国共产党成立做了思想上、干部上的准备，为新的革命力量、革命文化、革命斗争登上历史舞台创造了条件，是中国旧民主主义革命走向新民主主义革命的转折点，在近代以来中华民族追求民族独立和发展进步的历史进程中具有里程碑意义。……五四运动，孕育了以爱国、进步、民主、科学为主要内容的伟大五四精神……一批爱国青年挺身而出，全国民众奋起抗争，誓言“国土不可断送、人民不可低头”，奏响了浩气长存的爱国主义壮歌。

——2019 年 4 月 30 日习近平在纪念五四运动 100 周年大会上的讲话

教师活动：根据习近平总书记在纪念五四运动上的讲话概括五四运动的影响。

学生活动：思考回答。

根据材料 3 可知五四运动具有广泛性特征，是广大人民群众直接参与的、毫不妥协的、反帝反封建的革命运动；是中国旧民主主义革命走向新民主主义革命的转折点，标志着新民主主义的开端；马克思主义开始在中国广泛传播；促进马克思主义和中国工人运动相结合；为中国共产党的成立奠定基础；同时留下了以进步、民主、科学为主要内容的伟大五四精神。

材料 4　五四新文化运动为中国未来的希望打下了最为坚实的基础。

——杜威《中国的新文化》

教师活动：请学生结合所学内容分析，五四新文化运动为中国未来的希望打下了哪些“最为坚实的基础”？

学生活动：思考回答。

教师活动：本题主要考察五四运动众多意义中对中国新民主主义革命的深远影响，突出其为中国新民主主义革命奠定了理论、组织基础。理解五四运动，我们尤其要将它放在近代中国民主革命进程中去理解其意义。其中需要注意的是马克思主义的传播为中国革命奠定了理论基础，但马克思主义在中国的广泛传播是从十月革命后开始的。马克思主义在中国的主要传播方式有发表文章，例如李大钊发表了《我的马克思主义观》，系统介绍马克思主义学说；建立研究马克思主义的团体——马克思学说研究会等。

【设计意图】通过表格法，帮助学生直观掌握五四运动过程，并发现前后两个阶段主力的变化，然后结合史料帮助学生了解工人运动在五四运动中起到的重大作用，进而理解五四运动的特征及意义，符合学生认知历史的规律。

2. 导入学习任务二：中国共产党的成立

位于浙江嘉兴南湖的红船

材料 1　1921 年 7 月中国共产党第一次全国代表大会通过的党纲（原件系俄文，题为《中国共产党第一个纲领》，由中共中央马恩列斯编译局译成中文）对党的纲领有如下的说明：

（1）革命军队必须与无产阶级一起推翻资本家阶级的政权，必须支援工人阶级，直到社会的阶级区分消除为止；

（2）承认无产阶级专政，直至阶级斗争结束，即直到消灭社会的阶级区分；

（3）消灭资本家私有制，没收机器、土地、厂房和半成品等生产资料，归社会公有；

（4）联合第三国际。

——《中共中央文件选集·中国共产党第一个纲领》

教师活动：引导学生根据图片及材料概括中共一大的情况，并思考什么是“红船精神”。

学生活动：思考回答。

1921 年 7 月 23 日，中共一大在上海召开，后由于法租界巡捕突然搜查会场，会议最后一天是在浙江嘉兴南湖的一艘游船上进行的。根据材料可知中共一大制订了革命纲领，其任务是推翻资产阶级，建立无产阶级专政，消灭阶级差别，实现共产主义。“红船精神”是中国共产党一大在召开过程中受到暗杀和巡捕骚扰的情况下，继续坚持召开会议，转移至嘉兴南湖的这艘小船上，它体现的是中国共产党开天辟地、敢为人先的首创精神，坚定理想、百折不挠的奋斗精神，立党为公、忠诚为民的奉献精神。

材料 2　1921 年 7 月，中国共产党第一次全国代表大会宣告中国共产党正式成立。从此，在古老落后的中国出现了一个完全新式的，以马克思列宁主义为行动指南的，以实现社会主义和共产主义为奋斗目标的统一的无产阶级政党。这是中国历史上开天辟地的大事件……它所提出的纲领和奋斗目标，符合中国革命和中国社会发展的必然方向，因此，从它诞生起，就充满着勃勃生机和活力，预示着中国的光明和希望。中国共产党的成立，中国革命的面貌就焕然一新了。

——梅宏《中国共产党成立的伟大意义》

教师活动：如何理解材料中“中国革命的面貌就焕然一新了”？

学生活动：思考回答。材料体现了中国共产党成立给中国人民带来了光明和希望，是一个开天辟地的大事变。主要在以下这些方面体现“焕然一新”：新的领导阶级——无产阶级；新型的政党——中国共产党；新的指导思想——马克思主义；彻底的革命纲领——最低纲领；新的前途——社会主义。最低纲领是指中共二大的革命纲领：

材料 3　中国共产党为工人和贫民的目前利益计，引导工人们帮助民主主义的革命运动……中国共产党……在这个联合战线里奋斗的目标是：

消除内乱，打倒军阀，建设国内和平；

推翻国际帝国主义压迫，达到中华民族完全独立；

统一中国本部为真正的民主共和国。

——《中外历史纲要》（上）

教师提问：比较二大纲领和一大纲领的异同。

学生活动：思考回答。

相同的是实现共产主义，不同的是二大纲领添加了打倒军阀、推翻国际帝国主义的压迫、统一中国为真正的民主共和国的内容，这个纲领彻底明确地提出了反帝反封建的要求，符合中国国情，为中国革命的深入开展奠定基础。

【设计意图】通过学习了解中国共产党成立概况，通过史料分析理解中国共产党成立对中国革命的意义，培养学生史料实证和历史解释等素养。

3. 导入学习任务三：国共合作与国民革命

（1）国共合作的背景

材料 1　对现有其他政党，应采取独立的攻击的政策……我们应始终站在完全独立的立场上，只维护无产阶级的利益，不同其他党派建立任何关系。

——1921 年 7 月《中国共产党第一个决议》

材料 2　中国现有的党，只有国民党比较是一个国民革命的党……工人阶级尚未强大起来，自然不能发生一个强大的共产党——一个大群众的党，以应目前革命之需要。因此，共产国际执行委员会议决中国共产党须与中国国民党合作，共产党党员应加入国民党。中国共产党中央执行委员会曾感此必要，遵行此议决。

——1923 年 6 月《关于国民运动及国民党问题的议决案》

材料 3　1922 年 6 月 16 日陈炯明叛变后，对孙中山造成极大打击。他从俄国和中国的实际形式中看到了一定的曙光。当时俄国的十月革命取得了胜利，孙中山以一颗救国救民的心寻求经验，1923 年 1 月 26 日发表了《孙文、越飞联合宣言》……标志着孙中山联俄政策的确立……在中国共产党的支持和帮助下，孙中山开始着手于改组国民党准备工作，并加以实施，为实现国共合作奠定了组织基础。

——张冲《论第一次国共合作形成基础》

教师活动：根据材料 1 和材料 2，指出中国共产党对国民党的政策发生了怎样的转变？并结合所学知识，指出为什么做出这样的转变？根据材料 3 概括孙中山的态度。综合上述三则材料，思考国共合作的背景。

学生活动：思考回答。

分析材料 1、2 得出中国共产党对国民党的政策从对立、攻击转变为决定实行国共合作。材料指出，中国共产党转向和国民党合作的一个重要原因是共产国际的支持，同时结合所学可知，共产党在实践过程中，屡遭失败，认识到建立革命统一战线的重要性。分析材料 3 可知，孙中山偏向于联俄联共，同时他出现这种态度的原因，一方面和革命屡次失败的打击有关；另一方面也和他个人抛开意识形态及党派意见，以中华民族利益至上的与时俱进的个人品质有关。综上所述，可以从国民党与共产党双方意愿、共产国际，以及孙中山个人主观因素这几个方面理解国共合作出现的原因。

（2）国民革命的过程

教师活动：1924 年，孙中山在广州主持召开了中国国民党第一次全国代表大会，标志着以国共两党合作为特征的革命统一战线的建立，国民革命兴起。

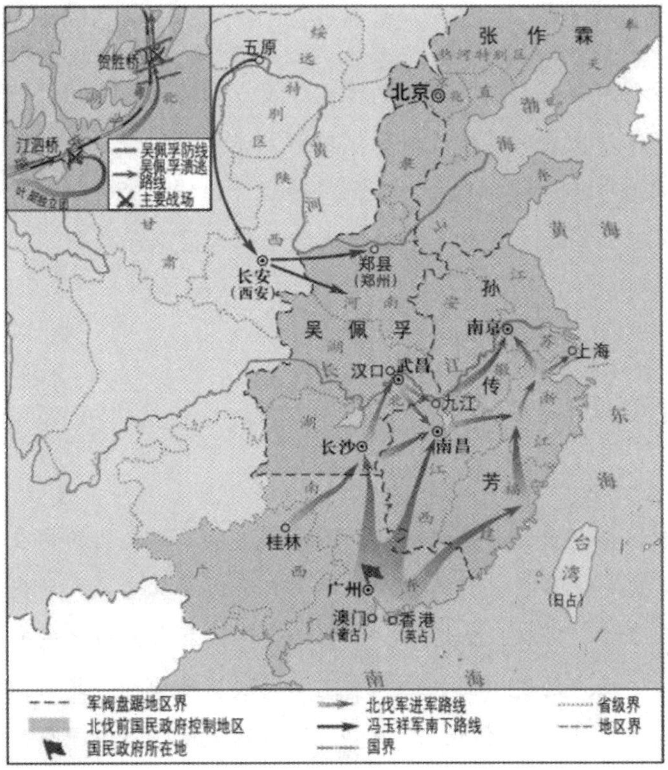

国民革命军北伐路线示意图

材料 4　打倒列强！打倒列强！除军阀，除军阀！努力国民革命，努力国民革命！齐奋斗，齐奋斗！打倒列强！打倒列强！除军阀，除军阀！国民革命成功，国民革命成功！齐欢唱，齐欢唱！

——《国民革命歌》

教师活动：从材料 2 来看，中国共产党决定采取怎样的组织形式与国民党合作？这种方式后期产生了什么影响？根据材料 4，概括国共第一次合作的目的是什么？根据第 171 页北伐路线示意图并结合课本，分析北伐战争的成果及其意义。

学生活动：思考回答。

据材料 2 可得出，共产党员以个人身份加入国民党的组织与国民党合作，即党内合作的方式。共产党后期因放弃革命的领导权，遭受国民党右派的叛变而最终导致大革命的失败。据材料 4 可知合作的目的是打倒军阀，推翻帝国主义和统一中国。根据北伐路线示意图并结合课本可知，1926 年北伐军从广州出发，连克九江、武昌、南昌，并收回汉口、九江英租界，使革命势力从珠江流域发展到长江流域，基本推翻了北洋军阀的反动统治，同时动摇了列强在中国的统治基础，国民革命因而迎来高潮。

【设计意图】通过分析革命军北伐路线示意图，在空间上落实北伐过程和成果，同时结合史料深入理解国民革命的影响，培养学生时空观念和历史解释等素养。

课堂小结

本课我们通过材料解读、图片分析的方式学习五四运动、中国共产党成立和国民大革命三个主要部分，注重在时空情境框架下理解上述革命运动出现的背景、发展过程及意义。革命先烈们为中华民族的独立、富强前赴后继，作为新时代的青年，我们当继承先辈的爱国精神，在新的历史背景下为中华民族的伟大复兴而奋斗。

作业拓展

分析说明五四运动、中国共产党成立、国民大革命三者之间的内在联系。

学生掌握搜集史料、分析史料的方法，运用史料解释三者之间的内在联系，培养史料实证和历史解释素养。可从五四运动、中共诞生和国民大革命之间的必然联系等方面来分析。例如五四运动为创建中国共产党奠定了实践基础和阶级基础，中国共产党在实践中认识到必须建立革命统一战线，而孙中山认识到必须联合中国共产党，共同领导国民大革命。

设计反思与讨论

在教材处理上，本课设计的内容非常多，在教学中面面俱到反而增加学生学习负担，因此选取五四运动和中国共产党建立之间的联系、国共合作的背景为重难点加以突破。

在教学方法上，采用情境创设法、直观演示法、史料阅读指导法等多种形式，辅助学生对知识的理解与掌握。

本课教学设计紧紧围绕学科核心素养进行设计，坚持在时空框架基础上，以史料研读的方式培养学生史料实证、历史解释能力，涵养学生爱国、民主、进步、科学的家国情怀。

在实际教学中，可能出现学生对史料分析和图片解读不到位问题，要善于发现问题，抓住时机不断强化对学生学科方法的指导，从而落实学科核心素养。

第 22 课　南京国民政府的统治和中国共产党开辟革命新道路

设计思路

《普通高中历史课程标准（2017 年版）》要求：了解南京国民政府的成立；认识中国共产党开辟革命新道路的意义；认识红军长征的意义。

根据课标要求及教材编排，教学过程围绕三部分展开。

南京国民政府的统治：以史料研读等方式了解南京国民政府的成立及前期的统治。工农武装割据开辟革命新道路：注重时空观念的落实，侧重从时间和空间两个维度论述开辟革命新道路的过程。红军长征：通过史料研读学习红军长征的背景、过程和意义。

本课内容，学生在初中阶段已学习部分相关知识并有一定的认识，但还缺乏深入的理解。高中阶段，学生的求知欲更为强烈，理性思维逐渐形成，在教学过程中应以教师引导为主，激励学生主动参与，采用自主探究和合作交流学习相结合的方式，通过各种史料研读并借助现代化教学手段，从中培养学生的核心素养。

教学目标

1. 通过史料研读，揭示国民党一党专制的统治，理解民族工业在夹缝中求发展的命运。

2. 通过史料研读，从时间和空间两个维度学习，掌握南昌起义、八七会议、井冈山革命根据地建立、中华苏维埃共和国成立等历史事件，认识革命的曲折过程，加深学生的理性认识，理解这些事件在人类历史进程中的作用和影响，掌握积极探索解决问题的方法和养成独立思考的学习习惯。

3. 运用唯物史观分析长征的历史背景、内容和意义，使学生对长征形成全面、客观的认识，并汲取必要的历史经验教训，提高学生运用唯物史观解释历史的能力。

4. 通过对井冈山革命根据地的建立和长征胜利会师的学习，理解从“城市中心论”向“农村包围城市”转变的原因和遵义会议的重要意义，培养实事求是的精神和开拓创新的品质，并使学生了解到在那种艰苦卓绝的斗争环境下，中国共产党人不屈不挠的斗志和精神，学习井冈山精神和长征精神。

重点难点

1. **重点**：土地革命、红军长征。

2. **难点**：“工农武装割据”思想、遵义会议。

教学活动过程

导入

教师展示图片：

南京国民政府行政院旧址

南昌起义旧址

教师活动：根据两张图片并结合所学知识思考 1927 年国民大革命失败后，国共两党分道扬镳，两党各自走出了怎样的道路？今天就让我们带着这些问题重新走进那段波澜壮阔的历史。

1. 导入学习任务一：南京国民政府的统治

（1）“宁汉合流”

材料 1　《训政纲领》把国家权力分为政权和治权两种。所谓政权，是指选举、罢免、创制、复决四种权力。这四种权力，在训政时期间，由国民党“训练国民逐渐推行”，在国民大会召开以前，“由中国国民党全国代表大会代表国民大会领导国民行使政权”，“中国国民党全国代表大会闭会时，以政权付托中国国民党中央执行委员会执行”。所谓治权，是指行政、立法、司法、考试、监察五种权力。这五种权力，付托于国民政府在中国国民党中央执行委员会政治会议指导和监督下“总揽而执行”。

——据钱大群、艾永明《中国法制史教程》整理

材料 2　国民政府总揽中华民国之治权……以行政院、立法院、司法院、考试院、监察院五院组织之。

——《中华民国国民政府组织法》

教师活动：指导学生根据材料，分析国民政府的性质。

学生活动：思考回答。

国民政府的统治实质是一党专制。

（2）“二次北伐”

教师活动：指导学生根据课本内容，讨论国民革命时期的北伐与南京国民政府时期的北伐有何区别。

学生活动：小组讨论，汇总表格。

两次北伐战争的比较

	1926 年的北伐	1928 年的北伐
背　景	革命统一战线建立	国民党一党专政
目　的	反帝反封，实现中国统一	蒋介石、张作霖之间争夺全国政权
领导者	中共与改组后的国民党	大地主、大资产阶级的反动政府
参战军队	国民革命军	反革命军队
对帝态度	明确反帝，且收回了自己的权益	屈辱退让，且严禁反日
性　质	反帝反封建的国民革命	争权夺利的战争

教师活动：指导学生根据课本内容，讨论为何说“东北易帜”后，国民政府只是形式上统一了中国。

学生活动：思考回答。

①新军阀之间仍然混战，并没有真正的统一。

②中共建立了革命根据地。

③日本侵华势力的存在以及租界、租借地的存在。

（3）民族工业在夹缝中发展

教师活动：请学生仔细阅读课本，找出民族工业发展的原因。

学生活动：讨论回答。

①国民政府推进国民经济建设运动，促进了经济复苏发展。

②民族资产阶级兴办实业的热情高涨。

③中国人民的反帝爱国运动蓬勃开展。

教师活动：请学生仔细阅读课本，找出夹缝中发展的原因。

学生活动：讨论回答。

①国民政府依赖帝国主义，不能从列强那里取得对等的利益。

②官僚资本的形成，成为国民党反动政权的经济基础；民族工商业受到摧残、压迫。

【设计意图】学生对南京国民政府的统治缺乏认识，使之成为本课的一个难点。在教学过程中采用史料研读的方式，有利于加深学生对知识的理解，也可以培养学生史料实证、历史解释的能力。采用小组讨论的形式，有利于发挥学生的主体性，让学生在讨论中习得知识，深化认识。

2. 导入学习任务二：工农武装割据开辟革命新道路

（1）以时间、空间角度看革命新道路

教师活动：请学生按课本内容，整理中国共产党开辟革命新道路的进程。

学生活动：归纳整理。

中国共产党开辟革命新道路的进程

时　间	地　点	事件及内容	意　义
1927 年 8 月 1 日	南　昌	周恩来、贺龙、叶挺、朱德和刘伯承等，领导了南昌起义	打响了武装反抗国民党反动派的第一枪； 是中国共产党独立领导革命战争、创建人民军队和武装夺取政权的开始
1927 年 8 月 7 日	汉　口	中共中央在汉口召开秘密会议，纠正陈独秀右倾错误，开展武装斗争、土地革命	给正处于思想混乱、组织涣散中的中国共产党指明了前进方向； 毛泽东提出“政权是由枪杆子中取得的”
1927 年 9 月	湘赣边	毛泽东以中央特派员身份，发动秋收起义	从进攻大城市到向农村进军，是中国革命具有转折意义的新起点
1927 年 10 月	井冈山	毛泽东率部队到达井冈山，建立红色政权	创立了第一块农村革命根据地
1928 年 4 月	井冈山	朱、毛会师	成立了中国工农红军第四军
1931 年 11 月	瑞　金	中华苏维埃共和国成立	第一个红色中央政权，是中华人民共和国的雏形

（2）工农武装割据

教师展示材料：

材料 1　从前我们骂中山专做军事行动，我们则恰恰相反，不做军事行动，专做民众运动。蒋、唐都是拿枪杆子起家的，我们独不管。现在虽已注意，但仍无坚决的概念。比如秋收暴动非军事不可，此次会议应重视此问题，新政治局的常委要更加坚强起来注意此问题。湖南这次失败，可说完全由于书生主观的错误，以后要非常注意军事。须知道政权是由枪杆子中取得的。

——《中共党史教学参考资料》

材料 2　本党系无产阶级政党，应该特别注意工人运动，因为他们是中国革命的中心力量。

——1927 年《中共八七会议记录》

材料 3　大革命失败后，党在如何开展武装斗争问题上，一段时间内并没有摆脱俄国十月革命模式的影响，城市中心论仍然在党中央处于支配地位。主要表现在：在新形势下，主张以城市武装暴动为总暴动的起点，城市工人暴动是农民暴动的中心和指导者。

——何沁《中国共产党武装斗争认识史》

教师活动：革命斗争的成功与否一定程度上取决于其指导思想和组织路线。结合所学知识和上述材料，指出自国民革命失败后中共在指导思想上发生了哪些转变，在组织路线上提出了什么观点。

学生活动：思考分析。

①指导思想上："政权是由枪杆子中取得的"。

②组织路线上：中共的武装斗争主要是以城市工人暴动为中心展开的。

教师展示材料：

材料 4　中国政治经济的根本危机，在全国任何一处都是同样继续尖锐化，没有丝毫根本的差别，因此在中心城市爆发了伟大的工人斗争，必然形成全国革命高潮……争取一省与几省先胜利，无产阶级的伟大斗争决定胜负的力量，没有工人阶级的罢工高潮，没有中心城市的武装暴动，决不能有一省与几省的胜利。

——1930 年 6 月《中共中央政治局决议》

材料 5　经过了一次大革命的政治经济不平衡的半殖民地的大国，强大的敌人，弱小的红军，土地革命——这是中国革命战争四个主要的特点。这些特点，规定了中国革命战争的指导路线及其许多战略战术的原则。第一个特点和第四个特点，规定了中国红军的可能发展和可能战胜其敌人。第二个特点和第三个特点，规定了中国红军的不可能很快发展和不可能很快战胜其敌人，即是规定了战争的持久，而且如果弄得不好的话，还可能失败。

——毛泽东《中国革命战争的战略问题》

教师活动：①依据材料 4，分析"全国革命高潮"必然形成的依据是什么？此观点是否正确？试结合材料 5 有关内容加以说明。

②依据材料 4，认为中国革命应走什么道路？其依据内容是什么？是否正确？结合材料 5 有关内容加以说明。

③材料 4、材料 5，各自代表了怎样的革命道路？产生的思想根源各是什么？

学生活动：讨论交流。

①中国政治、经济危机的全面尖锐化。不正确。第一次国内革命战争失败；敌人力量相当强大，尤其在城市；另外，革命还处于低潮。

②以城市暴动为中心的道路。无产阶级斗争是决定胜负的力量。不正确。中国政治、经济发展不平衡，在城市敌强我弱，必须建立农村革命根据地，开展土地革命，国民革命的中心问题是农民问题。

③以进攻大城市为中心的道路和工农武装割据的道路。前者是"左"倾冒险主义，后者是马克思主义与中国国情的结合。

【设计意图】通过材料分析从"城市中心论"到"农村包围城市"战略思路的转变，重点是提高学生对材料信息进行提取和整合归纳的水平，强化利用史料进行分析、论证的能力。

3. 导入学习任务三：红军长征

（1）长征的原因

教师活动： 1933年9月，蒋介石出动50万兵力对中央苏区进行第五次“围剿”。王明的“左”倾冒险主义错误路线在党中央占统治地位（博古、李德的错误战略战术），抛弃了毛泽东的军事路线，使红军处处挨打。1934年红军第五次反“围剿”严重失利，红军被迫进行战略转移，给党和革命事业造成极大损失。据此分析红军长征的原因。

学生活动： 回答发言。

①根本原因：中央错误地推行“左”倾冒险主义的方针和政策。

②直接原因：第五次反“围剿”失利。

（2）长征的过程

教师展示材料：

材料1　红军不怕远征难，万水千山只等闲。五岭逶迤腾细浪，乌蒙磅礴走泥丸。金沙水拍云崖暖，大渡桥横铁索寒。更喜岷山千里雪，三军过后尽开颜。

——毛泽东《七律·长征》

材料2

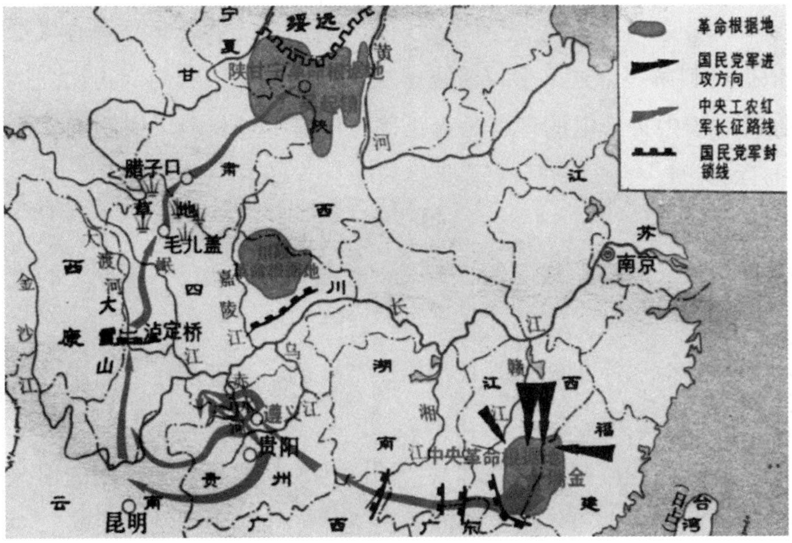

红军长征示意图

教师活动： 依据材料1结合红军长征示意图，简述长征艰难的过程。

学生活动： 1934年10月从瑞金出发，冲破四道封锁线，放弃湘西、改道贵州，攻克遵义、召开会议，四渡赤水河，渡过金沙江（跳出敌人包围圈，赢得决定性胜利），强渡大渡河、飞夺泸定桥，爬雪山、过草地，1935年10月到陕北与刘志丹等会师（取得长征伟大胜利），1936年10月三大主力在甘肃会宁会师（标志长征胜利结束）。

（3）遵义会议

教师展示材料：

材料 3　遵义会议通过了《中共中央关于反对敌人五次“围剿”的总结决议》。决议根据党和红军当时所处的战争环境，集中解决了最有决定意义的军事路线问题。鉴于当时党内大多数同志对王明“左”倾冒险主义在政治上的错误尚未清醒认识，决议上写了“党中央的政治路线无疑是正确的”。

——郑广瑾、方十可《中国红军长征记》

材料 4　中国共产党自 1922 年 7 月决定参加共产国际后，成为其中一个支部……过去，对于共产国际的决议及共产国际派来的代表的意见，往往照抄照搬……在长征开始前不久，因上海中央局被破坏，党中央失去了与共产国际的无线电联系……而共产国际派来的李德因在军事指挥上犯了错误，在会议上处于被批判的地位，他再也不能对我们发号施令了。

——郑广瑾、方十可《中国红军长征记》

材料 5　1935 年 2 月上旬，中央给陈毅等人拍来电报，大意是：中央政治局开了扩大会议。博古等负责同志的单纯军事观点使第五次反“围剿”失败了，这次行动他们要负责。这是严重的失败，但不是政治路线的错误。对于中央的电报，当时有不同的理解。有人认为，过去的错误的确不是政治上的错误。陈毅说：“我的看法不同。他们在遵义还不能提政治路线，提政治路线党要分裂的，只能提军事上错了。博古错了，让博古下台，这样全党在毛主席的路线下团结起来，完成长征……中央主要是政治上的错误，政治上的错误导致了军事上的错误。”

——据陈毅《三年游击战争回忆》整理

教师活动：依据材料解答，遵义会议着重解决了什么问题？材料 3 再次强调了什么问题？依据材料 5，说明陈毅对于中央来电的理解是否正确？依据上述材料，说明遵义会议是中国共产党从幼稚走向成熟的标志。

学生活动：讨论发言。

①遵义会议着重解决了军事路线问题。会议再次强调第五次反“围剿”的失败，不是政治路线错误。

②正确。陈毅既认识到了军事错误是政治错误造成的，又理解了当时中共中央的意图，其观点是全面、正确的。

③遵义会议是在与共产国际失去联系和共产国际代表的意见不起作用的情况下召开的，会议根据当时的具体情况，实施了着重解决军事问题，维护党的政治团结的策略。中央第一次独立自主地运用马克思主义原理，妥善处理了党内存在的分歧和矛盾。因此，遵义会议是中共从幼稚走向成熟的标志。

（4）长征的意义

教师展示材料：

材料 6　长征是历史纪录上的第一次，长征是宣言书，长征是宣传队，长征是播种机……长征是以我们的胜利、敌人失败的结果而告结束。

—— 毛泽东《论反对日本帝国主义的策略》

材料7　它不是一般意义上的“行军”，也不是战役，也不是胜利。它是一曲人类求生存的凯歌，是为避开蒋介石的魔爪而进行的一次生死攸关、征途漫漫的撤退，是一场险象丛生、危在旦夕的战斗……长征却使毛泽东及其共产党人赢得了中国。本世纪中没有什么比长征更令人神往和更为深远影响世界前途的事件了。

——哈里森·索尔兹伯《长征——前所未有的故事》

教师活动：依据材料结合课本，简述红军长征的意义。

学生活动：回答发言。

①长征的胜利粉碎了国民党反动派扼杀中国革命的企图，使中国革命转危为安。

②在长征途中，中国共产党宣传了自己的政治主张，广泛播下了革命的火种。

③保存了党和红军的基本力量，促使中国革命新局面的到来。

【设计意图】通过展示与红军长征相关的历史材料和红军长征示意图，从而让学生对红军长征过程有一个总体了解，并且对长征过程中遇到的危险和困境以及如何转危为安有所认识，使学生认识到红军在长征过程中表现出的顾全大局、坚忍不拔的精神品质，培养学生自强不息的家国情怀。

师生活动：师生一起高声朗读习近平总书记在纪念红军长征胜利80周年大会上的讲话中的一段文字，感悟长征精神，然后结束本课。

伟大长征精神，是中国共产党人及其领导的人民军队革命风范的生动反映，是中华民族自强不息的民族品格的集中展示，是以爱国主义为核心的民族精神的最高体现。伟大长征精神，作为中国共产党人红色基因和精神族谱的重要组成部分，已经深深融入中华民族的血脉和灵魂，作为社会主义核心价值观的丰富滋养，作为鼓舞和激励中国人民不断攻坚克难、从胜利走向胜利的强大精神动力。

课堂小结

本课内容分为三部分：南京国民政府的统治、工农武装割据开辟革命新道路和红军长征。在课堂上采取多种形式进行教学，如通过材料解读的方式学习南京国民政府统治的性质，工农武装割据道路的内涵，红军长征的背景、过程和意义等；通过小组合作的方式探究“城市中心论”向“农村包围城市”转变的原因，遵义会议的意义等；从时间、空间的角度整理革命新道路开辟的进程。以此，全面认识中国共产党开辟革命新道路的过程，从中感悟在那种艰苦卓绝的斗争环境下，中国共产党人不屈不挠的斗志和精神，学习井冈山精神和长征精神。

作业拓展

问题：结合史实，感悟井冈山精神和长征精神的内涵和意义。

学生活动：展开充分讨论，提出自己的想法。

（1）井冈山精神诞生于土地革命时期的井冈山根据地，主要内涵可以用五句话来概括：①坚定不移的革命信念；②坚持党的绝对领导；③密切联系人民群众的思想作风；④一切从实际出发的思想路线；⑤艰苦奋斗的作风。

（2）长征精神是中国共产党在二万五千里长征中创造的革命精神，主要内涵是：①乐于吃苦，不惧艰难的革命乐观主义；②勇于战斗，无坚不摧的革命英雄主义；③重于求实，独立自主的创新胆略；④善于团结，顾全大局的集体主义。其主题是“一不怕苦，二不怕死”；其最显著的特点就是革命英雄主义精神。

（3）井冈山精神和长征精神是中华民族百折不挠、自强不息的民族精神的最高表现，是保证我们革命和建设事业从弱小走向强大的精神力量。

设计反思与讨论

在教材处理上，本课涉及的内容非常多，在教学过程中不可能做到面面俱到，因而选取重点、难点加以突破，如对工农武装割据道路和遵义会议的分析。

在教学方法上，采取多种形式，如小组合作探究学习，既凸显了学生的主体地位，又活跃了课堂气氛，使学生体验了自主探究、合作学习的快乐，加深了对知识的理解与掌握。

本教学设计体现核心素养理念。本课教学以培养和提高学生的历史学科核心素养为出发点、落脚点，体现历史解释的特点与魅力。坚持唯物史观，注重时空观念的培养，以材料研读的方式培养学生史料实证、历史解释的能力。通过本课学习，使学生认识到中国共产党人不屈不挠的斗志和精神，学习井冈山精神和长征精神，提升家国情怀。

但在实际教学中，可能出现教师主导和学生主体难以达成一致，教学预设与课堂生成难以达到一致，学习历史知识和全面落实学科核心素养难以达成一致等问题。

第八单元
中华民族的抗日战争和解放战争

第 23 课　从局部抗战到全面抗战

设计思路

《普通高中历史课程标准（2017 年版）》要求：了解日本军国主义的侵华罪行，通过了解正面战场和敌后战场的抗战，感悟中华民族英勇不屈的精神，认识中国共产党是全民族团结抗战的中流砥柱；认识中国战场是世界反法西斯战争的东方主战场，理解十四年抗战胜利在中华民族伟大复兴中的历史意义。

根据课标要求，教学过程围绕两部分展开，即日本侵华的罪行和抗日战争从局部抗战走向全面抗战。以史料研读等方式了解日本侵华的罪行，从历史唯物主义出发，用辩证思维思考问题，对抗日战争的理解不能仅限于种种罪行，而应以史为鉴，面向未来，培养学生的爱国情感，树立为中华崛起而读书的信念。

关于抗日战争，学生在初中阶段已有比较详细的学习，有一定知识基础。高中生正值世界观、人生观、价值观形成的时期，在教学中应加以引导，正确认识日军的侵华罪行，铭记历史，同时面向未来，树立正确的战争责任观，理性爱国。

教学目标

1. 运用唯物史观分析日军侵华的原因，提高学生思考问题的能力，使学生认识到日本帝国主义进行的是一场非正义的侵略战争，中国人民进行的是正义的反侵略战争。

2. 通过史料研读，了解日军侵华过程及罪行，学习分析史料的方法，树立正确的战争责任观，理性爱国。

3. 通过分析抗日战争从局部战争走向全面战争的史实，使学生认识到国家和民族的利益高于一切，国难当头，中华民族应团结一致维护民族独立。

重点难点

1. **重点**：日本侵华的罪行。
2. **难点**：日本侵华的原因。

教学活动过程

导入

有一位西方哲人曾经说过，战争是一个民族自我淘汰的过程。在漫长的人类历史上，有的民族无法应对残酷的战争，在异族入侵的压力下灭亡了；有的民族则在战争的血与火中洗掉自身的污垢，像凤凰涅槃一样获得重生。

我们中华民族就属于后者，通过抗日战争，中华民族如同浴火重生的凤凰，洗去了百年的屈辱，挣脱了百年的锁链，赢得了抗日战争的辉煌胜利，也赢得了世界人民由衷的尊敬。今天，我们就走进这一段可歌可泣的峥嵘岁月。

【设计意图】以西方哲人的话导入，拉近学生和本课教学内容的距离，激发学生学习兴趣。

1. 导入学习任务一：山雨欲来（日本侵华的原因）

教师活动：请学生根据下列材料，结合所学知识，用唯物史观分析日本侵华的原因。

材料 1　在九一八事变发生不久以前，日本首相田中义一曾有一道秘密的奏章上达日皇，其中对于侵略中国的计划可谓异常周密，而其篇首两条纲领更直截了当地说：一、要征服世界必先征服中国；二、要征服中国必先征服满蒙。这是日本有计划征服中国的铁证。

——陈诚《陈诚回忆录——抗日战争》

材料 2　（日本）帝国内部现正痛切体验……生产力之不足，生产设备之不足，原料之不足及蓄积资本之不足。凡此均需开始新的战争，俾有所补充；而国内不稳势力之高涨，罢工之狂澜，亦需发动内外举国之战争，以期平靖。

——尹东陵《抗日战争史话》

材料 3　中国的历史，在九一八事变后革命中心任务发生重大变化之时，出现了非常复杂的情形。作为执政者的国民党推行“攘外必先安内”的国策，违背了历史的中心任务。作为中国革命主要领导者和组织者的中国共产党则坚持“倒蒋是抗日的前提”，也偏离了历史发展的主流和革命的中心任务。中间政派坚决主张抗日、民主和团结，面向了历史发展的趋势，但由于它自身的软弱性，很难产生太大的实际影响。中国历史就是在这种复杂的矛盾中前进着。

——白寿彝《中国通史》

材料 4　一九三一年日本侵占中国东北，国际联盟尽管派李顿调查团进行了调查，但并没有对日本采取严厉制裁措施。

——《高中历史教学参考》

学生活动：提炼总结。

教师活动：日本侵华的原因。

材料 1：历史原因——蓄谋已久，侵略中国是其既定国策。

材料 2：现实原因——经济危机的冲击；日本法西斯专制建立，侵略野心膨胀。

材料 3：有利时机——国共内战，蒋介石奉行“攘外必先安内”的政策。

材料 4：国际的绥靖政策的纵容。

那么日本是如何一步一步地将中国蚕食鲸吞的？

2. 导入学习任务二：众志成城（从局部抗战走向全面抗战）

（1）局部抗战

教师活动：1931 年，日本制造了九一八事变，悍然发动侵华战争。1932 年一·二八事变，1933 年日军侵略长城一带，1935 年华北事变，中日民族矛盾日益成为社会的主要矛盾。请用 3 分钟时间阅读课本第 150—152 页第一目“局部战争”，分成共产党、东北军民、关内爱国民众与学生、国民党爱国将领四个小组，简述 1931—1937 年各派别抗日斗争的史实。

学生活动：阅读，总结，发言。

教师活动：

1931—1937 年中国各派别抗日斗争的史实

爱国力量	抗日救亡运动
中国共产党	坚决反抗日本侵略（“八一宣言”、瓦窑堡会议）
东北军民	抗日义勇军、抗日联军
国民党爱国官兵	西安事变（张学良、杨虎城）
爱国民众	工人罢工、募捐；工商业者抵制日货；学生“一二·九运动”

【设计意图】培养学生的分析、概括能力和合作意识。

教师活动：阅读以下材料，指出相关的历史事件，并简要分析意义。

材料 1　西北军民一致主张如下：

（一）改组南京政府，容纳各党各派，共同负责救国；

（二）停止一切内战；

（三）立即释放上海被捕之爱国领袖；

（四）释放全国一切政治犯；

（五）开放民众爱国运动；

（六）保障人民集会结社一切政治自由；

（七）确实遵行总理遗嘱；

（八）立即召开救国会议。

——1936 年 12 月 12 日《张学良、杨虎城通电》

学生活动：回答，分析。

①历史事件：西安事变。

②历史意义：西安事变的和平解决成为扭转时局的枢纽；它促进了中共中央联蒋抗日方针的实现；从此，十年内战的局面基本结束，全国团结抗战的局面初步形成；也标志抗日民族统一战线初步形成。

（2）全面抗战的开始

教师活动：全民族抗战开始的标志是什么？

学生活动：七七事变。

教师活动：1939 年 7 月 7 日，朱自清在《这一天》中写道："东亚病夫居然奋起了，睡狮果然醒了，从前只是一大块沃土，一大盘散沙的死中国，现在是有血有肉的活中国了。"日本的飞机炸弹让中国所有人的命运联结到了一起，中华民族建立了抗日民族统一战线，实行全民族抗战。

请学生根据下列材料，结合所学知识，概述抗日民族统一战线形成的过程和原因。

材料 2　日本帝国主义要变中国为它的殖民地。……党的任务就是把红军的活动和全国的工人、农民、学生、小资产阶级、民族资产阶级的一切活动汇合起来，成为一个统一的民族革命战线。

——毛泽东

材料 3　我们知道全国应战以后之局势，就只有牺牲到底，无丝毫侥幸求免之理。如果战端一开，那就是地无分南北，年无分老幼，无论何人，皆有守土抗战之责，皆应抱定牺牲一切之决心。

——蒋介石

学生活动：分析回答。

教师活动：

抗日民族统一战线形成的过程：①瓦窑堡会议确定方针；②西安事变和平解决，初步形成；③七七事变后中共通电呼吁；④八一三事变后，国民政府发表自卫声明，改编八路军和新四军；⑤ 1937 年 9 月公布国共合作宣言，抗日民族统一战线正式建立。

抗日民族统一战线形成的原因：①中日矛盾已经成为中国社会的主要矛盾；②日本侵略的形势，使国民政府不得不抗日；③中国共产党及全国人民的努力。

教师活动：抗日民族统一战线正式建立的标志是什么？请阅读以下材料加以理解。

材料 4　中共中央再郑重向全国宣言：一、孙中山先生的三民主义，为中国今日之必需，本党愿为其彻底的实现而奋斗。二、取消一切推翻国民党政权的暴动政策及赤化运动，停止以暴力没收地主土地的政策。三、取消现在的苏维埃政府，实行民权政治，以期全国政权之统一。四、取消红军名义及番号，改编为国民革命军，受国民政府军事委员会之统辖，并待命出动，担任抗日前线之职责。

亲爱的同胞们！本党这种光明磊落、大公无私与委曲求全的态度，早已向全国同胞在言论行动上明白表示出来，并且也获得同胞们的赞许。现在为求得与国民党的精诚团结，巩固全国的和平统一，实行抗日的民族革命战争，我们准备把这些诺言中在形式上尚未实行的部分，如苏区取消，红军改编等，立即实行，以便用统一团结的全国力量，抵抗外敌的侵略。

——《周恩来文集·中共中央为公布国共合作宣言》

学生活动：国民党公布了共产党提交的国共合作宣言。

教师活动：相较于第一次国共合作，这一次的合作有哪些异同呢？

学生活动：分析回答。

教师活动：两次国共合作的异同点。

相同点是都发生在半殖民地半封建的中国；都是在中国共产党的推动下实现的；都推进了中国革命的发展。不同点是背景不同、目标不同、形势不同、结果不同。

两次国共合作比较

	国共第一次合作	国共第二次合作
背　景	北洋军阀统治、阶级矛盾尖锐	中日民族矛盾上升为主要矛盾
目　标	打倒北洋军阀	打倒日本
形　式	党内合作	党外合作
结　果	合作破裂，大革命失败	坚持到抗战胜利

3. 导入学习任务三：罄竹难书——日本侵华的罪行

教师活动：日军在侵华的过程中犯下了罄竹难书的罪行，大家印象最为深刻的就是南京大屠杀。但是日本右翼分子一直否认南京大屠杀，你认为如何还原南京大屠杀的历史真相呢？

学生回答：进行史料实证。

教师活动：有哪些类型的证据？有哪些证据来源？ 如何判断这些证据的可靠性？

学生活动：分析、发言。

教师活动：文字记载、照片、影像、经历者的回忆、档案馆数据统计等。 南京大屠杀的史料文本来源可以分为三类：加害者日方资料，受害者中方资料，以及中立的第三方资料。尤其是第三方资料更具可靠性。

约翰·拉贝，德国西门子洋行代理人 。在南京大屠杀期间组建起 “国际安全区”，挽救了25 万中国百姓的生命，他被人们称为 “中国的辛德勒” 。其所写的日记被公认为研究南京大屠杀事件数量最多、保存最为完整的史料。

材料 1　12 月 14 日：开车经过市区。我们才晓得破坏的巨大程度，车子每进一二百米就会压过尸首，那些都是平民的尸首。我检查过，子弹是从背后射进去的，很可能是老百姓在逃跑时从后面被打死的。

12 月 16 日：我开车到下关去勘查电厂，中山北路上都是尸首……城门前面，尸首堆得像小山一样……到处都在杀人。

12 月 22 日：在清理安全区时，我们发现有许多平民被射杀于水塘中，其中一个池塘里就有 30 具尸体，大多数双手被绑，有些人的颈上还绑着石块。

12 月 24 日：我到放尸首的地下室……一个老百姓眼珠都烧出来了……整个头给烧焦了……日本兵把汽油倒在他头上。

1 月 3 日：这些城被攻陷后放下武器的中国兵当中，恐怕有 2000 人被日本人刺杀，这是非常残忍的，而且绝对违反国际法。

——《拉贝日记》

材料 2　一个日本记者目击了日军在南京的暴行，他写道：“码头上到处是焦黑的死尸，一个摞一个堆成了尸山，在尸山间，有 50 到 100 个左右的人影在缓缓地移动，把那些尸体拖到江边，投入江中。呻吟声、殷红的血、痉挛的手脚，还有哑剧般的寂静，给我们留下极深刻的印象。”

——张宪文《南京大屠杀重要文证选录》

材料 3　12 月 13 日早晨日军进入南京城内时，在“完全没有遭遇抵抗”的情况下，“日军单独或二三人为一个小集团在全市游荡，实行杀人、强奸、抢劫、放火……不分青红皂白地屠杀中国的男女和小孩”。《判决书》指出：“据后来估计，在日军占领最初六个星期内，南京及其被屠杀的平民和俘虏，总数达 20 万人以上，这个数字还没有将被日军所烧弃了的尸体、投入长江或以其他方法处分的人计算在内。”

——据东京审判《远东国际军事法庭判决书》整理

材料 4

杀人比赛的报道

【设计意图】 历史是过去的事情，如何还原历史的真相？通过对南京大屠杀的史料搜集，引导学生理解什么样的史料是真实可信的，通过南京大屠杀的铁证如山既能增强学生的史料实证能力，也能培养爱国主义精神。

教师活动：一个个数据，一帧帧画面，以无可辩驳的事实证明，南京大屠杀不但真实存在，而且是一曲人性的悲歌。请用 3 分钟时间阅读课本第 153—154 页第三目“日军的侵华暴行”，结合以下材料，概括除了南京大屠杀外日军的其他主要暴行。

材料 5

七三一部队用于放人肉的铁槽

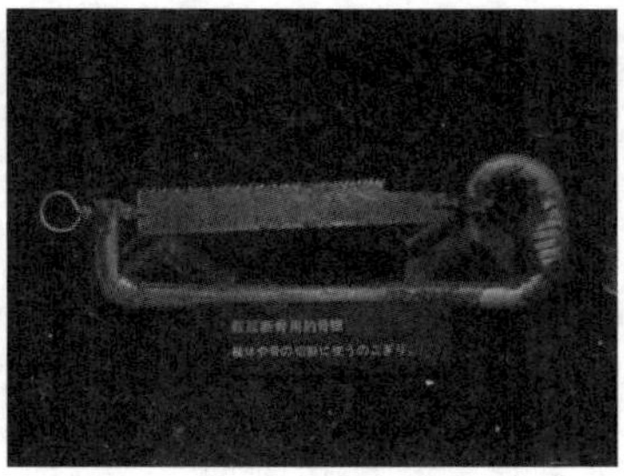

七三一部队用的骨锯

七三一部队的细菌实验场景再现

学生活动：概括、发言。

①大肆屠杀中国人民。

②野蛮的殖民统治。

日军侵华目的及措施

总目的		巩固和扩大占领区
措　施	政　治	扶植傀儡政权，以华制华
	经　济	以战养战
	文　教	推行奴化教育

③对敌后抗日根据地实现“三光”政策。

④践踏国际公法，实施细菌战，残杀中国军民。

⑤推行“慰安妇”制度，蹂躏中国妇女。

教师活动：犯下种种反人类罪行的日本侵略者，也曾是上有父母下有儿女的人，是什么使他们从人变成了灭绝人性的恶魔？

学生活动：思考，回答。

教师活动：

历史原因：日本的武士道精神轻生重死。军国主义、民族歧视等极端狭隘思想教育导致其在战争中的灵魂扭曲和心理变态。

现实原因：日军意在灭亡中国，因而用屠杀来泯灭中国人的抵抗意志。

【设计意图】引导学生阅读教材、分类归纳整理，完成从感性认识到理性认识的过程。

课堂小结

本节课，通过材料研读、史料实证等方式让学生学习了日本侵华的原因、局部抗战、全面抗战的开始、日本侵华暴行；从历史唯物主义出发，引导学生用辩证思维思考问题，对抗日战争的理解不能仅限于日军的种种罪行，而应以史为鉴，面向未来，培养学生的爱国情感，树立为中华崛起而读书的信念。

作业拓展

问题：收集九一八事变后，国际联盟派遣李顿调查团来中国东北进行调查的材料和史实，进一步认识九一八事变后中国的国际地位。

培养学生自主学习能力、史料实证能力、历史思辨能力，学生在自主收集史料的基础上，展开充分讨论，提出自己的想法，言之有理即可。

设计反思与讨论

在教材处理上，根据《普通高中历史课程标准（2017 年版）》的要求，选取教学重点日本侵华的罪行和从局部战争走向全面战争加以突出、突破。

在教学方法上，灵活多变，多种形式综合运用，尤其是自主学习、小组合作探究学习，凸显学生的主体地位，使学生获得成功的体验。

体现核心素养理念。本课注重引导学生用唯物史观看待历史，以材料研读的方式培养学生史料实证和历史解释的能力。通过本课学习，从历史唯物主义出发，用辩证思维思考问题，对抗日战争的理解不能仅限于日本侵华的种种罪行，而应以史为鉴，面向未来，树立正确的战争责任观、理性爱国。

但在实际教学中，要合理地把握预设和生成的关系，课前预设与课堂生成可能难以达到和谐统一的教学效果。

第 24 课　正面战场、敌后战场和抗日战争的胜利

设计思路

《普通高中历史课程标准（2017 年版）》要求：了解正面战场和敌后战场的抗战，感悟中华民族英勇不屈的精神，认识中国共产党是全民族团结抗战的中流砥柱；认识中国战场是世界反法西斯战争的东方主战场，理解十四年抗战胜利在中华民族伟大复兴中的历史意义。

根据课标要求，教学过程围绕正面战场和敌后战场的抗战、中国战场是世界反法西斯战争的东方主战场、抗战胜利的历史意义等方面展开。在整个单元中，本课上承“从局部战争到全面战争”，下启“解放战争”，起着重要的连接作用。从历史唯物主义出发，引导学生用辩证思维思考问题，以史为鉴，面向未来，培养学生的爱国主义情感、树立为中华崛起而读书的信念。

关于抗日战争，学生在初中阶段已有比较详细的学习，有一定知识基础。高中生正值世界观、人生观、价值观形成的时期，在教学中应加以引导，使学生铭记历史、面向未来，树立正确的战争责任观，理性爱国。

教学目标

1. 通过学习正面战场和敌后战场的抗战史实，使学生认识到国家和民族的利益高于一切，国难当头，中华民族应团结一致维护民族独立。

2. 运用史料实证，理解中国战场是世界反法西斯战争的东方主战场，提高民族自尊心和自信心。

3. 通过史料研读，理解抗日战争胜利及其意义，学习分析史料的方法，树立正确的战争责任观、理性爱国。

重点难点

1. 重点： 正面战场和敌后战场的抗战。

2. 难点： 抗战胜利的历史意义、中国战场是世界反法西斯战争的东方主战场。

教学活动过程

导入

教师展示材料：阅读《死字旗》，你感触最深的是什么？

王建堂

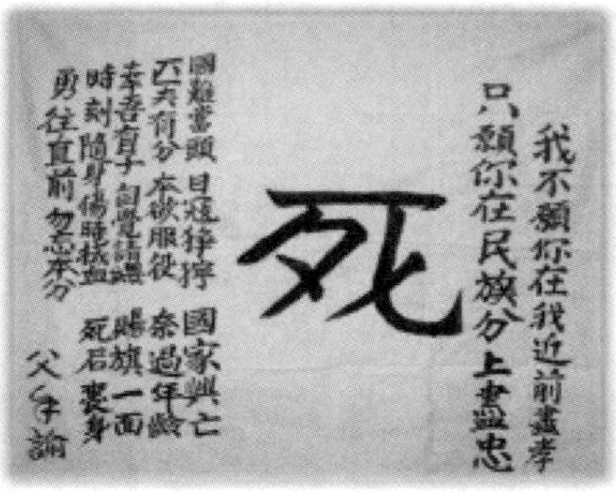

死字旗

我不愿你在我近前尽孝
只愿你在民族分上尽忠。
国难当头 日寇狰狞 国家兴亡
匹夫有分 本欲服役 奈过年龄
幸吾有子 自觉请缨 赐旗一面
时刻随身 伤时拭血 死后裹身
勇往直前 勿忘本分
——父手谕

【设计意图】用具有震撼力的王建堂资料导入，使本课教学内容生动鲜活，激发学生学习兴趣。

学生活动：从各个角度回答。

教师活动：老师最大的感触是“我以我血荐轩辕”。面对山河破碎、国将不国的困境，英勇的中华儿女挺身而出，共赴国难。今天，就让我们走进那段可歌可泣的峥嵘岁月。

1. 导入学习任务一：众志成城——全民族的抗战

（1）全民族的抗战概念理解

教师活动：阅读下列材料，回答材料 1 说明了什么？材料 2 和 3 又说明什么？结合材料 4，谈谈对全民族抗战的理解。

材料 1

国民党正面战场会战统计（部分）

时　间	会战名称	时　间	会战名称
1937 年 8—11 月	淞沪会战	1941 年 12 月—1942 年 1 月	第三次长沙会战
1937 年 9—11 月	太原会战	1942 年 3—9 月	第一次缅北会战
1938 年 1—5 月	徐州会战	1943 年 5—6 月	鄂西会战
1938 年 6—10 月	武汉会战	1943 年 10 月—1945 年 3 月	第二次缅北会战
1938 年 10 月	广州战役	1943 年 11—12 月	常德会战
1940 年 5—6 月	枣宜会战	1944 年 5—8 月	长衡会战

材料 2

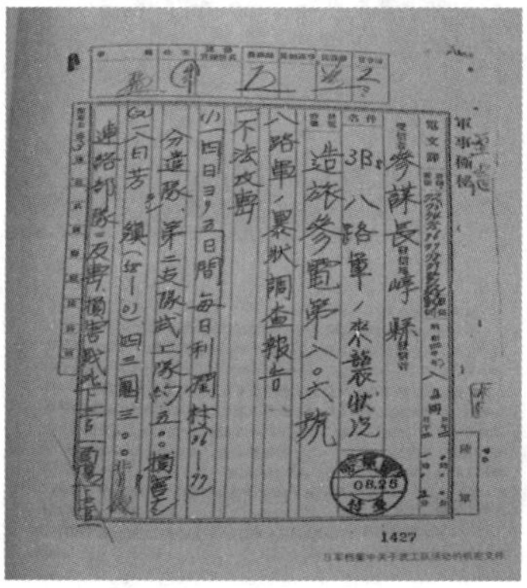

日本教科书和日军档案中有关八路军的抗战

材料 3　1937 年 7 月 7 日到 1938 年 8 月 13 日，国民党军队从北平一路溃败到上海，而日军只顾乘胜追击，造成了华北大片土地权力真空。“无数败兵以及无数聚集在日本人名下的伪军到处祸害老百姓”，以至于民不聊生。在这种情况下，八路军马上进入敌占区，抓住广大民众对日本侵略者的仇恨心理，宣传群众、动员群众、组织群众，“给他们带来了相对的社会稳定与对农民的尊重，因此八路军受到了老百姓欢迎与支持”。

——吕彤邻《美国馆藏中共抗战解密史料汇编——西方见证人眼中的敌后根据地》

材料 4　1938 年 7 月 7 日，武汉各界举行抗战周年纪念献金运动。……“我们在武汉三镇共设了六座献金台，每台八个工作人员，后来增加到二三十个工作人员还应付不了。”后来，“又增设了十几个流动献金台。来献金的人中，有工厂的工人，有郊区的农民，有船员，还有人力车夫、店员、小贩甚至还有乞丐”。“乞丐教养所全体乞丐绝食一日，把节约下来的钱捐献。”

——樊建川《建川博物馆之中流砥柱》

学生活动：分析、回答。

材料 1 说明全面抗战期间国民党军队在正面战场上担负抗击日军进攻的主要任务，进行了一系列大战役，为抗战做出了巨大贡献。

材料 2、3 分别通过日本人和美国人的视角，展现中国共产党深入敌后开展游击战争，组织、发动广大群众，开辟敌后战场的抗战事实，中国共产党在抗战中发挥着中流砥柱的作用。

上述材料反映了抗战期间不论党派、阶层，上至中国政府，下至平民百姓都积极投身、参与到抗战中，使抗日战争成为名副其实的全民族抗战，这也是中国人民取得抗战胜利的重要保障。

（2）全民族抗战的表现：正面战场和敌后战场共同抗日

教师活动：阅读课本第 156—159 页，概括国民党正面战场和共产党敌后战场抗战的主要史实，制作年代尺。

【设计意图】通过制作年代尺，设题引思，引导学生自主学习、合作探究，培养学生的时空观念。

学生活动：阅读、概括、制作。

教师活动：在学生年代尺的基础上，整理成表格。

全面抗战时期国民党正面战场和共产党敌后战场的主要抗战史实

阶　段	时　间	正面战场	敌后战场
战略防御	1937 年 7 月—1938 年 10 月	淞沪会战：粉碎日军三个月亡华的狂妄企图 太原会战：平型关大捷，是华北最大、最激烈的战役 徐州会战：台儿庄大捷，中国军队正面战场取得的最大胜利 武汉会战：抗战以来规模最大的战役，武汉、广州线路抗战进入相持阶段	建立敌后抗日根据地，开展游击战争，战略上配合了正面战场的作战，牵制了在华日军一半以上的兵力
战略相持	1938 年 10 月—1945 年 8 月	1941 年 12 月，第三次长沙会战取得胜利。在英美盟军在太平洋战场接连败退的情况下，长沙会战的胜利在国内外产生了积极影响	百团大战：1940 年下半年，打破了日军的囚笼政策 中共七大：时间、内容、意义
战略反攻	1945 年 8 月—1945 年 9 月	—	解放区战场开展全面反攻

教师活动：请学生阅读课本第 160 页，概括中共七大的时间、内容、意义。

学生活动：阅读分析。

中共七大

背　景	敌后抗日军民发起局部反攻
目　的	取得抗日战争的最后胜利
时间、地点	1945 年春，延安
内　容	提出了党的政治路线；确立毛泽东思想为党的指导思想；选出以毛泽东为首的新的中央委员会
意　义	使全党的认识在马克思列宁主义、毛泽东思想的基础上统一起来，组织上达到了空前的团结，为中国共产党领导人民取得抗日战争的胜利和新民主主义革命的胜利奠定了基础

教师活动：根据上述表格，并结合所学知识，概括国民党的正面战场和共产党的敌后战场有何区别？

学生活动：思考分析。

正面战场和敌后战场的区别

区　别	正面战场	敌后战场
抗战路线	片面抗战路线	全面抗战路线
武装力量	政府的正规军	八路军、新四军、民兵等
战场范围	国民党统治区域	敌人的后方
作战方式	以阵地战为主的正规战	游击战
战略地位	在防御阶段，正面战场是主战场，吸引消耗日军大量兵力，使得八路军、新四军能够深入敌后，开辟敌后抗日根据地	在相持阶段，敌后战场是主战场，为国民党军队赢得在西南休整的时间，也为其取得西线滇缅战场的胜利提供条件

2. 导入学习任务二：中坚力量——东方主战场

教师活动：阅读课本第159—160页，结合下列材料，分小组讨论、分析中国战场为什么是世界反法西斯战争的东方主战场？

材料1　中国抗日战争是世界反法西斯战争不可或缺的组成部分，有极其重要的历史地位，为世界反法西斯战争的最后胜利做出了重大的历史性贡献。……第一，中国人民抗击日本侵略东北，揭开了世界反法西斯战争的序幕。……第二，中国人民的持久抗战，打破了德意日法西斯瓜分全球、称霸世界的侵略图谋。……第三，中国战场牵制和毙伤日军主力最多、持续时间最长、付出代价最大。

——龚书铎《中国近代史（1919—1949）》

材料2　中国战场开始最早，持续时间最长。中国人民的持久抗战是战胜日本法西斯的决定性因素，中国战场始终是反对日本法西斯的主要战场，一直抗击和牵制着日本大部分陆军和大量的海空军。中国战场共歼灭日军150多万，是歼灭日军最多的一个战场。中国的抗战还打乱了日本的“北进”“南进”计划，一方面使日军无力“北进”，使苏联避免了东西两线作战，并能从远东地区先后抽调50余万兵力用于西线对德作战，加速了德国法西斯的败亡；另一方面也延缓了日军“南进”时间，大大减轻了日军对英、美等国军队的压力，并出兵缅甸与盟军协同作战。这在战略上有力地配合与援助了世界各国人们的反法西斯战争。为此中国人民付出了巨大的民族牺牲，中国军民在抗战中共计伤亡3500多万人，直接经济损失1000亿美元，间接经济损失5000亿美元。

——王文泉、刘天路《中国近代史（1840—1949）》

材料3　为保卫滇缅公路，救援在日军追击下仓皇撤退的英军，中国远征军开赴缅甸。1942年，中国远征军著名将领戴安澜率第200师作为远征军的先头部队赴缅参战。在同古会战中，远征军以牺牲800人的代价，歼灭日军4000多人，俘敌400多人，予敌重创，打出了国威。在东瓜保卫战中，他指挥的远征军掩护了英军的撤退。在收复棠吉的战斗中，他亲临前线指挥，攻克棠吉，使东线战局的转危为安有了希望。5月18日，戴安澜在郎科地区指挥突围战斗时负重伤，26日在缅北茅邦村壮烈殉国。1943年10月至1945年1月，中国远征军发起滇西、缅北战役，打通了国际交通线，胜利完成了配合盟军反攻缅北的任务，为支援整个缅甸战场做出了贡献。

——《中外历史纲要》（上）

【设计意图】在教学过程中采用史料研读的方式，有利于加深学生对知识的理解，也可以培养学生史料实证、历史解释的能力。

学生活动：小组讨论、总结发言。

①从1931年开始，中国抗战揭开了世界反法西斯战争的序幕，成为世界东方开战时间最早、持续时间最长、抗击日军最多、付出代价最大的反法西斯战争的主战场，对彻底战胜日本法西斯起到了决定性作用。

②中国抗战迫使日本放弃“北进”苏联的图谋，迟滞了日本“南进”的步伐，为盟国顺利实施“先欧后亚”战略，为确保反法西斯战争全胜奠定了基础。

③中国战场是亚太地区盟军的重要战略支点和后方基地，是最终战胜日本法西斯的决定性力量。中国为同盟国提供了大量战略物资和军事情报，在人力、物力、财力上有力支援了同盟国的反法西斯斗争。中国还有效地支持了缅甸、印度的抗日战争，是反法西斯同盟的中坚力量。

教师活动：在规模空前的世界反法西斯战争中，中国抗日战争开展时间最早、持续时间最长，中国战场长期牵制和抗击了日军的主要兵力，是当之无愧的世界反法西斯战争的东方主战场。

3. 导入学习任务三：浴火重生——抗日战争的胜利

教师活动：经过14年艰苦卓绝的奋斗，1945年中华民族终于迎来了抗日战争的伟大胜利。请阅读课本第161页，梳理走向胜利的重大事件。

【设计意图】在学习“抗日战争的意义”时，引导学生阅读教材，学会分类、归纳和整理，培养学生自主学习的能力。

学生活动：

整理重大事件。1945年5月，德国无条件投降；1945年8月6日和9日，美国先后在日本广岛、长崎投下原子弹；1945年8月8日，苏联对日宣战；1945年8月15日，日本天皇宣布无条件投降；1945年9月2日，日本与盟军正式签署投降书；1945年9月9日，中国战区日军投降签字；1945年10月25日，台湾光复。

教师活动：介绍以下两张图片。1840年到1900年，外国侵略者对中国发动了多次战争，中国都以失败而终，抗日战争是第一次取得的反侵略的完全胜利！请结合所学知识，概括抗日战争取得胜利的原因。

1945 年 9 月 2 日，在东京湾美国战舰“密苏里”号举行日本投降签字仪式

1945 年 9 月 9 日，在南京举行中国战区日本投降仪式

学生活动：思考分析抗日战争的胜利原因。

①国共合作形成抗日民族统一战线，领导中国人民进行全民族抗战。（根本原因）

②世界反法西斯力量的配合和支援，加速了日本投降。（重要因素）

③中国抗日战争是一场正义的民族解放战争，日本发动的战争是侵略的、非正义的法西斯战争，必然以失败告终。

教师活动：抗日战争的伟大胜利，有什么意义呢？请阅读课本第 161 页，并结合所学知识加以概括。

【设计意图】引导学生阅读教材、分类归纳整理，使学生实现从感性认识到理性认识的转变过程。

学生活动：阅读、分析、回答抗日战争胜利的意义。

①抗日战争是鸦片战争以来中国抵御外敌入侵方面取得的第一次完全胜利，成为中华民族由危亡走向振兴的历史转折点，极大地增强了民族自尊心与自豪感。

②这一伟大胜利，开辟了中华民族伟大复兴的光明前景，开启了古老中国凤凰涅槃、浴火重生的新征程。

③中国抗日战争是世界反法西斯战争的重要组成部分，为最终战胜世界法西斯反动势力做出了不可磨灭的历史贡献，极大地提高了中国的国际地位，使中国人民赢得了世界爱好和平人民的尊敬。

课堂小结

本节课，我们通过材料解读的方式学习了全面抗战和抗日战争的胜利，从“众志成城——全民族的抗战”到“中流砥柱——东方主战场”再到“浴火重生——抗日战争的胜利”，见证了抗战风云的艰苦卓绝和气壮山河。

今天，我们回顾这段历史，是为了记住先烈的热血，更是为了珍惜今天的和平。抗日战争蕴含的爱国主义伟大精神，将永远激励华夏儿女，为实现中华民族的伟大复兴而努力奋斗。师生一起朗读习近平总书记在庆祝抗战胜利70周年大会上的一段讲话后，结束本课。

“靡不有初，鲜克有终。”实现中华民族伟大复兴，需要一代又一代人为之努力。中华民族创造了具有5000多年历史的灿烂文明，也一定能够创造出更加灿烂的明天。

作业拓展

问题：抗日战争期间涌现了许多英雄人物，请选择一个人物，结合他的生平事迹，分角度对他的贡献予以评价。

本环节的目的是爱国主义的引导，同时希望学生能搜集英雄人物的史料，运用唯物史观进行分析，多角度有条理地进行历史解释。

设计反思与讨论

在教材处理上，根据《普通高中历史课程标准（2017年版）》的要求，侧重了解正面战场和敌后战场抗战、抗战胜利的意义，突出重点，突破难点。

在教学方法上，以学生自主学习、合作探究学习为主，体现学生的主体地位。

注重核心素养的培养。本课注重引导学生用唯物史观看待历史，以材料研读的方式培养学生史料实证能力和历史解释能力。通过本课学习，从历史唯物主义出发，引导学生用辩证思维思考问题，以史为鉴，面向未来，树立正确的战争责任观、理性爱国。

但在实际教学中，本课内容多、容量大，可能会影响学生的参与度。课前预设与课堂生成也可能难以达到和谐统一。

第 25 课　解放战争

设计思路

《普通高中历史课程标准（2017 年版）》要求：了解全面内战的爆发及人民解放战争的进程，分析国民党政权在大陆统治灭亡的原因，探讨中国共产党领导人民取得中国革命胜利的原因和意义。

根据课标要求，教学过程围绕三个部分展开。

全面内战的爆发：以史料研读等方式学习解放战争的背景。人民解放战争的进程：注重时空观念的落实，侧重从时间和空间两个维度论述人民解放战争的进程。人民解放战争的结果和意义：通过学习使学生认识到中国共产党以广大人民群众和中华民族的利益为重，中国走社会主义道路是中国人民历史的选择。

从高中学生心理特点来看，他们有强烈的好奇心和求知欲，正处于由形象思维向逻辑思维发展的阶段。教师在教学中创设情境，让学生开展探究性学习，培养学生核心素养。

教学目标

1. 运用唯物史观分析解放战争爆发的历史背景，使学生分析认识内战爆发的必然性，提高学生运用唯物史观解释历史的能力，让学生了解毛泽东展现出来的卓越政治智慧和伟大的战略指挥艺术。

2. 通过年代尺、表格等引导学生归纳解放战争战略反攻和三大战役的阶段和概况，落实和培养学生的时空观念，并注意事物从量变到质变的规律。

3. 通过对中国共产党革命斗争史实的了解，认识中国共产党是真正代表人民利益的政党，中国共产党的领导地位是在革命斗争中形成的；中国共产党采取的策略和方针得到了人民的真正拥护。从史学的角度理解选择中国共产党和社会主义道路是中华民族的必然选择。

4. 通过史料研读、合作交流，学习解放战争的结果和意义，感悟新民主主义革命的胜利是中国半殖民地半封建社会、百年屈辱的终结，是中华民族伟大复兴的开始，激起学生对国家的高度认同感、归属感、责任感和使命感，升华家国情怀。

重点难点

1. **重点**：全面内战的爆发、人民解放战争的进程。

2. **难点**：国民党政权在大陆统治灭亡的原因，中国共产党领导人民取得中国革命胜利的原因和意义。

教学活动过程

导入

教师活动：1945 年，中华民族经历了 14 年艰苦卓绝的抗日战争，终于第一次取得了反对外来侵略的完全胜利。从生死存亡中挣扎出来的中华民族迫切要求走上和平发展的复兴之路，国人迫切希望过上祥和稳定的生活。此时的中国，面临着两种前途、两种命运的抉择。历史究竟会做出怎样的选择呢？接下来，让我们一起走进那段风云骤变，战火纷飞的岁月。

【设计意图】以学习回顾抗日战争的胜利导入，使本课教学内容生动鲜活，激发学生学习兴趣。

1. 导入学习任务一：寻战争之源（背景篇）

（1）重庆谈判

教师活动：根据下列材料结合所学知识，概括“二战”后初期美苏对中国的政策。

材料 1　斯大林谋求的势力范围是环苏联领土的“中间地带”，他将这一地带视作苏联国家安全的屏障。……斯大林对于不在自己势力范围以内的共产党力量，基本策略是要求他们走和平道路，放弃武装。

——任世江《高中历史必修课程专题解析》

材料 2　（美国）在中国所追求的长远目标是推动建立一个稳定、统一的亲美政府，而短期目标首先是“阻止共产党完全控制中国”。

——美国国务院《美国对外关系文件集》

学生活动：思考分析。

美苏都从自己的利益出发，希望国共和谈，以达到自身目的。

教师活动：请学生阅读以下三则材料，分组讨论，概况重庆谈判的背景。

材料 3　蒋介石三次电邀毛泽东赴重庆共商国是：

毛泽东先生勋鉴：

倭寇投降，世界永久和平局面，可期实现。……特请先生克日惠临陪都，共同商讨，事关国家大计，幸勿吝驾，临电不胜迫切悬盼之至。

（1945 年 8 月 14 日）蒋中正

毛泽东先生勋鉴：

来电诵悉……深望足下体念国家之艰危，悯怀人民之疾苦……甚有赖于先生之惠然一行，共定大计。……

（1945 年 8 月 20 日）蒋中正

毛泽东先生勋鉴：

未养电诵悉……惟目前各种重要问题，均待与先生面商……国家前途实利赖之……特再驰电速驾！

（1945 年 8 月 23 日）蒋中正

——四川大学马列主义教研室《重庆谈判资料选编》

材料 4　目前与奸党谈判，乃系窥测其要求与目的，以拖延时间……如彼不能……屈服，即以土匪清剿之。

——1945 年 9 月 20 日，蒋介石给各战区司令长官密电

材料 5　蒋介石三次邀我，这个风险要冒。不去，不利。虽然是假戏，但要假戏真做。不然，内战的帽子就戴到了我的头上，戴到了我们共产党人的头上。这样一来，我们就会失掉一些人心。

——毛泽东在 1945 年中共中央政治局扩大会议上的讲话

【设计意图】分组讨论和学习，突出学生的主体地位，培养学生史料实证的能力。

学生活动：思考分析重庆谈判的背景。

①国民党：内战准备工作尚未做好，国内外要求和平的社会舆论压力。

②共产党：争取和平民主，揭露蒋介石假和平、真内战的阴谋。

教师活动：重庆谈判的结果如何呢？

学生活动：思考回答。

签订《双十协定》，规定坚决避免内战，建设独立、自由和富强的新中国。

教师活动：《双十协定》的签订，使共产党在政治上取得主动，在人民面前表明了争取和平的诚意；迫使国民党承认和平建国的基本方针，国民党若破坏协定、发动内战，就在政治上陷于被动地位。那么中国有没有就此走上和平、民主之路呢？

学生活动：思考分析。

（2）重庆政治协商会议（又称“旧政协会议”）

①召开：1946 年，重庆。

②内容：通过和平建国纲领等五项协议。

③结果：国民党单方面撕毁协议，和平建国的梦想瞬间化为泡影。

2. 导入学习任务二：探战争之路（进程篇）

教师活动：请学生阅读以下材料，概括解放战争初期国共双方的力量对比以及中国共产党的战争策略。

材料 1

党　派	军队人数及军种	装　备	辖区人口	国土面积及资源
国民党	430 万 陆军 海军 空军	飞　机 坦　克 大　炮 美　元	3 亿多人口	3/4 国土面积 占据大城市 人力、物力 资源丰富
共产党	127 万 野战军 民兵	小　米 步　枪	1 亿人口	1/4 国土面积 落后农村 经济落后 资源匮乏

——《高中历史必修一教学参考》

材料 2　毛泽东对正在延安采访的美国记者安娜·路易斯·斯特朗所说的：“一切反动派都是纸老虎。”

——《毛泽东选集》

学生活动：思考分析。

①力量对比：国民党相对共产党有明显优势。

②中共策略：战略上藐视敌人，毛泽东提出“一切反动派都是纸老虎”的著名论断；战术上重视敌人；方法是运动战；目标是歼灭敌人有生力量。

教师活动：用多媒体展示解放战争形势相关历史地图，引导学生阅读课本第 164 页“全面内战的爆发”，对战争的过程进行简单的梳理。阅读课本第 166 页“新民主主义革命的胜利”，用表格整理解放战争的经过。

【设计意图】通过阅读战争形势图和教材、制作表格等，设题引思，引导学生自主学习、合作探究，培养学生的时空观念。

学生活动：阅读、思考、总结。

人民解放战争的主要进程

阶　段		时　间	方　向	概　况
战略防御	全面进攻	1946 年 6 月—1947 年 3 月	中原解放区	歼敌 70 多万，打乱敌人全面进攻计划，被迫转为重点进攻
	重点进攻	1947 年春	陕北解放区 山东解放区	青化砭战役、沙家店战役 孟良崮战役

续 表

阶 段		时 间	方 向	概 况
战略反攻		1947 年 6 月	中原解放区揭开序幕	刘邓大军千里挺进大别山
战略决战	辽沈战役	1948 年 9 月 12 日—1948 年 11 月 2 日	三大战役共歼灭国民党军队 154 万余人，基本摧毁了国民党的主要军事力量，为中国革命在全国的胜利奠定了基础	“先取锦州、关门打狗”，歼敌 47 万，解放东北全境，人民解放军从此在数量上取得对国民党军队的优势
	淮海战役	1948 年 11 月 6 日—1949 年 1 月 10 日		“中间突破、分割包围”，歼敌 55 万余人，南线国民党军队的精锐主力已被消灭，长江中下游以北广大地区获得解放
	平津战役	1948 年 11 月下旬—1949 年 1 月 31 日		“先取两头、后取中间” 共歼灭和改编国民党军队 52 万余人，基本解放华北全境
北平和谈		1949 年 4 月 1 日—4 月 20 日	—	国民党拒绝在和约上签字，和谈失败
渡江战役		1949 年 4 月 21 日—6 月 2 日结束	—	23 日，解放军占领国民党统治中心南京，国民党蒋介石集团在大陆的统治覆灭。中华民国时期结束

教师活动：阅读下列材料，回答 1948 年秋，战略决战的条件是否成熟？具体表现在哪？

材料 3　1948 年秋，人民解放军已从战争开始时的 120 万人发展到 280 万人，其中野战军 149 万人。国民党军队已由战争开始时的 430 万人下降为 365 万人，可用于一线的兵力仅 198 万人。

——据张海鹏《中国近代通史》第十卷整理

材料 4　平分土地利益极多，办法简单，群众拥护，外界亦很难找出理由反对此种公平办法，中农大多数获得利益，少数分出部分土地，但同时获得了其他利益(政治及一般经济利益)可以补偿。因此土地会议应该采取彻底平分土地的方针，将农村中全部土地、山林、水利，平地以乡为单位，山地以村为单位，除少数重要反动分子本身外，不分男女老少，在数量上（抽多补少）、质量上（抽肥补瘦）平均分配。不但土地、山林、水利平均分配，而且要将地主、富农两阶级多余的粮食、耕牛、农具、房屋及其财富拿出来，适当分给农民中缺乏这些东西的人们，地主、富农所得的土地财产不超过也不低于农民所得。大规模的森林及水利工程不能分配给分配者由政府管理。此外，同意即由土地会议通过土地法大纲，作为向各解放区政府的建议。同时，起草一个党内决议，由中央公布。

——1947 年 9 月 6 日《中央关于彻底平分土地问题给中央工委的复示》

材料 5　1947 年中共制定颁布了《中国土地法大纲》，大纲规定：没收地主土地，废除封建剥削制度，实行耕者有其田，按农村人口平均分配土地。土地改革使解放区一亿多无地和少地农民分到了土地，激发了农民革命和生产的积极性。翻身农民踊跃参军，支援前线。1946—1948 年，华北和东北解放区有200多万人参军。山东有约580多万人，冀中有480多万人随解放军出征，抬担架、送粮草、运弹药、救伤员。

——《中外历史纲要》（上）

学生活动：思考分析1948年秋战略决战的条件成熟的具体表现。

①解放军：军队数量迅速增加；装备进一步改进，战斗力进一步加强；1947年召开全国土地会议，制定《中国土地法大纲》，使亿万农民在政治、经济上获得了解放，后方更加巩固。

②国民党：军队数量迅速下降；士气低落战斗力不强；国民党发动反人民内战，处境十分孤立。

教师活动：1949年4月23日，解放军占领南京，统治中国22年的南京国民政府覆灭了。毛主席提笔写下了著名的《七律·人民解放军占领南京》，让我们一起感受那喜悦和豪迈之情。（齐诵）

钟山风雨起苍黄，百万雄师过大江。
虎踞龙盘今胜昔，天翻地覆慨而慷。
宜将剩勇追穷寇，不可沽名学霸王。
天若有情天亦老，人间正道是沧桑。

教师活动：随后，解放军各路大军继续向中南、西北、西南各省胜利大进军，迅速解决残余敌人，解放广大国土。中国共产党带领全国人民终于赢得了新民主主义革命的胜利，这是人民创造的彪炳史册的伟大胜利。那新民主主义革命胜利有什么意义呢?

3. 导入学习任务三：品战争之果（意义篇）

教师活动：请学生阅读课本第169页，概括中国新民主主义革命胜利的意义。

学生活动：阅读、思考、回答。

①国内意义：标志着中国一百多年来屈辱的历史从此结束，人民企盼已久的独立、统一的新中国即将诞生。

②世界意义：改变了世界的政治格局，壮大了世界和平、民主和社会主义力量，鼓舞了世界被压迫民族和人民解放斗争的士气。

③思想意义：是马克思主义的胜利，也是马克思主义的普遍真理与中国革命的具体实践相结合的毛泽东思想的胜利。

教师活动：解放战争后期，蒋介石曾在山西的白云观抽签，抽到的是“下下签”，他叹息败局已定。不久，毛泽东也恰巧来到白云观，为助兴也抽了一签，抽到的是“上上签”，道士大为赞叹。此事后来被蒋介石知道了，说：“天意。”毛泽东却说：“民意。”请学生阅读以下材料，概括国民党政权在大陆统治灭亡的原因。

材料1　人们把抗战胜利后国民党政府派人对原日本占领区的接收，讽刺为“三阳（洋）开泰”（捧西洋、爱东洋、要现洋）、“五子登科”（抢房子、车子、金子、衣服料子和女子）。弄得收复区物价飞涨，民怨沸腾。京沪平津一带流传的民谣说：“想中央，盼中央，中央来了更遭殃！”这是对国民党“劫收”的生动写照。

1945 年 9 月，国民政府财政部规定伪币中储券 200 元兑换法币 1 元（实际比值约为 25 ∶ 1），并规定限期、限量兑换。仅通过这种掠夺式的货币兑换手段，国民政府就从收复区人民手中攫取了大量财富。

——王桧林《中国现代史》

材料 2　这一带无数万的人民都曾为胜利狂欢过，而今却如水益深，如火益热，大众不得聊生。他们痛苦极了，比未胜利时还痛苦。

——1945 年 10 月 24 日《大公报》文章《为浙江人民呼吁》

材料 3　以 1946 年冬爆发的“抗议美军暴行”运动为标志，一个以反对美蒋为中心的声势浩大的爱国民主运动在国统区迅速兴起。这一运动以学生为先锋，核心是反饥饿、反内战、反迫害，逐步发展成为配合人民解放军作战的第二条战线。

——《中外历史纲要》（上）

材料 4

解放区开展土地革命

解放军露宿上海街头

学生活动：思考分析，国民党政权在大陆统治灭亡的原因。

①国民党：不能解决中国社会的根本矛盾，不能应对中国社会的发展要求，不能代表广大民众的切身利益，从而失去了民众的支持，丧失了中国大陆的统治权。

②共产党：能够始终顺应时代发展的潮流，代表中国最广大人民的利益，得到了人民群众的支持，领导人民取得了中国革命的胜利。

课堂小结

本节课从“寻战争之源”“探战争之路”“品战争之果”三方面走进解放战争，见证了中国共产党领导人民取得中国革命胜利的光辉历程。百年风雨历沧桑，拨开云雾见曙光！回顾历史，缅怀先烈。中国近代文明的每一次进步，都饱含了太多血和泪！正因为有一批又一批的革命先烈抛头颅、洒热血，才换来我们中华民族今天的繁荣富强！今天，历史的重任已然落在我们的肩上，让我们积极行动起来，无悔青春，不负韶华，共筑中国梦！

作业拓展

问题："务必使同志们继续保持谦虚、谨慎、不骄、不躁的作风，务必使同志们继续保持艰苦奋斗的作风。"联系现实讨论，毛泽东在党的七届二中全会上提出的"两个务必"有什么深远意义？

培养学生自主学习能力、史料实证能力、历史思辨能力，让学生在自主收集史料的基础上，展开充分讨论，提出自己的想法，言之有理即可。

设计反思与讨论

在教材处理上，本课所有的内容都是重点、难点，课堂的容量特别大。尽管如此，在教学过程中也做了适当的取舍，突出重点、突破难点，如对解放战争背景和国民党政权在大陆统治灭亡原因的分析。

在教学方法上，主要采用小组合作探究学习，既凸显了学生的主体地位、发展学生的思维能力，又使学生体验了自主探究、合作学习的快乐，活跃了课堂气氛，加深了学生对知识的理解与掌握。

注重核心素养的培养。本课教学坚持唯物史观，注重时空观念的培养，以材料研读的方式培养学生史料实证、历史解释的能力。同时，适时进行情感教育，通过本节课教学使学生明白"没有共产党就没有新中国""得民心者得天下"。

在实际教学中，本课的课堂容量有些过大，时间还是有些仓促，在一些细节问题上还需进一步加强落实。

第九单元 中华人民共和国的成立和社会主义建设

第 26 课　中华人民共和国成立及向社会主义过渡

设计思路

《普通高中历史课程标准（2017 年版）》要求：认识中华人民共和国成立的伟大意义；概述新中国巩固人民政权的主要举措；认识新中国为民主政治建设和向社会主义过渡做出的努力。

根据课标要求及教材编排，教学过程围绕四个部分展开。

中华人民共和国的成立：以史料研读等方式学习中国人民政治协商会议第一届全体会议的召开、《共同纲领》的内容、中华人民共和国成立的意义。人民政权的巩固：通过史料研读学习新中国为了巩固人民政权，开展土地改革、稳定物价、参加抗美援朝保家卫国等史实。开创独立自主的和平外交：注重时空观念的落实，侧重从时间和空间两个维度论述新中国初期的外交。社会主义基本制度的建立：以史料研读等方法学习社会主义过渡时期总路线“一化三改造”，新中国成立初期“三大制度”的建立。通过学习使学生认识到毛泽东思想不仅是新民主主义革命的指导思想，还是社会主义革命、社会主义建设的指导思想。

本课内容，学生在初中阶段已学习相关知识，具备一定的知识基础，但是多停留在感性认识阶段，对于这一特殊历史时期的复杂性认识不足，理论认识也有待提升。如对新民主主义、人民民主专政、社会主义等概念就需要同新中国成立初期的相关历史史实联系起来。知识点比较多，老师可按结合时序性强、阶段特征明显的特点加以分类，以使授课符合学生的实际情况，并在这过程中培养学生的核心素养。

教学目标

1. 通过史料研读等方法，了解中国人民政治协商会议第一届全体会议的召开、《共同纲领》、中华人民共和国成立的概况、土地改革、稳定物价、抗美援朝、日内瓦会议、和平共处五项原则、万隆会议、“一化三改造”、第一届全国人大的召开、三大制度的建立等。

2. 通过史料研读、合作交流，从时间和空间两个维度学习新中国成立初期所采取的一系列巩固新生人民政权的措施，在美、苏两大阵营对峙的大时空背景下采取的外交政策。

3. 通过对本课相关史实的学习，能够有理有据地说明新中国成立初期的种种措施和人民政权的性质、特殊的国内外环境，并且能够从现代化的视角对这些措施进行辩证和客观的评价。

4. 注重文史结合，培养学生综合运用各种类型的史料的能力，使学生掌握史论结合、论从史出的历史唯物主义基本分析方法。

5. 通过对中华人民共和国成立的史实的学习，感受“中国人民站起来了”的自豪。认识事物发展的曲折性，用发展的眼光看待成长中的事物，培养历史使命感和责任感以及为实现民主科学奋斗的求真精神。

6. 通过对三大基本政治制度的学习，认识到现代中国的政治建设是中国历史和现实要求的必然结果。梳理新中国建立以来民主建设发展的基本脉络，展望中国民主政治发展的美好前景；培养学生追求民主的科学精神和为国家民主制度建设努力的历史责任感；形成对国家、民族的历史使命感和社会责任感。

重点难点

1. 重点：中华人民共和国成立的伟大历史意义，巩固政权的主要举措，新中国的民主政治建设和向社会主义过渡的措施。

2. 难点：和平共处五项原则的内涵及意义，三大制度的建立及民主政治的建设。

教学活动过程

导入

教师展示材料：

我们的事情还很多，比如走路，过去的工作只不过是像万里长征走完了第一步。

——毛泽东《论人民民主专政》

教师活动：请同学们结合当时的背景，思考毛主席说这番话的原因。

学生活动：革命还没有完全胜利，还面临着许多的敌人和亟待解决的问题。（国民党残敌、国民经济崩溃、帝国主义势力干涉中国革命等）

教师活动：中国共产党领导中国人民前进的脚步从未停止，很快就迈出了坚实的一步。今天我们就一起来学习中华人民共和国的成立及向社会主义过渡的相关内容。

【设计意图】引导学生从已知到未知，使学生在思想上顺利进入新课状态。

1. 导入学习任务一：中华人民共和国的成立

（1）中国人民政治协商会议

教师展示材料：

材料 1　请看下图报影，下列各项中对该报章内容解读正确的是

京市人民政府通知所屬
所有機關名稱印信牌匾
「北平」字樣改爲「北京」

【北京訊】本市人民政府遵照中國人民政治協商會議：「中華人民共和國的國都定於北平，並改名北平為北京」的決議，已於九月二十八日通知直屬各單位暨其附屬單位把印信、鈐記、戳記、機關名稱牌匾證章及一切文書用紙上的「北平」字樣，一律改為「北京」字樣，並須於本月底以前盡可能準備齊妥，自十月一日起實行。機關名稱、牌匾戳記之類，務必如期實行。（市府新聞處）

北京市人民政府通知改“北平”为“北京”

A. 北京这个千年古都成为人民政权的首都

B. 北京市人大、政协等相关政权组织已经产生

C. 北京市人民政府于 1949 年 10 月 1 日正式成立

D. 该消息标志着“北平”正式更名为“北京”

学生活动：选择 A 项是正确的，B 项中北京市人大没有产生，C 项中北京市人民政府于 1949 年 10 月 1 日正式成立这在材料中没有体现，D 项该消息标志着“北平”正式更名为“北京”是错误的，应该是 10 月 1 日正式更名。

（2）《共同纲领》

教师展示材料：

材料 2

1. 关于国体。中华人民共和国为新民主主义即人民民主主义的国家，实行人民民主专政。

2. 关于政体。国家政权属于人民……中华人民共和国境内各民族一律平等。

3. 关于人民权利、义务。人民依法有选举权和被选举权，有思想、言论、出版、集会、结社、通讯、人身、居住、迁徙、宗教信仰及示威游行的自由等权利。

4. 关于法律制度。废除国民党反动政府一切压迫人民的法律、法令和司法制度，制定保护人民的法律、法令，建立人民司法制度……

——《共同纲领》

教师活动：依据材料结合课本，简述《共同纲领》的意义。

学生活动：《共同纲领》是新中国的建国纲领，是中国各阶级、各民主党派和各民族人民大团结的政治基础，起着临时宪法的作用。

（3）新中国的成立

教师展示材料：

材料 3

第一届中华人民共和国中央人民政府主席、副主席的政党状况

姓　名	毛泽东	朱　德	刘少奇	宋庆龄	李济深	张　澜	高　岗
政　党	中　共	中　共	中　共	民　革	民　革	民　盟	中　共

上表为第一届中华人民共和国中央人民政府主席、副主席的政党状况说明，以下理解正确的是

A. 新中国是中国共产党和各民主党派联合的政府

B. 中国共产党领导下的多党合作和民主协商的政治制度

C. 新中国在政体上实行多党制

D. 中国共产党的政治地位还不稳固

学生活动：选择 B 项是正确的。

教师活动：结合所学知识，分组讨论并概括中华人民共和国诞生的伟大历史意义。

学生活动：回答发言。

①国内意义：中国人民经过几百年的英勇斗争，终于取得了新民主主义革命的胜利，人民成了国家的主人，中国历史进入了一个新纪元；新中国的成立标志着一百多年来中国半殖民地半封建社会的历史从此结束，开始了向社会主义过渡的新时期。

②国际意义：新中国的诞生，冲破了帝国主义的东方战线，壮大了世界和平、民主和社会主义的力量，鼓舞了世界被压迫民族和被压迫人民争取解放的斗争。

【设计意图】培养学生从教材文本中提炼出有价值的历史问题，从而提升获取有效信息的能力。

2. 导入学习任务二：人民政权的巩固

（1）土地改革

教师活动：土地政策的实质是要消灭封建土地所有制，这也是民主革命遗留下来的最主要的任务之一。中华人民共和国成立后，我国很多地区还没有解放，所以随着解放战争的推进，土地改革也逐渐在全国展开。这次土地改革变地主土地所有制为农民的土地所有制，是否意味着土地公有？

学生活动：相互讨论后发表见解。不是，因为土地归农民私有。

教师活动：土地改革，根据全国解放后的新情况，将过去限制和打击富农经济的政策变为保存富农经济的政策，主要是为了更好地孤立地主，减少土改运动的阻力，保护中农和小土地出租者，稳定民族资产阶级，归根到底是为了早日恢复和发展生产。

学生活动：土地改革的基本完成，废除了两千多年来的封建剥削制度，消灭了地主阶级；广大农民在政治上、经济上翻了身；解放了农村生产力，农业生产迅速发展；进一步巩固了人民民主政权；为国家工业化开辟了道路。

（2）稳定物价

教师展示图片：

1949 年 6 月，上海军管会查封证券交易所

稳定人民生活制止物價暴涨

京市府接受人民要求

究辦糧食奸商十六家

保證京津等地糧食供應

東北糧食大量入關

京市糧價昨起已趨穩定

人民政府从全国各地调集粮食

教师活动：1949 年 5 月 27 日，上海解放。之后，投机商人拒绝用人民币，并进行黄金、银圆投机倒把活动，挑起“银圆之战”。上海金银价格飞涨。当时政府的对策是什么？

学生活动：军管会断然查封证券大楼，逮捕了投机倒把首要分子，打击了破坏金融的非法活动，取得了“银圆之战”的胜利。

教师活动：“银圆之战”之后，投机商又进行了粮食、棉纱的投机活动，使上海的米价在一个月之中涨了 4 倍，挑起“米棉之战”。当时政府的对策是什么？

学生活动：人民政府统一调运粮食和棉纱在各大城市抛售，市场物价接连下降，人民政府取得了“米棉之战”的胜利。

教师活动：为了稳定市场物价，政府进行了银圆之战、米棉之战。结合课本简述其意义。

学生活动：结束了我国连续十多年的物价暴涨的局面；人民政府赢得了全国人民的信任。

（3）抗美援朝

教师活动：美国拼凑所谓的“联合国军”干涉朝鲜内政，中国作为一个刚刚诞生、百废待兴的国家，为什么要参加这场战争呢？我们来看几段材料。

材料 1　全世界各国的事务应由各国人民自己来管，亚洲的事务应由亚洲人民自己来管，而不应由美国来管。美国对亚洲的侵略，只能引起亚洲人民广泛的和坚决的反抗。

——1950 年 6 月 28 日毛泽东在中央人民政府委员会第八次会议上的讲话

材料2　中国人民热爱和平，但是为了保卫和平，从不也永不害怕反抗侵略战争，中国人民决不能容忍外国的侵略，也不能听任帝国主义对自己的邻人肆行侵略而置之不理。

——1950年9月30日周恩来在国庆节大会上的讲话

材料3　朝鲜的存亡与中国的安危是密切关联的。唇亡则齿寒，户破则堂危。中国人民支援朝鲜人民的抗美战争不只是道义上的责任，而且和我国全体人民的切身利益密切地关联着，是为自卫的必要性所决定的。

——《各民主党派联合宣言》

教师活动：依据上述材料，谈谈中国人民志愿军赴朝参战的目的和性质。

学生活动：中国人民志愿军赴朝参战，是保家卫国、维护世界和平的正义性的、反侵略的战争。

教师展示材料：

材料4　它雄辩地证明：西方侵略者几百年来只要在东方的一个海岸上架起几尊大炮就可以霸占一个国家的时代一去不复返了。……在第二次世界大战后，特别是中国革命胜利后起了深刻变化的亚洲历史的前进车轮，是侵略势力所绝对不能扭转的。……这对于保障远东的和平，是一个重大的贡献。

——彭德怀《关于中国人民志愿军抗美援朝工作的报告》

教师活动：依据材料4结合时代背景，归纳抗美援朝的历史意义。

学生活动：归纳后自由发言。

①打击了美帝国主义的侵略政策和战争政策，打破了美国不可战胜的神话，极大地鼓舞了全世界人民保卫和平、反对侵略的勇气和信心，对国际局势产生了深远的影响。

②极大地提高了我国的国际威望。

③保卫了中朝两国的独立与安全，为我国的社会主义改造和社会主义建设赢得了一个相对和平的环境。

④极大地激发了全国人民的爱国热情和国际主义精神。

3. 导入学习任务三：开创独立自主的和平外交

（1）独立自主的和平外交方针

教师展示材料：

材料1　“本政府为代表中华人民共和国全国人民的唯一合法政府。凡愿遵守平等、互利及互相尊重领土主权等项原则的任何外国政府，本政府均愿与之建立外交关系。”

——1949年10月1日《中华人民共和国中央人民政府公告》

教师活动：依据材料结合课本，评说新中国建立以后奉行怎样的外交政策。

学生活动：奉行独立自主的和平外交政策，其基本方针有：①“一边倒”；②“另起炉灶”；③“打扫干净屋子再请客”。在此基础上，中华人民共和国迎来了第一次建交高潮。

（2）日内瓦会议

教师展示图片：

周恩来出席日内瓦会议

中国政府代表团在日内瓦会议上

教师活动：结合所学知识，评价中国在日内瓦会议上所做的努力。

学生活动：印度支那问题得以政治解决；显示了新中国坚持正义、维护和平的形象；在通过谈判解决国际争端中起了积极作用。

（3）和平共处五项原则

教师展示材料：

材料 2 和平共处五项原则生动反映了联合国宪章宗旨和原则，并赋予这些宗旨和原则以可见、可行、可依循的内涵。和平共处五项原则中包含 4 个“互”字、1 个“共”字，既代表了亚洲国家对国际关系的新期待，也体现了各国权利、义务、责任相统一的国际法治精神。

——2014 年 6 月 28 日习近平《弘扬和平共处五项原则，建设合作共赢美好世界——在和平共处五项原则发表 60 周年纪念大会上的讲话》

教师活动：依据材料结合所学知识，解释 4 个“互”字、1 个“共”字的含义。

学生活动：互相尊重主权和领土完整；互不侵犯；互不干涉内政；平等互利；和平共处。

体现了包容性和开放性；标志新中国外交政策的成熟；成为解决国与国之间问题的基本准则，在国际上产生深远影响。

（4）万隆会议

教师展示材料：

材料 3 西方国家控制我们命运的时代已经过去了，亚非国家的命运应该由亚非各国人民自己掌握。……中国代表团是来求团结而不是来吵架的。中国代表团是来求同而不是来立异的……我们的会议应该求同存异……

——周恩来在万隆会议上的发言

材料 4 周恩来并不打算改变任何一个坚持反共立场的领导人的态度，但是他改变了会议的航向。

——美国记者鲍大可

教师活动：①材料 1 是周恩来在哪次国际会议上的讲话？其内容体现了中国政府在会议上的

方针是什么？②美国记者为什么说周恩来改变了会议的航向？③这次会议取得圆满成功，其中体现出的精神是什么？

学生活动：①万隆会议；“求同存异”。

②周恩来提出的“求同存异”方针得到了多数与会者的赞同，并在此基础上达成共识，把少数国家攻击共产主义的倾向转向共同反殖反霸的主题上来。

③亚非人民团结一致，保卫世界和平，增进各国人民友谊的精神，即“万隆精神”。

4. 导入学习任务四：社会主义制度的建立

（1）一化三改造

教师展示材料：

材料 1 现在我们能造什么？能造桌子、椅子，能造茶碗、茶壶，能种粮食，还能磨成面粉，还能造纸，但是，一辆汽车、一架飞机、一辆坦克、一辆拖拉机都不能造。

——《毛泽东文集》

教师活动：从新中国成立初期的材料中得到什么信息？

学生活动：我国的经济十分落后，工业水平很低。

教师活动：中国的工业水平相当落后，中国近代史的教训和朝鲜战争的现实使中国人民认识到落后就要挨打，尽快实现工业化就成了当务之急。1953 年，我国政府提出了过渡时期的总路线。

教师活动：展示过渡时期的总路线，“过渡”指的是什么？

学生活动：指的是从新民主主义国家转变为社会主义国家。

教师活动：阅读过渡时期总路线的内容，想一想总路线提出了几个目标，它们之间存在怎样的关系？

学生活动：社会主义工业化和完成国家对农业、手工业和资本主义工商业的社会主义改造，两者之间的关系是发展生产力和变革生产关系同步进行。

教师展示材料：

材料 2 这个总路线反映了历史的必然性。……历史证明，党提出的过渡时期总路线是完全正确的。

——《关于建国以来党的若干历史问题的决议》

教师活动：为了实现过渡时期的总路线，人民政府制定了第一个五年计划。请注意其内容和总路线有何不同？原因是什么？

学生活动：五年计划明确提出要优先发展重工业，因为重工业化是工业化的基础。

教师活动：1953 年起，第一个五年计划全面开始执行，开始了我国历史上最深刻意义的伟大变革。

【设计意图】用问答法锻炼学生的历史解释能力。

教师活动：要求学生阅读课本，概括出三大改造的具体措施和经过。

学生活动：学生合作讨论，提炼课本中的有效知识点。

社会主义三大改造

行　业	措　施	结　果
农　业	农业生产合作社	将生产资料的私有制改造成社会主义的公有制
手工业	手工业生产合作社	
资本主义工商业	公私合营	

教师活动：展示 1953 和 1956 中国生产资料所有制对比表，要求学生结合课本回答三大改造的影响，在学生回答的基础上进行总结：三大改造的完成标志着社会主义在中国的基本建立。

教师活动：展示“一五计划”期间工业交通建设主要成就分布图，结合课本提炼该图反映的历史信息。

学生活动：“一五计划”超额完成，取得了巨大的成就。

【设计意图】通过对图表、文字等多种形式的史料解读，提高学生论从史出的能力。

（2）三大制度的建立

教师展示材料：

材料 3　第一条　中华人民共和国是工人阶级领导的、以工农联盟为基础的人民民主国家。

第二条　中华人民共和国的一切权力属于人民。人民行使权力的机关是全国人民代表大会和地方各级人民代表大会。全国人民代表大会、地方各级人民代表大会和其他国家机关，一律实行民主集中制。

…………

第四条　中华人民共和国依靠国家机关和社会力量，通过社会主义工业化和社会主义改造，保证逐步消灭剥削制度，建立社会主义社会。

…………

第二十一条　中华人民共和国全国人民代表大会是最高国家权力机关。

第二十二条　全国人民代表大会是行使国家立法权的唯一机关。

——1954 年《中华人民共和国宪法》

教师活动：组织学生讨论，回答以下问题。

①制定的时间和地点。

②宪法形成的过程。

③宪法的性质。

④宪法的内容。

⑤宪法诞生的意义。

学生活动：讨论回答。

①制定时间和地点：1954 年，北京。

②宪法形成过程：宪法起草委员会广泛征求人民群众的意见。

③宪法的性质：是新中国第一部社会主义性质的宪法。

④宪法的内容：国家性质（国体）是人民民主国家；根本政治制度（政体）是人民代表大会制度；权力主体是一切权力属于人民；权力机关是各级人大和国家机关；组织原则是民主集中制；规定了公民的权利和义务；确立向社会主义过渡的方向和途径 。

⑤宪法诞生的意义：开创了中国人民民主的全新阶段，是中国走向依法治国的重要标志和新的起点。

教师展示图片：

第一届全国人民代表大会第一次会议部分代表合影

中国人民政治协商会议第一届全体会议部分代表合影

人民群众欢庆新疆维吾尔自治区成立

教师活动：以上三幅图片分别反映了我国实行的哪些政治制度？它们正式确立的基本前提有哪些？结合所学知识概括指出，上述政治制度在我国政治生活中具有的地位。

学生活动：第一张图反映的是人民代表大会制度，第二张图反映的是中国共产党领导的多党合作和政治协商制度，第三张图反映的是民族区域自治制度。它们正式确立的基本前提是新中国的成立及巩固，中国共产党和国家的统一领导。

人民代表大会制度是我国的政体，也是我国最根本、最重要的政治制度；中国共产党领导的多党合作和政治协商制度和民族区域自治制度是我国的基本政治制度。

（3）毛泽东思想

教师活动：在建立中华人民共和国和社会主义制度的过程中，毛泽东发挥了独特的作用。毛泽东思想不仅是新民主主义革命的指导思想，也是社会主义革命、社会主义建设的指导思想。

师生活动：各位同学，今天我们学习了“中华人民共和国的成立及向社会主义过渡”，通过学习我们知道，我国实现了对农业、手工业、资本主义工商业的社会主义改造，工业化建设也取得了举世瞩目的成就，同时随着 1954 年第一届全国人民代表大会制定了《中华人民共和国宪法》，社会主义制度在政治上也建立了起来。1956 年底，社会主义制度在我国基本建立，从此我国进入了探索建设社会主义道路的时期。

课堂小结

本课内容分为四部分：中华人民共和国的成立、人民政权的巩固、开创独立自主的和平外交和社会主义基本制度的建立。在课堂上采取多种形式进行教学，如通过材料解读的方式学习中国人民政治协商会议第一届全体会议的召开、《共同纲领》、中华人民共和国成立的概况、土地改革、稳定物价、抗美援朝、日内瓦会议、和平共处五项原则、万隆会议、"一化三改造"、第一届全国人大的召开、三大制度的建立等历史事件等；通过小组合作的方式探究和平共处五项原则的影响，人民代表大会制度的性质等；以时间的角度整理建国初期所采取的一系列巩固新生人民政权的措施，在美、苏两大阵营对峙的大时空背景下采取的外交政策等。以此，全面认识现代中国的政治建设是中国历史和现实要求的必然结果。把握新中国建立以来民主建设发展的基本脉络，展望中国民主政治发展的美好前景；培养学生追求民主的科学精神和为国家民主制度建设努力的历史责任感；形成对国家、民族的历史使命感和社会责任感。

作业拓展

问题：如何理解"人民代表大会制度是我国的根本政治制度"？

学生活动：展开充分讨论，提出自己的想法：为保证人民真正成为国家的主人，保障人民充分行使管理国家、管理经济和社会事务的权利，我国采用人民代表大会制度作为国家的根本政治制度。这是由我国国情决定的，是历史的选择。人民代表大会以民主集中制为组织原则，由人民选举各级人民代表组成国家权力机关，统一领导和管理国家事务，从根本上保证全体公民享有管理国家的政治权利。

设计反思与讨论

在教材处理上，本课涉及的内容非常多，在教学过程中不可能做到面面俱到，因而选取重点、难点加以突破，如对中华人民共和国成立的伟大历史意义，巩固政权的主要举措，新中国的民主政治建设和向社会主义过渡的措施，和平共处五项原则的内涵及意义，三大制度的建立及民主政治建设等的分析。

在教学方法上，采取多种形式，如材料解读探究学习，既锻炼了学生的阅读探究能力，又活跃了课堂气氛，使学生体验了合作学习的快乐，加深了对知识的理解和运用。

本教学设计体现核心素养理念。本课教学旨在培养和提高学生的历史学科核心素养，坚持唯物史观引领，注重时空观念的定位，培养史料实证、历史解释的能力。通过本课学习，使学生树立追求民主的科学精神和为国家民主制度建设努力的历史责任感；形成对国家、民族的历史使命感和社会责任感，提升了家国情怀。

但在实际教学中，可能出现教师讲解过多和学生主动参与偏少，教学预设目标与课堂达成偏离，重历史知识讲解和忽视学科核心素养等问题。

第 27 课　社会主义建设在探索中曲折发展

设计思路

《普通高中历史课程标准（2017 年版）》要求：了解 20 世纪 50—70 年代中国探索社会主义建设道路的曲折发展和伟大成就，认识“文化大革命”的错误及教训；理解政治、经济、外交、国防等领域所取得的成就在新中国历史上所具有的开创性、奠基性意义；了解和感悟这一时期中国人民艰苦奋斗、奋发图强的精神风貌。

根据课标要求及教材编排，教学过程围绕三部分展开。

全面建设社会主义：以时间为序、以史料研读等为方式，学习中共八大、关于正确处理人民内部矛盾、“大跃进”和人民公社化、“八字方针”等历史事件。“文化大革命”：以史料研读等方式学习“文化大革命”的背景、经过和影响。伟大的建设成就：以史料研读等方式了解我国在工业、农业、科技、国防、外交、文化教育等方面取得的巨大成就。

本课内容，学生有初中学习的基础，已基本了解历史的学习方法，能够利用网络检索等手段搜集课程资源。因此课前可以通过学案，引导学生预习本课内容、搜集相关资料。高中学生虽然对历史知识有着浓厚的兴趣，但分析历史问题的理论和方法还不够成熟。因此在授课过程中，应创设情境，深入浅出地引导学生解决问题，并在这过程中培养学生的核心素养。

教学目标

1. 通过史料研读等方法，了解中华人民共和国成立后至 1976 年党领导社会主义经济建设取得的成就和存在的失误；了解“文化大革命”期间，民主法治破坏给社会发展和人民生活带来的严重危害；了解 20 世纪 50—70 年代我国在工业、农业、科技、国防、外交、文化教育等方面取得的巨大成就。

2. 通过史料研读，从时间和空间两个维度学习中华人民共和国成立后至 1976 年党领导社会主义经济建设所采取的一系列措施，通过年代尺和时间表格梳理社会主义建设的曲折发展，借助二维坐标曲线图概括发展的阶段特征。

3. 通过对本课“大跃进”、人民公社化、“文化大革命”等相关史实的学习，借助文字、图片、口述史和视频资料来培养学生论从史出的历史解释能力，并且能够用现代化的视角对此进行辩证和客观的评价。

4. 通过对“总路线”“大跃进”和人民公社化的学习，培养学生运用生产力与生产关系的原理来分析历史事物之间关系的能力，从而培养学生掌握文史结合、论从史出的历史唯物主义基本分析方法。

5. 在教学过程中，展示 1949 年至 1976 年的相关图片，成功再现当年的历史，加深学生对历史事实的理解与评价。通过学习正反两方面的经济建设事实，使学生铭记社会主义建设必须从国情出发，培养学生实事求是的精神和关注国情的意识。通过对社会主义民主法制建设的学习，引导学生树立自觉维护民主法治、遵纪守法、维护自身权益的意识，促进学生公民意识的养成。使学生从中感悟到党不论遇到什么困难，最终都能采取行之有效的措施，然后不断前进，从而树立起对中国共产党领导中国人民进行经济建设的坚定信念。

重点难点

1. **重点**：八大的正确决议；“大跃进”和人民公社化运动的错误和教训；“文化大革命”对民主政治的破坏；20 世纪 50—70 年代建设所取得的成就。

2. **难点**：对“大跃进”和人民公社化运动错误的分析和对其教训的总结；“文化大革命”期间民主法制遭到践踏的原因。

教学活动过程

导入

教师活动：上节课学习了 1956 年“三大改造”的完成，标志着社会主义制度在我国的基本建立。1956 年起我国开始了社会主义经济建设，在探索中前进，究竟走出了一条怎样的社会主义建设道路呢？今天我们就带着这些问题一起来学习本课的内容。

【设计意图】用学生比较感兴趣的事件导入，创设基于学生认识、能够激发学生学习兴趣的历史情境，让学生的思绪顺利进入新课状态。

1. 导入学习任务一：全面建设社会主义

（1）中共八大

教师展示材料：

材料 1　我们国内的主要矛盾，已经是人民对于建立先进的工业国的要求同落后的农业国的现实之间的矛盾，已经是人民对于经济文化迅速发展的需要同当前经济文化不能满足人民需要的状况之间的矛盾。……党和全国人民的当前的主要任务，就是要集中力量来解决这个矛盾，把我国尽快地从落后的农业国变为先进的工业国。

——《中共八大关于政治报告的决议》

教师活动：阅读材料 1 中共八大的内容，分析中共八大是否是一次正确的探索，并说明理由。

学生活动：中共八大正确地分析了国内形势和主要矛盾的变化，认为社会主义制度已经基本确立，国内主要矛盾必然会发生变化。中共八大的路线方针是正确的，是对我国建设社会主义道路的一次成功探索。

（2）关于正确处理人民内部的矛盾

教师展示材料：

材料 2　毛泽东指出，社会主义社会的基本矛盾仍然是生产关系和生产力之间的矛盾，上层建筑和经济基础之间的矛盾。但同阶级对抗社会的矛盾根本不同，它是一种又相适应又相矛盾的情况，不具有对抗性，可以经过社会主义制度本身，不断地得到解决。

——李安增、李先明《中华人民共和国史纲》

材料 3　毛泽东指出，要用民主的方法，用“团结—批评—团结”的公式，作为从政治上处理人民内部矛盾的原则；解决经济领域中的矛盾，应依据发展生产，统筹安排，兼顾国家、集体和个人三者利益的原则；科学文化上的问题，应采取“百花齐放，百家争鸣”的方针；民族关系中的矛盾，应采取加强民族团结，帮助各少数民族发展经济文化的方针；在与民主党派关系上，应实行“长期共存，互相监督”的方针。

——李安增、李先明《中华人民共和国史纲》

教师活动：依据材料结合所学知识，指出人民内部的矛盾是什么，如何正确处理人民内部的矛盾？

学生活动：人民内部的矛盾是生产力和生产关系之间的矛盾。

处理人民内部矛盾的方法：

①政治上：用“团结—批评—团结”的公式。

②经济上：依据统筹安排的原则。

③科学、文化上：采用“百花齐放，百家争鸣”的方针。

④民族关系上：采用民族团结、共同发展的方针。

⑤民主党派关系上：实行“长期共存，互相监督”的方针。

教师活动：毛泽东对社会主义社会基本矛盾的论述，特别是关于两类不同性质矛盾的观点，以及处理人民内部矛盾的原则、方针和方法，为马克思主义政治学说史增添了新的内容，对探索社会主义社会的规律，具有重大的理论价值。接着，全党整风运动和全国反右派斗争开展起来了。

（3）“大跃进”和人民公社化运动

教师活动：1958 年，中共八大二次会议提出“鼓足干劲，力争上游，多快好省地建设社会主义”的总路线。我们应怎样评说总路线？它产生了怎样的影响？

学生活动：结合课本知识回答。总路线的提出反映了人民改变落后面貌的普遍愿望，但它忽视了经济发展的客观规律。由于对社会主义建设缺乏经验，在总路线提出后轻率地发动了“大跃进”运动和农村人民公社化运动。

教师展示图片：

"人有多大胆 地有多大产"

报纸刊文《人有多大胆，地有多大产》

人民公社社员吃"大锅饭"

教师活动：根据"大跃进"和人民公社化运动时期的图片，概括当时社会的特点。

学生活动：高指标、瞎指挥、浮夸风、共产风。

教师活动：从生产力和生产关系辩证关系的角度，分析"大跃进"和人民公社化运动的错误。

学生活动：讨论回答。"大跃进"片面强调经济发展速度，违背经济规律，浪费了资源，破坏了生产，影响了人民生活。人民公社化运动盲目提高公有化程度，严重挫伤农民生产积极性。中国当时生产力水平还比较低下，在这种基础上人为地提高公有化程度和经济发展的速度，违背了经济发展的规律，生产关系严重超越了生产力，"左"倾冒进错误越来越严重。

教师展示：

1958—1961 年我国粮食生产情况统计表

时间 \ 产量	粮食产量	比上一年减产数量
1958 年	20000 万吨	
1959 年	17000 万吨	3000 万吨
1960 年	14350 万吨	2650 万吨
1961 年	14750 万吨	

教师活动：这种忽视经济发展规律的行为受到了经济发展规律严厉的惩罚，造成了严重的经济困难和生产力的严重破坏。1962 年我国经济陷入谷底后，却很快得到了恢复和发展，这是为什么？

学生活动：国家召开了农村工作会议，对国民经济进行了调整。

（4）"八字方针"

教师展示材料：

材料 4　1961 年 1 月，中共八届九中全会在北京召开，会议决定对国民经济建设实行"调整、巩固、充实、提高"八字方针。

毛泽东在中共八届九中全会上讲话

——中共八届九中全会

材料5　国民经济调整任务基本完成，全国人民要努力奋斗，把我国逐步建设成为具有现代农业、现代工业、现代国防和现代科学技术的社会主义强国。这是中共第一次向全国人民提出实现现代化的任务。

——周恩来在三届人大一次会议上的讲话

教师活动：面对严峻的形势，1960年冬，中共中央开始提出对国民经济实行“调整、巩固、充实、提高”的八字方针。1964年，三届全国人大一次会议提出建设“四个现代化”的伟大目标。极大地激发了亿万人民建设社会主义国家的积极性。至1965年国民经济得到了恢复。

【设计意图】通过对特定历史事件“大跃进”和人民公社化运动的深入解读，培养学生依托史料实证来诠释生产力和生产关系辩证关系的唯物史观素养。

2. 导入学习任务二：“文化大革命”

（1）“文化大革命”发生的原因

教师活动：结合所学知识，分析“文革”发生的原因。

学生活动：分析、汇总原因。

①20世纪60年代中期，毛泽东认为党和国家面临着资本主义复辟的现实危险。为此，他强调以“阶级斗争为纲”，想通过发动“文化大革命”来防止资本主义复辟。

②党内、国内个人专断作风、个人崇拜现象逐步发展，党的民主集中制和集体领导原则遭到削弱、破坏。

③国际上，“文革”是中苏论战、中苏争端和国际形势恶化造成的把不同意见和争论当作修正主义来批判（防修、反修、打倒走资派）的结果。

（2）“文革”发生的过程

教师活动：归纳“文革”发生中的一些重要事件。

学生活动：合作探究、归纳汇总。

①“文革”的导火线：上海姚文元《评新编历史剧〈海瑞罢官〉》批判吴晗的《海瑞罢官》得到毛泽东的支持。

②“文革”的开始：1966年5月16日，中共中央政治局扩大会议和《五一六通知》；1966

年8月，八届十一中全会《中国共产党中央委员会关于无产阶级文化大革命的决定》成为“文革”的指导纲领。

③“文革”小组：“中央文革小组”成为“文革”实际指挥部，“二月抗争”后取代中央政治局。

④红卫兵运动：1966年秋，“文革”通过红卫兵运动推行全国，陈伯达、江青、康生、张春桥等组成的“中央文革小组”乘机煽动“打倒一切”和“踢开党委闹革命”，一大批学术权威人士、专家、学者等知识分子受到批斗、迫害。造成全国大动乱。红卫兵成为“文革”急先锋。

⑤全面夺权：1967年1月，张春桥、姚文元策划，由王洪文为首的上海造反派夺取上海党、政各级领导权，扩大到全国性动乱局面。

⑥“二月抗争”：1967年2月，谭震林、陈毅、叶剑英、李富春、李先念、徐向前、聂荣臻等老同志同林彪、江青斗争，遭到了压制和打击。

⑦迫害老干部：大批领导干部遭到批判和批斗。1969年，刘少奇在开封含冤去世。

⑧林彪地位上升：1969年，中共九大后林彪成为毛泽东合法接班人。

⑨粉碎林彪反革命集团：1970—1971年9月13日，发生了林彪反革命集团阴谋夺取最高权力，策动反革命武装政变的事件。毛泽东、周恩来机智地粉碎了这次叛变。

⑩粉碎江青反革命集团：1976年9月毛泽东逝世，江青反革命集团加紧夺取党和国家最高领导权的阴谋活动。1976年10月上旬，中央政治局执行党和人民的意志，粉碎了江青反革命集团，结束了“文化大革命”这场灾难。

（3）“文革”的危害

教师展示材料：

材料1　历史已经判明，文化大革命是一场……被反革命集团利用，给党、国家和各族人民带来严重灾难的内乱。

——《关于建国以来党的若干历史问题的决议》

材料2　文化大革命动乱十年，在经济上，国民收入就损失人民币5000亿元。这个数字相当于建国30年全部基本投资的80%，超过了建国30年全部固定资产的总和。

—— 李先念

材料3　文化大革命不能在任何意义上成为一个革命。

——胡乔木

教师活动：依据材料结合所学知识，简述对“文革”的评价。

学生活动：“文革”给党、国家和各族人民带来中华人民共和国成立以后最严重的挫折和损失；“文革”不是任何意义上的革命和进步，而是一场历史性的灾难和倒退；“文革”要否定，反革命集团要批判，但也不应该否定这十年间的一切；尽管毛主席过去有段时间也犯了错误，但他终究是中国共产党、中华人民共和国的主要缔造者。拿他的功和过来说，错误毕竟是第二位的。他为中国人民做的事情是不能抹杀的。从我们中国人民的感情来说，我们永远把他作为我们党和国家的缔造者来纪念。

教师展示材料：

材料 4　现在铁路事故惊人，去年一年发生行车重大事故和大事故 755 件，比事故最少的 1964 年的 88 件增加好多倍。这中间有许多是责任事故，包括机车车辆维修方面的责任事故。这说明没有章程了，也没有纪律了。现在有些规章制度要重申……值班不许喝酒，这是历来的规矩，现在也不严格执行了。喝醉了酒扳错道岔，就会造成火车相撞的重大事故。所以必要的规章制度一定要恢复和健全，组织性纪律性一定要加强。这个问题不光是在铁道部门存在，其他地方和部门也同样存在。

——邓小平《全党讲大局，把国民经济搞上去》

材料 5　各级党委狠抓企业领导班子的建设，克服资产阶级派性，落实党的政策。大家讲路线，讲党性，讲大局，讲团结，讲纪律，有力地促进了安定团结，发展了大好形势。上半年全国客货运输列车的正点率逐步上升，服务质量逐步提高，支援农业、支援钢铁生产和对外贸易等方面重点物资的运输任务都完成得很好。全国 20 个铁路局中，有齐齐哈尔、哈尔滨、吉林、锦州、北京、太原、柳州、成都、西安和乌鲁木齐等 10 个局做到了时间过半，完成全年任务过半。

——《人民日报》1975 年 7 月 29 日刊文《全国铁路一九七五年上半年货运量创历史同期最高水平》

教师活动：分别概括上述两则材料各自的主要含义。材料 4 中所述混乱局面出现的主要原因是什么？材料 5 中所述局面好转的主要原因是什么？当年的整体经济形势如何？

学生活动：讨论回答。

①材料 4 显示铁路运输管理混乱，规章制度遭到严重破坏。材料 5 显示经过整顿，铁路运输形势出现了好转，并支持或带动了其他各项事业的发展。

②“文革”期间，“左”倾错误的发展。

③主要原因是 1975 年初邓小平主持中央日常工作，开始纠正“左”倾错误。整体经济形势有了明显的好转，国民经济逐步回升。

【设计意图】锻炼学生阅读和运用史料实证的能力。

3. 导入学习任务三：伟大的建设成就

（1）独立的工业体系

教师展示图片：

1967 年中国成功试爆第一颗氢弹

1970 年中国成功发射第一颗人造地球卫星

教师活动：从中华人民共和国成立到“文化大革命”的结束，中国共产党领导人民在27年的社会主义建设中，经历了严重的曲折，但也在工业、农业、科技、国防、外交、文教等诸多领域中取得了巨大成就。

教师展示材料：

材料1　从“一五”计划开始的20多年时间里，国家经济实力显著增强。按不变价格计算，1952年国内生产总值为679亿元，1976年增加到2943.7亿元，建立起独立的、比较完整的工业体系和国民经济体系。从根本上解决了“从无到有”的问题。

——《中外历史纲要》（上）

教师活动：依据材料，概括国家经济取得了哪些成就。

学生活动：建立起独立的、比较完整的工业体系和国民经济体系。

（2）艰苦奋斗的时代精神

教师活动：在这段时期，我国较大幅度地提高了粮食生产水平和抵御自然灾害的能力。人民物质生活和文化生活水平得到逐步提高。教育事业取得长足进步，医疗卫生事业也得到蓬勃发展。劳动者的整体素质有了很大提高，全国经济、文化建设等各方面的骨干力量大批地成长起来。在社会主义建设中，广大人民自力更生、艰苦奋斗，并且涌现出无数先进典型和英雄模范人物。请列举各个领域著名的典型代表。

学生活动：石油工人“铁人”王进喜、党的好干部焦裕禄、解放军好战士雷锋，都是其中的典型代表。此外，还有以李四光、钱学森、邓稼先、华罗庚等为代表的一批著名科学家。

（3）20世纪70年代外交新局面

教师展示材料：

材料2　1971年10月25日，第二十六届联合国大会以76票赞成、35票反对、17票弃权的压倒多数通过了阿尔巴尼亚、阿尔及利亚等23国的提案，决定恢复中华人民共和国在联合国的一切合法权利。

——李安增、李先明《中华人民共和国史纲》

材料3

1972年2月21日，毛泽东在中南海会见美国总统尼克松

——《中外历史纲要》（上）

教师活动：依据材料结合所学知识，简述20世纪70年代外交新局面取得了哪些成就。

学生活动：20世纪70年代，中国外交打开了新的局面——①迎来了新中国成立以来第二次建交高潮；②1971年，中华人民共和国恢复在联合国的一切合法权利；③1972年，中美关系走向正常化；④中日正式建交。我国外交成就极大地改善了中国的安全环境，拓展了外交活动的舞台。

【设计意图】用问答法锻炼学生的历史解释能力。

师生活动：各位同学，唐太宗李世民曾经说过："以铜为镜，可以正衣冠；以古为镜，可以知兴替；以人为镜，可以明得失。"本课学习的新中国社会主义建设历史，虽然只有短短的20多年的时间，却给我们提供了很多社会主义建设的经验和教训。

课堂小结

本课内容分为三部分：全面建设社会主义、"文化大革命"、伟大的建设成就。在课堂上采取多种形式进行教学，如通过材料解读的方式学习中华人民共和国成立后至1976年党领导社会主义经济建设取得的成就和失误；了解"文化大革命"期间，民主法治破坏给社会发展和人民生活带来的严重危害；了解20世纪50—70年代我国在工业、农业、科技、国防、外交、文化教育等方面取得的巨大成就；通过小组合作的方式探究"大跃进"和人民公社化运动的错误并对其教训进行总结；"文化大革命"期间民主法制遭到践踏的原因等；以时间为序学习新中国成立后至1976年党领导社会主义经济建设所采取的一系列措施。以此，全面认识正反两方面的经济建设事实，铭记社会主义建设必须从国情出发，培养学生实事求是的精神和关注国情的意识，形成对国家、民族的历史使命感和社会责任感。

作业拓展

问题：进一步认识建立独立的、比较完整的工业体系和国民经济体系的重大意义。

学生活动：展开充分讨论，提出自己的想法。独立的、比较完整的工业体系和国民经济体系的建立，是了不起的巨大成就，是中国人民在中国共产党领导下英勇奋斗的伟大成果，是社会主义制度优越性的生动体现，具有极其重要的战略意义，它为我们继续推进社会主义建设开拓了可以依靠的阵地，为实现现代化的伟大事业奠定了初步的物质基础。

设计反思与讨论

在教材处理上，本课涉及的内容非常多，知识点比较散，在教学过程中很难做到面面俱到，因而要选取重点、难点加以突破，如中共八大、关于正确处理人民内部矛盾、“大跃进”和人民公社化运动、“八字方针”等历史事件；“文化大革命”的背景、经过和影响；我国在工业、农业、科技、国防、外交、文化教育等方面取得的巨大成就。

在教学方法上，采取多种形式，如利用探究任务单进行探究学习，既培养了学生的自主研究能力，又使学生体验了合作学习的快乐，提高了课堂效率。

本课教学设计体现核心素养理念。基于唯物史观引领，注重时空定位，培养学生史料实证、历史解释的能力，涵养家国情怀。通过本课学习，使学生感悟到党不论遇到什么困难，最终都将采取行之有效的措施，然后不断前进，从而树立起对中国共产党领导中国人民进行经济建设的坚定信念，提升了家国情怀。

但在实际教学中，如“大跃进”“文化大革命”的教学过程中，可能出现教学内容和教学实际安排的偏离，教学影视和教学方法的不吻合，教学渲染和落实学科核心素养难以达成一致等问题。

第十单元
改革开放与中国特色社会主义道路

第 28 课　中国特色社会主义道路的开辟与发展

设计思路

《普通高中历史课程标准（2017 年版）》要求：认识真理标准问题讨论和中共十一届三中全会的历史意义；认识改革开放以来中国在各个领域取得的成就、综合国力及国际影响力的不断提高；认识"一国两制"对实现祖国完全统一的重大意义。

根据课标要求及教材编排，教学过程围绕三部分展开。

伟大的历史转折：以史料研读等方式学习中共十一届三中全会召开的背景、内容和意义；改革开放进程：注重时空观念的落实，侧重从时间和空间两个维度论述改革开放的进程；"一国两制"与祖国统一大业：通过学习使学生认识到"和平统一、一国两制"是实现国家统一的最佳方式。

本课内容，学生在初中阶段已学习相关知识并积累了一定的基础，但缺乏全面系统的理解。高中阶段，学生的求知欲更为强烈，理性思维逐渐形成，在教学过程中以学生自主探究为主，教师适当引导，通过各种史料并借助现代媒体技术，展现中国特色社会主义道路的开辟与发展，培养和发展学生的核心素养。

教学目标

1. 通过史料研读、合作交流，从时间和空间两个维度认识改革开放的历史进程，加深学生对改革开放路线方针政策的理性认识，理解"改革开放是决定中国命运的关键一招"，突破难点。

2. 认识"一国两制"对实现祖国完全统一和对中华民族伟大复兴的重大历史意义，感受邓小平的非凡智慧和创造精神，培养学生创新意识。

3. 通过史料研读，让学生在史料分析中掌握中国特色社会主义道路的开辟与发展过程，提高学生运用唯物史观解释历史的能力。

4. 教师鼓励学生充分利用已有的知识与生活经验，开展自主探究与合作学习，认识中国特色社会主义道路是中国共产党和中国人民在长期实践中逐步开辟出来的道路，是唯一正确的道路，是中国人民的历史选择，是实现中国梦的必由之路，树立坚定走中国特色社会主义道路的决心和信心。

重点难点

1. **重点**：中共十一届三中全会的内容和意义。
2. **难点**：中共十一届三中全会的背景，理解“改革开放是决定中国命运的关键一招”。

教学活动过程

导入

教师展示材料：

1978年12月18日，在中华民族历史上，在中国共产党历史上，在中华人民共和国历史上，都必将是载入史册的重要日子。这一天，我们党召开十一届三中全会，实现新中国成立以来党的历史上具有深远意义的伟大转折，开启了改革开放和社会主义现代化的伟大征程。……40年的实践充分证明，党的十一届三中全会以来我们党团结带领全国各族人民开辟的中国特色社会主义道路、理论、制度、文化是完全正确的，形成的党的基本理论、基本路线、基本方略是完全正确的。

——2018年12月18日习近平在庆祝改革开放40周年大会上的讲话

教师活动：要求学生根据材料并结合所学知识思考，为何说1978年12月18日必将是载入史册的重要日子？中国共产党带领全国人民开辟了一条什么道路？这条道路是如何开辟与发展的？让学生带着这些问题走进那段波澜壮阔的历史。

【设计意图】以习总书记的讲话导入，既契合本课教学内容又与时政热点相结合；巧设探究性问题，激发学生学习兴趣。

1. 导入学习任务一：伟大的历史转折

（1）十一届三中全会召开的背景

材料1　……（1976年10月6日晚）一小批警卫人员已埋伏在室内，但是楼外一切如常。将近8点时王洪文从东门迈步走进房间，立刻就被警卫扭住……（张春桥）正要从东门进入大厅，也被警卫抓住铐了起来……姚文元一到，在楼外就被逮捕了。与此同时，一小队警卫前往中南海江青的住所，向她宣布要对她进行特殊审查……35分钟之内，没放一枪一弹，没流一滴血，“四人帮”的威胁就被消除了。

——［美］傅高义《邓小平时代》

材料2 邓小平明确表示他不支持华国锋的“两个凡是”。在（1977年）4月10日写给华国锋、叶帅和其他中央委员的信中，邓小平表明了他对那篇有争议的社论的看法。他说，我们必须世世代代地用“准确的”“完整的”毛泽东思想来指导我们全党、全军和全国人民。

——［美］傅高义《邓小平时代》

材料3

实践是检验真理的唯一标准

《光明日报》发表《实践是检验真理的唯一标准》
评论员文章

——《中外历史纲要》（上）

材料4 首先是解放思想，只有思想解放了，我们才能正确地以马列主义、毛泽东思想为指导，解决过去遗留的问题，解决新出现的一系列问题。

——邓小平《解放思想，实事求是，团结一致向前看》

教师活动：指导学生根据材料，分析十一届三中全会召开的背景。

学生活动：思考分析。

①材料1：粉碎江青反革命集团，结束“文化大革命”。

②材料2：“文革”结束后受“两个凡是”的影响，党和国家的工作处于徘徊时期。邓小平等老一辈革命家，反对“两个凡是”，要求彻底纠正“文革”的错误。

③材料3：《实践是检验真理的唯一标准》及之后掀起的真理标准问题的讨论，重新确立了实事求是的马克思主义思想路线，为历史性转折做了重要的思想理论准备。

④材料4：1978年12月13日的中共中央工作会议闭幕式上，邓小平发表《解放思想，实事求是，团结一致向前看》的讲话，实际上成为十一届三中全会的主题报告和指导思想。

（2）十一届三中全会的内容和意义

教师活动：指导学生根据课本内容，讨论十一届三中全会的内容和意义。

学生活动：小组讨论。

①内容：会议实现了思想路线、政治路线和组织路线的拨乱反正；恢复了党的民主集中制的优良传统；审查解决了历史上遗留的一批重大问题和一些重要领导人的功过是非问题；实行改革开放的战略决策。

②意义：拨乱反正有效地调动了社会各阶层人员的积极性，为改革开放奠定了必不可少的社

会基础和群众基础；实现了新中国成立以来党的历史上具有深远意义的伟大转折，揭开了社会主义改革开放的序幕，开创了建设中国特色社会主义的新道路。

（3）平反冤假错案

教师活动：十一届三中全会后，党和国家加快平反冤假错案的步伐。请学生仔细阅读课本，找出平反冤假错案的原则和对象。

学生活动：梳理课本，分析回答。

①原则：实事求是、有错必纠的原则。

②对象："文化大革命"中受到迫害的各级党、政、军机关干部，受到打击、诬陷或迫害的民主党派人士和知识分子，错划右派分子，等等。

教师活动：出示相关材料，让学生理解刘少奇冤案的平反及意义。

【设计意图】学生对十一届三中全会召开的必要性和重要性缺乏必要的认识，十一届三中全会的背景分析也成了本课的一个难点。在教学过程中采用史料研读的方式，有利于加深学生对知识的理解，还可以培养学生史料实证、历史解释的能力。十一届三中全会的内容和意义是本课的重点，如直接将内容告知学生，学生只是被动地接受，也无法深刻理解其意义，采用小组讨论的形式，有利于发挥学生的主体作用，在讨论中习得知识，深化认识。

2. 导入学习任务二：改革开放进程

（1）以时间角度看改革开放

教师活动：请学生按课本内容，整理改革开放的进程。

学生活动：归纳整理。

改革开放进程中的历史事件

时　间	事　件
1978—1983 年	家庭联产承包责任制在全国各地逐步推广开来
1980 年 5 月	中央决定在深圳、珠海、汕头、厦门设立经济特区
1983 年	农业总产值年均增长率近 8%，农民收入明显增加
1984 年	中央进一步决定开放 14 个沿海港口城市
1992 年	中共十四大明确提出经济体制改革的目标是建立社会主义市场经济体制
2000 年 10 月	中共十五届五中全会提出"走出去"战略，后来发展为"引进来"和"走出去"相结合的开放战略
2001 年 12 月	中国加入世界贸易组织

续　表

时　间	事　件
进入 21 世纪	改革开放向重点领域和关键环节稳步推进。中共中央提出“又好又快的发展”方针以及建设社会主义和谐社会的战略目标
2010 年	经济总量跃升至世界第二位，我国成为仅次于美国的第二大经济体

（2）改革：从农村到城市

教师活动：了解改革开放的进程后，请学生思考中国的改革为何从农村开始。

材料 1　为什么要从农村开始呢？因为农村人口占我国人口的百分之八十，农村不稳定，整个政治局势就不稳定。

——邓小平《改革的步子要加快》

材料 2　男劳力上工带扑克，女劳力上工带纳鞋。头遍哨子不买账，二遍哨子伸头望，三遍哨子慢慢晃。

——人民公社时期流行于农村的顺口溜

学生活动：思考分析。

材料 1 显示，我国是农业大国，农业的重要性。材料 2 显示，人民公社体制严重挫伤了农民的生产积极性。

教师活动：总结原因，凸显农村经济体制改革的必要性。

（3）开放：加入世界贸易组织

教师活动：2001 年中国加入世界贸易组织，标志着我国对外开放进入新阶段。请学生讨论加入世界贸易组织给我国带来了哪些机遇和挑战。

学生活动：讨论交流。

①机遇：有利于获得参与制定规则和竞争的位置；有利于继续深化经济体制改革；有利于扩大就业和提高人民生活水平；有利于实施“走出去”战略等。

②挑战：中国的一些产业将面对更激烈的竞争，遭受一定的冲击和压力等。

教师活动：结合学生发言，指出机遇与挑战并存，利大于弊，把握机遇，迎接挑战。

【设计意图】以表格形式整理改革开放的进程，更具直观性，符合学生的认知。通过问题探究，使学生在讨论中更加深刻全面地了解改革开放。

3. 导入学习任务三：“一国两制”与祖国统一大业

（1）“一国两制”构想形成过程和内涵

教师活动：请学生结合课本内容梳理“一国两制”形成过程。

学生活动：整理归纳。

“一国两制”形成进程

阶　段	时　间	事　件
酝　酿	1979 年元旦	全国人大常委会发表《告台湾同胞书》
	1981 年 9 月	全国人大常委会委员长叶剑英进一步阐明关于台湾回归祖国，实现和平统一的 9 条方针政策
提　出	20 世纪 80 年代初	邓小平提出“一个国家，两种制度”的构想
完　善	2005 年 3 月	十届人大三次会议高票通过《反分裂国家法》

教师活动：请学生继续思考“一国两制”的内涵。

学生活动：结合课本知识讲述“一国两制”的内涵。“一国两制”是在一个中国前提下，国家主体坚持社会主义制度，香港、澳门、台湾是中华人民共和国不可分离的部分，它们作为特别行政区保持原有的资本主义制度长期不变。在国际上代表中国的，只能是中华人民共和国。

（2）港澳回归的原因和意义

教师活动：“一国两制”最初是针对台湾问题而提出的，但先在香港、澳门成功运用。请学生阅读材料，思考港澳能够顺利回归的原因是什么。

材料 1　解决香港问题，并不是我们参加谈判的人有特殊的本领，主要是我们这个国家这几年发展起来了，是个兴旺发达的国家，有力量的国家，而且是个值得信任的国家。……党的十一届三中全会以后，确实发生了非常好的变化。我们国家的形象变了……国内的人民看清了这一点，国际上也看清了这一点。……当然，解决香港问题，还是“一国两制”的根本方针或者战略搞对了，也是中英双方共同努力的结果。

——邓小平在中央顾问委员会第三次全体会议上的讲话

材料 2　经过从 1983 年 7 月 12 日到 1984 年 9 月 6 日的 22 轮谈判后，《中英联合声明》终于出台……1989 年 2 月 21 日，《基本法》的初稿被公之于世……在中国大陆和香港都得到热情接受。

——［美］傅高义《邓小平时代》

学生活动：讨论发言。

①综合国力增强，国际地位提高是根本原因。

②“一国两制”的构想是重要因素。

③港澳同胞心向祖国，渴望回归，奠定群众基础。

④中英、中葡《联合声明》提供了法律依据。

教师活动：请学生再讨论港澳回归的历史意义。

学生活动：讨论发言。

①标志着在中国国土上外国列强的殖民占领彻底结束了，洗刷了中华民族百年耻辱，开创了香港、澳门和祖国内地共同发展的新纪元。

②标志着中国在完成祖国统一大业的道路上迈出了重要一步。

③为国际社会以和平方式解决国家间的历史遗留问题提供了新的范例。

（3）两岸关系的进展

教师活动：20世纪80年代“一国两制”正式提出后，两岸关系有了进一步的发展，请学生说出具体史实。

学生活动：1992年11月，大陆海峡两岸关系协会与台湾海峡交流基金会在香港举行会晤，形成“海峡两岸均坚持一个中国原则”的共识，后被称为“九二共识”。1993年4月，两岸在新加坡举行“汪辜会谈”，标志着两岸关系发展迈出了重要一步。2005年3月，通过《反分裂国家法》，表现了反对台湾“独立”、维护祖国统一与领土完整的坚强决心。2015年11月，两岸领导人习近平和马英九在新加坡会面，就推进两岸关系和平发展、反对“台独”交换意见。

教师活动：针对台独势力和某些国际反华势力阻碍祖国和平统一问题，教师出示相关材料并让学生讨论如何进一步促进海峡两岸关系发展，完成祖国统一大业。

学生活动：讨论发言。

教师活动：与学生一起总结。并以习近平总书记在《告台湾同胞书》发表40周年纪念会上的讲话深化对此问题的认识。

第一，携手推动民族复兴，实现和平统一目标；

第二，探索“两制”台湾方案，丰富和平统一实践；

第三，坚持一个中国原则，维护和平统一前景；

第四，深化两岸融合发展，夯实和平统一基础；

第五，实现同胞心灵契合，增进和平统一认同。

师生活动：习总书记的讲话为两岸中国人、海内外中华儿女推进祖国和平统一，指明了方向。最后，师生一起高声朗读其中一段文字：

历史不能选择，现在可以把握，未来可以开创！新时代是中华民族大发展大作为的时代，也是两岸同胞大发展大作为的时代。前进道路不可能一帆风顺，但只要我们和衷共济、共同奋斗，就一定能够共创中华民族伟大复兴美好未来，就一定能够完成祖国统一大业！

【设计意图】通过对“一国两制”内涵的阐释，香港、澳门问题的成功解决，使学生充分认识“一国两制”对实现祖国完全统一和对中华民族伟大复兴的重大历史意义。

通过史论结合、论从史出、讨论交流，促进学生学科素养的提升。

课堂小结

让学生按时间线索梳理中国特色社会主义道路的开辟与发展中的重要事件，教师从中点拨。

本课内容分为三部分：伟大的历史转折、改革开放进程和“一国两制”与祖国统一大业。在课堂上采取多种形式进行教学，如通过材料解读的方式学习十一届三中全会的背景、内容和意义，改革从农村开始的原因，港澳顺利回归的原因等；通过小组合作的方式探究中国加入世界贸易组织的影响，如何促进海峡两岸关系的发展等；从时间的角度整理改革开发的进程，“一国两制”形成的过程，海峡两岸关系的进展。以此，全面认识中国特色社会主义道路的开辟与发展，树立祖国统一大业必定能够完成的信念。

作业拓展

问题：如何理解“改革开放是决定中国命运的关键一招”。

让学生展开充分讨论，提出自己的想法，言之有理即可。使学生认识到改革开放是实现“三步走”发展战略的关键，是社会主义的自我发展和完善，不仅改变了中国，也深刻影响了世界。

设计反思与讨论

在教材处理上，因本课涉及的内容非常多，在教学过程中不可能做到面面俱到，因而选取重点、难点加以突破，如对十一届三中全会的背景、内容和意义的分析。

在教学方法上，主要采用小组合作探究学习，既凸显了学生的主体地位、发展学生的思维能力，又活跃了课堂气氛，使学生体验了自主探究、合作学习的快乐，加深了对知识的理解与掌握。

体现核心素养理念。本课教学以培养和提高学生的历史学科核心素养为出发点、落脚点，体现历史学科特点与魅力。坚持唯物史观，注重时空观念的培养，以材料研读的方式培养学生史料实证、历史解释的能力。通过本课学习，使学生树立坚定走中国特色社会主义道路的决心和信心，祖国统一大业必将实现的信念，提升了家国情怀。

在实际教学中，可能出现教师主导与学生主体，预设与生成方面难以找到一个平衡点的情况；如何保证开放性问题评价的客观性和科学性，估计也会存在一定的困难。

第 29 课　改革开放以来的巨大成就

设计思路

《普通高中历史课程标准（2017 年版）》要求：认识邓小平理论对建设中国特色社会主义的重要指导意义；认识“三个代表”重要思想是加强和改进党的建设、推进我国社会主义自我完善和发展的强大理论武器；认识科学发展观是马克思主义关于发展的世界观和方法论的集中体现；认识中国特色社会主义进入新时代的重大意义，认清我国发展的新的历史方位；认识习近平新时代中国特色社会主义思想是全党全国人民为实现中华民族伟大复兴而奋斗的行动指南；形成对中国特色社会主义道路、理论体系、制度、文化的形成过程及意义的系统认识。

根据课标要求，教学过程围绕两部分展开。理论层面：以史料研读等方式学习邓小平理论、“三个代表”重要思想、科学发展观和习近平新时代中国特色社会主义思想的内容、本质、意义等，形成对中国特色社会主义理论体系的综合认识。实践层面：从巨大成就这一角度来论述我国改革开放以来取得的成果，用铁的事实和数据升华学生的家国情怀。

从高中学生心理特点来看，他们有强烈的好奇心和求知欲，正处于由形象思维向逻辑思维发展阶段。在教学中创设情境，让学生开展探究性学习，培养和发展学生核心素养。

教学目标

1. 运用唯物史观分析邓小平理论和习近平新时代中国特色社会主义理论的历史背景、内容和意义，使学生形成对邓小平理论和习近平新时代中国特色社会主义理论全面、客观的认识，提高学生运用唯物史观解释历史的能力。

2. 通过史料研读、合作交流，使学生深刻认识改革开放以来我国综合国力不断提升、国际影响力不断扩大的原因及影响，加深学生对改革开放以来巨大成就的理性认识，激起学生对国家的高度认同感、归属感、责任感和使命感，升华家国情怀。

3. 通过分析“文化大革命”结束后中国社会百废待兴的形势，认识邓小平理论提出的必要性，学习邓小平实事求是的理论品格和与时俱进的创新精神。

重点难点

1. 重点：邓小平理论。

2. 难点：习近平新时代中国特色社会主义思想。

教学活动过程

导入

教师展示材料：

改革开放40年来，从开启新时期到跨入新世纪，从站上新起点到进入新时代，40年风雨同舟，40年披荆斩棘，40年砥砺奋进，我们党引领人民绘就了一幅波澜壮阔、气势恢宏的历史画卷，谱写了一曲感天动地、气壮山河的奋斗赞歌。

——2018年12月习近平在庆祝改革开放40周年大会上的讲话

教师活动：引导学生依据材料并结合所学知识，概括改革开放以来我国取得的巨大成就。

学生活动：思考分析。

教师活动：引用《大国崛起》一段材料加以总结，“一个懂得尊重思想的民族，才能诞生伟大的思想。一个拥有伟大思想的国家，才能拥有不断前行的力量”。让学生从理论和实践两个层面，了解改革开放以来的巨大成就，感受时代的光荣和梦想。

【设计意图】以习近平总书记的讲话导入，使本课教学内容生动鲜活，激发学生学习兴趣。

1. 导入学习任务一：中国特色社会主义理论体系形成与发展（理论）

（1）邓小平理论

教师活动：请学生根据下列材料，结合所学知识，概括邓小平理论提出的背景。

材料1　只有思想解放了，我们才能正确地以马列主义、毛泽东思想为指导，解决过去遗留的问题，……一个党，一个国家，一个民族，如果一切从本本出发，思想僵化，迷信盛行，那它就不能前进，它的生机就停止了，就要亡党亡国。

——邓小平《解放思想，实事求是，团结一致向前看》

学生活动：结合所学展开思考。

教师活动：引导分析邓小平理论形成的背景。

第一，“文革”后“两个凡是”的错误思想，“左”倾错误得不到彻底纠正，出现“文革”后的“两年徘徊”。第二，关于真理标准问题的大讨论，冲破了长期以来的僵化局面，极大地解放了人们的思想。第三，解放思想，实事求是，团结一致向前看，成为开辟新时期新道路的宣言书。

教师活动：邓小平理论解决了哪两个根本问题？其对建设中国特色社会主义有什么重要指导意义？请学生根据下面两则材料加以概括。

材料2　领导和团结全国各族人民，以经济建设为中心，坚持四项基本原则，坚持改革开放，自力更生、艰苦创业，为把我国建设成为富强、民主、文明的社会主义现代化国家而奋斗。

——1987年10月中国共产党第十三次全国代表大会报告

材料3　社会主义的本质，是解放生产力，发展生产力，消灭剥削，消除两极分化，最终达到共同富裕。

要害是姓“资”还是姓“社”的问题。判断的标准，应该主要看是否有利于发展社会主义生产力，是否有利于增强社会主义国家的综合国力，是否有利于提高人民的生活水平。

计划多一点还是市场多一点，不是社会主义与资本主义的本质区别。计划经济不等于社会主义，资本主义也有计划；市场经济不等于资本主义，社会主义也有市场。计划和市场都是经济手段 。

——1992年邓小平《在武昌、深圳、珠海、上海等地的谈话要点》

学生活动：分析回答。

教师活动：对学生的回答进行总结。

①邓小平理论解决了两个问题。

什么是社会主义：社会主义的本质是解放生产力，发展生产力，消灭剥削，消除两极分化，最终达到共同富裕。

怎样建设社会主义：坚持党的基本路线一百年不动摇，发展才是硬道理，计划、市场和社会主义的关系、判断实践的“三个有利于”标准等。

②邓小平理论对建设中国特色社会主义的重要指导意义。

第一，以邓小平为代表的中国共产党人，总结中华人民共和国成立以来正反两方面经验，实现全党工作重心向经济建设转移，实行改革开放，开辟了社会主义事业发展的新时期。

第二，邓小平理论第一次比较系统地阐明了在中国这样一个经济文化落后的国家，如何建设社会主义、巩固和发展社会主义的基本问题，为我国社会主义现代化建设事业指明了方向。

第三，邓小平理论是统一全党和全国人民思想，坚持党的基本路线不动摇的强大思想武器，为我们坚持社会主义基本路线提供了理论武器。

（2）“三个代表”重要思想

教师活动：请学生阅读课本，分析总结“三个代表”的具体内容和伟大意义。

学生活动：思考回答。

①具体内容：中国共产党要始终代表中国先进生产力的发展要求，代表中国先进文化的发展方向，代表中国最广大人民的根本利益。

②伟大意义：“三个代表”是中国十三届四中全会以来，以江泽民为主要代表的中国共产党人，在建设中国特色社会主义实践中积累的治党治国的宝贵经验，进一步回答了什么是社会主义、怎样建设社会主义的问题和建设什么样的党、怎样建设党的问题。“三个代表”是新世纪加强和改进党的建设、推进我国社会主义自我完善和发展的强大理论武器。

（3）科学发展观

教师活动：科学发展观是中共十六大以来，以胡锦涛为主要代表的中国共产党人，根据新的发展要求提出的新理论，请学生根据课本，分析、概括科学发展观的具体内容和意义。

学生活动：分析回答。

①具体内容：坚持以人为本，树立全面协调可持续的发展观，促进经济社会和人的全面发展。

②意义：第一，科学发展观是中共十六大以来，以胡锦涛为主要代表的中国共产党人，根据新的发展要求，深刻认识和回答了新形势下实现什么样的发展、怎样发展等重大问题。

第二，科学发展观是马克思主义关于发展的世界观和方法论的集中体现，指明了我们进一步推动中国经济改革与发展的思路和战略，标志着中国共产党对于社会主义建设规律、社会发展规律、共产党执政规律的认识达到了新的高度。

【设计意图】在学习“三个代表”和科学发展观时，引导学生阅读课本，学会分类、归纳和整理，培养学生自主学习的能力。

（4）习近平新时代中国特色社会主义理论

第一部分背景篇：时代风云，波澜壮阔

教师活动：习近平同志在党的十九大报告中指出：“经过长期努力，中国特色社会主义进入了新时代，这是我国发展新的历史方位。”习近平新时代中国特色社会主义思想，就是在这个新时代特殊的历史条件下形成和发展起来的。请学生根据下列材料，分析习近平新时代中国特色社会主义思想形成的时代背景。

材料 4　近年来，我国经济一直保持中高速增长，在世界主要国家中名列前茅，对世界经济增长贡献率超过 30%。

——中共中央宣传部《习近平新时代中国特色社会主义思想三十讲》

材料 5　我国社会主要矛盾已经转化为人民日益增长的美好生活需要和不平衡不充分的发展之间的矛盾。

——2017 年 10 月 18 日习近平在中共十九大上的报告

材料 6

——中共中央宣传部《习近平新时代中国特色社会主义思想三十讲》

学生活动：分析回答。

教师活动：引导分析习近平新时代中国特色社会主义思想形成的背景。

①新的发展阶段：通过几十年来的发展，我国已从“未发展起来”时期进入“发展起来”时期。

②新的社会主要矛盾：人民日益增长的美好生活需要和不平衡不充分的发展之间的矛盾。

③新的奋斗目标：全面建成小康社会、全面建设社会主义现代化强国。

第二部分内容篇：理论创新，博大精深

教师活动：请学生根据课本相关内容和“历史纵横”，概括习近平新时代中国特色社会主义理论的主要内容。

学生活动：分析理解。

习近平新时代中国特色社会主义思想，坚持以人民为中心，以新发展理念引领经济发展，统筹推进“五位一体”的总体布局，协调推进“四个全面”的战略布局。决胜全面建成小康社会，开启全面建设社会主义现代化国家新征程，实现“两个一百年”奋斗目标和中华民族伟大复兴的中国梦。

第三部分意义篇：回答时代课题，推动实践发展

教师活动：习近平新时代中国特色社会主义思想是在新的时代背景和实践条件下创立并不断发展的，请学生根据下列材料概括习近平新时代中国特色社会主义理论的重大意义。

材料7　新时代中国特色社会主义思想，是对马克思列宁主义、毛泽东思想、邓小平理论、“三个代表”重要思想、科学发展观的继承和发展，是马克思主义中国化最新成果，是党和人民实践经验和集体智慧的结晶，是中国特色社会主义理论体系的重要组成部分，是全党全国人民为实现中华民族伟大复兴而奋斗的行动指南，必须长期坚持并不断发展。

——2017年10月18日习近平在中共十九大上的报告

学生活动：思考分析。

教师活动：分析概括。

①党的十八大以来，以习近平同志为核心的党中央从理论和实践结合上，系统回答了新时代坚持和发展什么样的中国特色社会主义，怎样坚持和发展中国特色社会主义这个重大时代课题，形成了习近平新时代中国特色社会主义思想。

②习近平新时代中国特色社会主义思想，是对马克思列宁主义、毛泽东思想、邓小平理论、“三个代表”重要思想、科学发展观的继承和发展，是马克思主义中国化最新成果，是中国特色社会主义理论体系的重要组成部分。

③习近平新时代中国特色社会主义思想，是全党全国人民为实现中华民族伟大复兴而奋斗的行动指南，必须长期坚持并不断发展。

【设计意图】引导学生阅读教材、分类归纳整理，实现从感性认识到理性认识的转变过程。

2. 导入学习任务二：综合国力不断提升，国际影响力不断扩大（实践）

教师活动：中国特色社会主义理论体系是中国共产党领导改革开放和社会主义现代化建设伟大实践的理论结晶，在它的指引下，我国改革开放取得了巨大的成就。请学生根据下列材料，概括改革开放取得的巨大成就。

材料1　1979—2017年，我国经济平均增长率为9.5%，明显高于世界同期2.9%的平均水平……党的十九大提出，中国经济已由高速增长转向高质量发展，在国家推动实施供给侧结构性改革的背景下，2017 年中国实现了 6.9% 的增长，远高于世界 3.0% 的平均水平。

——国家统计局《国际地位显著提高 国际影响力明显增强》

材料 2　改革开放以来，我国在高温超导、纳米材料、古生物考古、生命科学、超级杂交水稻、高性能计算机等一些关键领域取得重要突破。近年来，又在载人航天、探月工程、量子科学、深海探测、超级计算、卫星导航等战略高技术领域取得重大原创性成果，C919 大型客机飞上蓝天，首艘国产航母下水，高铁、核电、特高压输变电等高端装备大步走向世界。在政策引导和改革推动下，全社会科技创新活力得到有效激发。2017 年我国发明专利申请量 138.2 万件，连续 7 年居世界首位；科技进步贡献率提高到 57.5%。

——国家统计局《波澜壮阔四十载 民族复兴展新篇》

材料 3　在全方位外交的指引下，中国与美国建立"建设性合作伙伴"关系，与俄罗斯、法国、英国、德国和日本等传统大国建立各种"战略伙伴关系"，与新兴大国如印度等探索共同和平崛起的道路。……中国外交形成了一种新的格局：周边是首要，大国是关键，发展中国家是基础，多边是舞台。

—— 叶江《略论改革开放以来中国全方位外交中的大国战略调整》

学生活动：讨论交流。

教师活动：引导分析。中国综合国力不断增强；科技创新能力持续提升；外交全方位布局，形成面向未来、放眼全球的中国特色大国外交，为全球治理体系的改革与完善贡献中国方案。

3. 导入学习任务三：改革开放以来取得巨大成就的原因

教师活动：40 年砥砺奋进，中国改革开放正在激起广泛而深远的世界回响。请学生根据下列国际友人的观点，并结合所学知识，概括改革开放取得巨大成就的原因。

材料 1　"没有其他任何一种道路比改革开放更能让中国走向现代化。"西班牙中国政策观察中心主任胡里奥·里奥斯在研读习近平讲话后发出感叹。

"中国改革开放的成功得益于一个坚强、睿智、不断自我革新的领导层，他们充分了解国情和人民需求，始终坚持以经济建设为中心。"从习近平讲话中，阿塞拜疆国家科学院东方研究所拉菲克·阿巴索夫教授得出这样的结论。

"中国共产党初心不改，正是以人民为中心的执政理念，让中国共产党开启改革开放并带领人民走向富裕。"尼日利亚阿布贾大学政治学副教授谢利夫·易卜拉辛如是说。

——新华社 2018 年 12 月 25 日《述评：中国改革开放宣言的世界回响》

学生活动：分小组讨论。

教师活动：引导分析。

①在中国共产党的领导下，实行改革开放，开辟了中国特色社会主义道路，建立了中国特色社会主义理论体系，巩固、完善和发展了中国特色社会主义制度。

②中国共产党以人民为中心的执政理念。

③坚持以经济建设为中心，大力发展生产力。

④我国人民的艰苦奋斗、砥砺前行。

【设计意图】通过让学生思考改革开放取得巨大成就的原因，培养学生用唯物史观去思考分析历史问题的能力；通过小组讨论形式，培养学生合作探究的能力。

教师活动： 播放国庆60周年献礼歌曲《国家》："一玉口中国，一瓦顶成家。……家是最小国，国是千万家。……有了强的国，才有富的家。"一首《国家》唱出了国与家的紧密关系，请学生分组讨论改革开放以来自己家庭的变化和体会。

学生活动： 讨论思考。

教师活动： 引导分析。

学生一个个精彩的故事和感想，引起了我们极大的共鸣。"都说国很大，其实一个家；有了强的国，才有富的家。""小家"的幸福安康离不开"大国"的繁荣富强，"大国"奇迹的背后，也离不开无数"小家"的参与和书写。

【设计意图】通过本环节，让学生各抒己见，既架起了历史和生活的桥梁，又增强了学生对国家的归属感和认同感。

师生活动： 师生一起朗读习近平总书记在庆祝改革开放40周年大会上的一段讲话：

四十载惊涛拍岸，九万里风鹏正举。……全党全国各族人民要更加紧密地团结在党中央周围，高举中国特色社会主义伟大旗帜，不忘初心，牢记使命，将改革开放进行到底，不断实现人民对美好生活的向往，在新时代创造中华民族新的更大奇迹！创造让世界刮目相看的新的更大奇迹！

课堂小结

教师引导学生认识：为什么说中国特色社会主义进入了新时代，是我国发展新的历史方位。

本节课通过材料解读的方式学习中国特色社会主义理论体系的形成与发展、我国综合国力不断提升、国际影响力不断扩大等内容，从理论和实践两个层面充分了解改革开放以来的巨大成就，使学生在现有认知的基础上，理顺头绪，归纳总结，把握重点。

作业拓展

问题：开展社会调查，了解在你身边发生的变化，感受改革开放以来家乡的巨变。

让学生通过查找材料、实地勘察、人物探访等方式，对家乡改革开放以来面貌的巨变进行深入了解，提高学生搜集和运用史料研究历史的能力。激发学生爱乡、爱国热情，增强国家强盛、民族自强和人类进步的使命感和责任感。

设计反思与讨论

在教材处理上，根据《普通高中历史课程标准（2017 年版）》的要求，选取教学重点邓小平理论和教学难点习近平新时代中国特色社会主义理论加以突出、突破。

在教学方法上，以小组合作探究学习为主要方式，突显学生的主体地位，加深学生对本课内容的理解与掌握。

体现核心素养理念。本课注重引导学生用唯物史观看待历史，以材料研读的方式培养学生史料实证能力和历史解释能力。通过创设生动的教学情境，提升学生的家国情怀。

因为本节课理论性较强，在实际教学中可能会影响学生的参与度。课前预设与课堂生成可能难以达到和谐统一的效果。

参考文献

[1] 朱绍侯 . 中国古代史 [M]. 福州：福建人民出版社，2004.

[2] 田余庆 . 东晋门阀政治 [M]. 北京：北京大学出版社，2018.

[3] 吕思勉 . 隋唐五代史 [M]. 北京：民主与建设出版社，2018.

[4] 瞿林东 . 魏晋南北朝隋唐史学 [M]. 北京：北京师范大学出版集团，2017.

[5] 游彪 . 宋史十五讲 [M]. 南京：凤凰出版社，2011.

[6] 邓广铭 . 宋史十讲 [M]. 北京：中华书局，2008.

[7] 施展 . 枢纽——3000 年的中国 [M]. 桂林：广西师范大学出版社，2018.

[8] 童超 . 看得见的中国史 [M]. 北京：北京联合出版公司，2017.

[9] 何成刚 . 历史课标解析与史料研习 [M]. 上海：复旦大学出版社，2018.

[10] 刘宗绪 . 历史学科专题讲座 [M]. 长沙：岳麓书社，2003.

[11] 李治安 . 元史十八讲 [M]. 北京：中华书局，2014.

[12] 杉山正明 . 讲谈社・中国的历史 08・疾驰的草原征服者：辽西夏金元 [M]. 乌兰，等，译 . 桂林：广西师范大学出版社，2014.

[13] 斯塔夫里阿诺斯 . 全球通史 [M]. 吴象婴，等，译 . 北京：北京大学出版社，2006.

[14] 伊沛霞 . 剑桥插图中国史 [M]. 赵世瑜，等，译 . 长沙：湖南人民出版社，2018.

[15] 傅乐成 . 中国通史 [M]. 北京：中信出版社，2014.

[16] 王家范 . 大学中国史 [M]. 北京：高等教育出版社，2011.

[17] 樊树志 . 国史十六讲 [M]. 北京：中华书局 2017.

[18] 张岂之 . 中国历史・元明清卷 [M]. 北京：高等教育出版社，2001.

[19] 卜正民 . 哈佛中国史 [M]. 北京：中信出版社，2016.

[20] 白寿彝 . 中古时代清时期 [M]. 上海：上海人民出版社，1999.

[21] 唐德刚 . 从晚清到民国 [M]. 北京：中国文史出版社，2015.

[22] 王文泉，刘天路 . 中国近代史（1840—1949）[M]. 北京：高等教育出版社，2001.

[23] 雷颐 . 历史何以至此 [M]. 太原：山西人民出版社，2010.

[24] 茅海建 . 近代的尺度：两次鸦片战争军事与外交 [M]. 北京：生活・读书・新知三联书店，2019.

[25] 陈旭麓 . 近代中国社会的新陈代谢 [M]. 北京：生活・读书・新知三联书店，2018.

[26] 黄仁宇 . 中国大历史 [M]. 北京：生活・读书・新知三联书店，2007.
[27] 朱志敏 . 中国近现代史纲要教学用书 [M]. 北京：北京师范大学出版社，2011.
[28] 李剑农 . 中国近百年政治史 [M]. 上海：华东师范大学出版社，2016.
[29] 蒋廷黻 . 中国近代史 [M]. 北京：民主与建设出版社，2017.
[30] 朱育和，等 . 辛亥革命史 [M]. 北京：人民出版社，2001.
[31] 陈诚 . 陈诚回忆录——抗日战争 [M]. 北京：东方出版社，2009.
[32] 吕彤邻 . 外国观察者眼中的中共抗战：美军观察组延安机密档案 [M]. 上海：上海远东出版社，2017.
[33] 龚书铎 . 中国近代史（1919—1949）[M]. 上海：中华书局，2017.
[34] 王桧林 . 中国现代史 [M]. 北京：高等教育出版社，2000.
[35] 傅高义 . 邓小平时代 [M]. 北京：生活・读书・新知三联书店，2013.
[36] 萧冬连 . 筚路维艰 : 中国社会主义路径的五次选择 [M]. 北京：社会科学文献出版社，2014.
[37] 中共中央文献研究室 . 一国两制重要文献选编 [M]. 北京：中央文献出版社，1999.

后 记

发轫于2001年的新世纪课程改革至今已有18年，在历史的长河中也只是像《仁王经》中说的那样“一弹指六十刹那”，实在是短得很。但其间改革进程如火如荼，十几年持续的革故鼎新推动着课程的沧海桑田。《普通高中历史课程标准（2017年版）》已经颁布，新的教材也将在部分省（市）启用。我们作为改革的亲历者，真切地感受到课程变化的迅猛，不免有一种危机感，同时也给了我们在教师专业成长道路上的新动力。

历史是传统而又不断创新的学科，作为历史教师，我们的责任是将人类的历史记忆代代相传，追求历史的本真；同时我们又是历史教学改革的主要承担者，为了落实新课改精神，在教学目标的确定、教学方法的创新、新教材的理解，以及进一步将这些上升为系统的理论方面，都需要努力地去做深入的研究。我们认为教师当前最迫切需要的是一本既体现《普通高中历史课程标准（2017年版）》新理念、能够将历史学科核心素养落到实处，又是根据新教材编写、在新教材使用之后拿来就能用的教学设计类图书。

2018年岁末，我们以台州市陈家华名师工作室第二期成员为主组建了10人的编写团队，先期推出《中外历史纲要》（上）的教学设计，并将适时推出《中外历史纲要》（下）的教学设计。

全书由浙江省特级教师、省市名师工作室领衔人、台州市高中历史教研员陈家华老师负责理论指导、整体设计、统稿和出版等事宜，并撰写第28、29课的教学设计，作为本书的参照样例。工作室成员王坚强老师供稿第1、2、3课，厉益老师供稿第5、6、7课，郎翕钰老师供稿第9、10、11课，方曦老师供稿第4、8、12课，王永中老师供稿第13、14、15课，王璐珩老师供稿第16、17、18课，陈雪敏老师供稿第19、20、21课，彭婵蓉老师供稿第23、24、25课，朱海鹏老师供稿第22、26、27课。

《左传·宣公十二年》载：“筚路蓝缕，以启山林。”开始编写之后方知困难重重。困难首先来自新的教材，新教材和原教材相比，每课的内容很多，而且还设置“学习聚焦”“史料阅读”“历史纵横”“问题探究”“学习拓展”等栏目提供辅助性史料，处理教材的难度很大；其次，困难来自新教材没有正式出版与使用，我们可资参考的资料很少，只能摸着石头过河；最后，困难还在于我们平时日常工作十分繁忙，大家只能挤出休息的时间加班加点进行创作。历经八个多月的蹒跚前行，竟已成书，即将付梓。习总书记说，“现在青春是用来奋斗的，将来青春是用来回忆的”，虽然我们多已青春不再，但这确是一段值得回忆的奋斗经历，依然可用这句话共勉。

本书能够顺利出版，得益于各个方面的帮助。我们要诚挚地感谢台州市人才工作领导小组、台州市教育局的各位领导，感谢他们一直以来对工作室的支持、爱护！我们还要衷心地感谢学界同仁，在本书编写的过程中我们学习和参考了他们的一些研究成果！

作为历史教学参考用书，本书的主要阅读对象是广大历史教师，我们在编写过程中慎之又慎，力求尽善尽美，但受时间和水平的限制，疏漏在所难免，敬请各位读者批评指正。

编　者

2019 年 6 月 9 日